全国旅游高等院校
精品课程系列教材

Hotel Information Intelligence

酒店信息智能化

主编◎马 卫　副主编◎李微微

中国旅游出版社

丛书编委会

主 任

王海平（南京旅游职业学院党委书记）

周春林（南京旅游职业学院党委副书记、校长）

副主任

田寅生（南京旅游职业学院纪委书记）

黄　斌（南京旅游职业学院党委副书记、副校长）

冯　明（南京旅游职业学院副校长）

操　阳（南京旅游职业学院副校长）

委 员

方法林（南京旅游职业学院 教务处处长、教授）

匡家庆（南京旅游职业学院 酒店管理学院院长、教授）

孙　斐（南京旅游职业学院 旅游管理学院院长、副教授）

曹娅丽（南京旅游职业学院 人文艺术系主任、教授）

邵　华（南京旅游职业学院 国际旅游系主任、副教授）

吕新河（南京旅游职业学院 烹饪与营养学院副院长、副教授）

朱　丽（南京旅游职业学院 基础部副主任、副教授）

顾至欣（南京旅游职业学院 教务处副处长、副教授）

《酒店信息智能化》编委会

主　编：马　卫
副主编：李微微
参　编：丛玉华　谢　玲　李俊楼　朱　娴　霍　立

序　言

　　随着全域旅游时代的到来，旅游日益成为当代社会经济发展的重要动力和人类休闲生活的主要方式，旅游业以其强劲的势头成为全球经济产业中最具活力的"朝阳产业"。随着社会生产力不断发展，人们生活水平的迅速提高和带薪假期的增加，旅游业将持续高速度发展，成为世界最重要的经济产业之一。

　　旅游职业教育是以服务为宗旨，以就业为导向，以促进地方经济发展为重点的教育类型。近年来，旅游业与农业、工业及第三产业中的其他行业深度融合，新业态层出不穷；各种现代新技术、新理念、新模式、新机制的应用，为解决旅游业面临的重大问题注入了新的活力，也为旅游职业教育提出了新的挑战。面对旅游业日新月异的发展，面对产业融合和信息技术快速提升，旅游院校必须加快推动教育综合改革，紧贴行业办学，紧贴需求育人，进一步提升人才培养适用性，更好地适应旅游业深化改革发展的需求。

　　为了进一步提升旅游专业学生和行业从业人员的人文素养、职业道德、职业技能和可持续发展能力，培养适应旅游产业发展需求的高素质技术技能和管理服务人才，南京旅游职业学院与校企合作单位共同编写了这套旅游职业教育精品系列教材。这套系列教材的编写旨在贯彻落实党中央、国务院的决策部署，服务"四个全面"战略布局，以服务旅游业发展为宗旨，以促进旅游就业创业为导向，具有针对性和实用性，利于学生综合素质与职业能力的提升。这套系列教材由旅游通识教育系列和旅游专业教育系列两部分组成，包括《旅游高职思想政治理论课案例与实践教学指导》《中华经典诵读》《礼仪文化》《民航服务心理学》《形体训练》《烹饪英语》《前厅服务与管理》《调酒与酒吧服务实训》《中国旅游地理》《主题公园经营管理》《酒店工程管理》《酒店信息智能化》《南京景点日语导游实务教程》等教材,是南京旅游职业学院在教学改革方面的最新成果。

  本套丛书是集体智慧的结晶,尽管编写过程中我们力图全面反映旅游专业知识和旅游行业发展的最新成果和趋势,使教材既便于教师教学也能促进学生自主学习,但我们的经验和学识有限,教材中难免有瑕疵,敬请读者批评指正。

丛书编委会

2017 年 11 月 20 日

前　　言

近年来，随着科技的迅猛发展，旅游业正在日益广泛地利用电子信息化技术手段，提高酒店的科学管理水平。酒店现代化信息系统的运用和酒店智能化代表着旅游业未来发展的主要方向，酒店是旅游业发展的重要组成部分。国家旅游局在旅游规划中，提出"信息化是实现旅游产业发展的重要力量"。许多省市地区进行了深入的探索和实践，江苏省《"十二五"智慧旅游发展规划》确定了江苏智慧旅游建设的核心和发展模式。广东、浙江等省份也先后制定了智慧旅游的相关规划。这些规划政策必将对酒店信息化的发展与酒店信息化人才建设，起到巨大的推动作用。同时依据现代职业教育体系建设规划要求改革职业教育专业课程体系，建立产业结构调整驱动专业改革机制。在这一背景下开发酒店管理信息类的教材，突出职业教育类型特点，优化课程体系，开发旅游职业院校酒店信息类教材意义重大。

本书系统介绍了酒店信息智能化的理论、技术和方法。全书共分十章。第一章介绍了智慧酒店的概念内涵、标准和评价体系、整体架构以及智慧酒店的营销策略和运行管理。第二章介绍了智慧酒店的技术基础。第三章介绍了酒店电子商务。第四章介绍了酒店信息管理系统。第五章介绍了酒店餐饮服务信息管理。第六章介绍了酒店餐饮财务信息管理。第七章介绍了酒店楼宇自动化系统。第八章介绍了酒店客房智能控制系统。第九章介绍了酒店安全防范系统。第十章介绍了酒店云计算与安全。本书第一章由马卫老师完成，第二章由丛玉华和谢玲老师共同完成，第三章由李俊楼和马卫老师共同完成，第四章、第六章由朱娴老师完成，第五章由朱娴和马卫老师共同完成，第七章、第九章由丛玉华老师完成，第八章和第十章由谢玲老师完成。全书由马卫、李微微老师负责统稿。

本书编写过程中得到了南京旅游职业学院酒店管理学院多位同事的大力支持，在此向各位老师表示衷心的感谢！中国旅游出版社对本书的出版给予了大力的支持与帮助，在此一并致谢。

由于编者的水平和经验不足，加上时间仓促，本教材中的缺点和不足在所难免，敬请读者与广大师生批评指正，以期再版时予以完善。

编　者

2018 年 4 月于南京

目录 CONTENTS

第一章　智慧酒店概论 … 1
- 第一节　酒店信息化 … 2
- 第二节　酒店智能化 … 12
- 第三节　智慧酒店概述 … 19
- 第四节　智慧酒店的发展 … 32

第二章　智慧酒店技术基础 … 42
- 第一节　计算机知识基础 … 44
- 第二节　计算机网络基础 … 51
- 第三节　数据库管理技术基础 … 59
- 第四节　移动互联网 … 66
- 第五节　云计算 … 77
- 第六节　物联网 … 83

第三章　酒店电子商务 … 87
- 第一节　酒店电子商务概念 … 88
- 第二节　酒店电子商务功能 … 91
- 第三节　酒店电子商务业务 … 94
- 第四节　酒店电子商务网络营销 … 97
- 第五节　酒店电子商务的应用与发展 … 105

第四章　酒店信息管理系统 … 111
- 第一节　酒店信息管理系统概述 … 112
- 第二节　客户资料管理模块 … 116

第三节　业务管理模块 ……………………………………………………… 120
　　第四节　客房管理模块 ……………………………………………………… 125
　　第五节　外围设备接口管理 ………………………………………………… 128

第五章　酒店餐饮服务信息管理 …………………………………………… 138
　　第一节　酒店餐饮管理系统概述 …………………………………………… 140
　　第二节　智能预订排叫号系统 ……………………………………………… 143
　　第三节　自助点餐系统 ……………………………………………………… 145
　　第四节　餐饮结算系统 ……………………………………………………… 148

第六章　酒店餐饮财务信息管理 …………………………………………… 152
　　第一节　酒店 POS 系统 ……………………………………………………… 153
　　第二节　酒店餐饮信息化 …………………………………………………… 155

第七章　酒店楼宇自动化系统 ………………………………………………… 165
　　第一节　楼宇自动化系统概述 ……………………………………………… 167
　　第二节　设备监控系统 ……………………………………………………… 169
　　第三节　综合布线系统 ……………………………………………………… 190
　　第四节　计算机网络系统 …………………………………………………… 194

第八章　酒店客房智能控制系统 …………………………………………… 203
　　第一节　电视与卫星电视系统 ……………………………………………… 204
　　第二节　灯光控制系统 ……………………………………………………… 206
　　第三节　空调智能控制系统 ………………………………………………… 207
　　第四节　窗帘智能系统 ……………………………………………………… 210
　　第五节　通信系统 …………………………………………………………… 212
　　第六节　背景音乐系统 ……………………………………………………… 214
　　第七节　客房控制器（RCU） ……………………………………………… 217

第九章　酒店综合安防系统 …………………………………………………… 223
　　第一节　综合安防系统概述 ………………………………………………… 224
　　第二节　视频安防监控系统 ………………………………………………… 226
　　第三节　出入口控制系统 …………………………………………………… 232

第四节　入侵报警系统 ……………………………………………… 239
　　第五节　停车场管理系统 ……………………………………………… 244
　　第六节　电子巡更系统 ………………………………………………… 249

第十章　酒店云计算与安全 　　　　　　　　　　　　　　　　　255
　　第一节　云计算在酒店中的应用 ……………………………………… 256
　　第二节　酒店云计算安全 ……………………………………………… 261

参考文献 ………………………………………………………………………… 265

第一章　智慧酒店概论

本章导读

　　本章介绍智慧酒店的相关概念,包括酒店信息化与智能化,智慧酒店在国内外的发展现状,一般建设架构和发展优点与不足,并且对管理者提出了要求。本章内容是本课程拓展学习的部分,它是饭店工程的应用,因此通过学习、掌握这部分内容后,能为以后专业系统不断深入理解打下坚实的基础。

　　【学习内容】智慧酒店的概念内涵、智慧酒店的标准和评价体系、智慧酒店的整体架构、智慧酒店的营销策略和运行管理。

　　【知识目标】了解智慧酒店发展背景和概念;知道智慧酒店的基本架构;了解智慧酒店的评价标准和发展现状及趋势;掌握智慧酒店的整体架构,如酒店内部管理系统、智慧酒店管理系统和酒店通信网络管理系统。

　　【能力目标】智慧酒店运行管理是酒店的核心竞争要素,学员对知识掌握只停留在认知层面是不够的,应在技能方面有较好的掌握,这样走上工作岗位才能进入角色。本章要求学生能对任意一家酒店进行智能化的架构设计与智慧方案的改造设计。

案例导入与分析

拉斯维加斯 CityCenter 智慧酒店营造高体验的住宿氛围

　　2009 年建成营业的美国拉斯维加斯的 CityCenter LasVegas Hotel 为全球最大的高级观光大饭店,其智能系统能将客人习惯喜好设置为程序模式,提升住宿的个性化体验。自动识别是否为首次入住,进入客房自动开启智能的灯光、窗帘、电视模式,极具人性化设计。

顾客抵达 CityCenter，其强大的客房智慧系统，让顾客享受到无缝整合的 one-touch 控制的客房功能，通过一个简单的遥控器或床头柜上配置的触控屏幕，即可遥控灯光、温湿度、电视、影音系统、音乐、唤醒服务、窗帘和客房服务。客人每一次的入住设置都会记忆于系统，为下一次的服务做储备。每一个房间的床边都设有晚安按钮和电视的定时功能，一键触控即可进入夜晚模式，灯光、电视、音乐、窗帘关闭，启动房间的隐私通知。进入客房无须钥匙锁，通过门上的感应挥动门卡电动钥匙即可开启，方便快捷。房间内的 LCD 高清晰电视机可以连接客人的终端设备，享受大屏显示服务。同时，电视也可当作一个便捷的通信中心，开启电视即可自动显示相关语音留言或包裹信息留言。客房与千兆的光纤网络直接相连，为有线和无线连接提供优质的网络带宽。另外，CityCenter 还提供一个节约水、电、气等能源的科技手段，通过遥控系统的绿色按键设置，能让客人实现环保理念下的灯光亮度、客房温湿度和浴巾更换频率的选择。系统还可以在客人退房时，自动显示空房结账状态，将空调温度降低或关闭，电视、灯光和其余设备进行关闭节能。

引例简析： 从这个引例可以看出，这家饭店通过引入国际标准管理，智能化的系统的采用，成为世界领先的智能化酒店，为国际酒店行业树立新的智能化坐标并引领下一步的发展方向。智慧酒店的崭新面貌与超高体验必将赢得顾客的垂青，成为国家服务战略的最佳形象窗口，为酒店迎来更多的客人，带来更高的利润。

第一节　酒店信息化

一、酒店信息化的概念

（一）信息定义

信息、物质、能量是客观世界里三大基本要素。信息指声音、消息、传输和处理的对象，是人类社会通过获得、识别自然界和社会不同事物，所传播的一切内容。从客观立场上来看，信息是指"客观事物在相互联系和相互作用中所表现出的运动状态及变化方式"；从科学角度上看，信息是"电子线路中传输的有效信号"。信息是人类知识的脐点，知识的增长，是人类不断认识事物之间联系的过程。

信息论创始人、数学家香农认为"信息是用来消除随机不定性的东西"。1948 年香农发表了《通讯的数学理论》，并建立了新的学科——信息论，构造出了通信系统的线性示意模型，将发送到信道中的电磁波转换成0或1的比特流，文字、声音、图像可以进行传输。香农把通信理论进行公式化，提出"信息熵"，证明熵与信息内容不确定程度具有等价关系，研究最有效的传输信息方法。他提出的信息理论被世界各国科学家采用、研究、论述、扩展、完善，建立的信息理论框架和相关术语成为技术及行业标准，该学科的繁荣拓展了其他学科的发展，尤其带动了信息技术的快速发展。香农写道："信息理论可能像一个升空的气球，其重要性超过了它的实际成就。"该理论成为科学史上光辉灿烂的一页。

中外许多的研究者在各自不同的研究领域对信息概念赋予了不同的定义。早在春秋时期，老子著作《老子》第21章中提到："孔德之容，惟道是从。道之为物，惟恍惟惚。惚兮恍兮，其中有象；恍兮惚兮，其中有物。窈兮冥兮，其中有精，其精甚真，其中有信。自古及今，其名不去，以阅众甫。吾何知众甫之状哉？以此。"这里的"信"即可理解为"信息"。控制论之父维纳认为，"信息是人与外界相互作用的过程、互相交换的内容的名称"。美国著名的信息管理专家霍顿指出，"信息是为了满足人类的需求而进行加工和处理的有效数据"。我国的信息学专家钟义信认为"信息是事物存在方式或运动状态的直接或间接表述"。

信息的属性包括：客观性、增长性、时效性、依附性、传递性、可处理性、共享性。

1. 客观性

信息的客观性是由其实质内容所决定的。信息是客观事物存在及运动状态的反映。信息的主体存在于自然界、人类社会和知识传递过程中，都是客观存在的，它的反映也是客观的，所以信息的本质具有客观性。

2. 增长性

信息即有用的知识，是一种有效的社会资源传播于人类社会中。人类在不断地接收信息的同时，对信息进行转录、加工、再接收，并在传输和扩散的过程中信息量不断地丰富、增值、再生。信源和接收者的梯度越大，信息的浓度越高，增长的能力越强，对人类社会的贡献价值就大。

3. 时效性

信息的价值不是一成不变的，只有在特定的时间、地点、条件下才具有价值性，因此，信息具有一定的时效性，过了时效其价值会大幅下降甚至消失。

4. 依附性

信息依附于客观事物，是事物及其运动变化状态的表征，物质世界和精神世界均可作为信息的载体。在精神世界里，信息能够收集、整理、加工或创造；在物质世界里，信息能够接收、存储和传递。

5. 传递性

信息可以在时间或空间上从一点传播到另一点。知识的传递需要借助信道的传输，同时人类社会获取知识的过程也依赖于信息的传递。信息的可传递性提高了人类社会改造世界的能力，加快了知识的交流和社会变化的步伐。

6. 可处理性

信息的爆炸性增长会不可避免地带来错误或表象信息，人类需要对其进行收集、整理、抽象、概括、去伪存真，提炼出为人类所用的，具有社会价值的信息。

7. 共享性

信息是可以复制、传递、共享的，信息不具有独占性。信息的共享促进了资源的交流，是社会发展的加速器。

相关链接

信息论的开山鼻祖：克劳德·艾尔伍德·香农

图1-1 克劳德·艾尔伍德·香农博士

1916年4月30日，克劳德·艾尔伍德·香农（Claude Elwood Shannon，1916~2001）诞生于美国密歇根州的Petoskey，他是美国数学家、密码学家、计算机专家、人工智能学家、信息论的创始人（图1-1）。1940年在麻省理工学院获得硕士和博士学位，1941年进入贝尔实验室工作。香农的大部分时间是在贝尔实验室和MIT（麻省理工学院）度过的。香农提出了信息熵的概念，为信息论和数字通信奠定了基础。

小时候，香农就热衷于安装无线电收音机，痴迷于莫尔斯电报码，还担任过中学信使，冥冥之中，与保密通信早就结下了姻缘。特别是一本破译神秘地图的推理小说《金甲虫》，在他幼小的心灵中，播下了密码种子。终于，机缘巧合，"二战"期间，他碰巧作为小组成员之一，参与了"研发数字加密系统"的工作，并为丘吉尔和罗斯福的越洋电话会议，提供过密码保障。很快，他就脱颖而出，成了盟军的著名密码破译权威，并在"追踪和预警德国飞机、火箭对英国的闪电战"方面，立下了汗马功劳。

战争结束后，他把战争中的密码实践经验凝练、提高，于1949年完成了现代密码学的奠基性论著《保密系统的通信理论》，成功地将"保密通信"这门几千年来一直就依赖"技术和工匠技巧"的东西提升成了科学，而且是以数学为灵魂的科学；还严格证明了人类至今已知的、唯一的、牢不可破的密码：一次一密随机密码！

（二）信息技术定义

信息技术，指管理和处理信息所采用的各种技术的总称。不同的技术范畴对信息技术的定义各有不同。从广义上讲，信息是通过扩展人类信息器官功能，帮助人类对信息进行采集、存储、加工、传输以及应用信息使其产生实际效应的技术之和，人类的信息器官包括大脑、神经系统、感觉器官等。从狭义上讲，信息技术特指利用计算机、通信等技术对文本、声音、图形、图像等多媒体信息的应用，包括计算机软硬件、应用软件开发工具、网络设备、通信技术等。

关于人类社会信息技术的历史与发展，常被划分为五次信息技术革命历程。

1. 第一次信息技术革命之语言的诞生

人类开始使用语言距今已有 3.5 万~5 万年的历史，语言一直被看作是人类的创造，尽管一些动物也能通过发声传递情感或发出警报，但其仍属于一类固定形式，而人类才是真正拥有语言的主宰者。人类能够把无意义的语音按照一定方式编排组合，从而构成语句，形式多变，意义深远。2009 年上映的好莱坞大片《阿凡达》中有创作纳美人的语音，简称"纳美语"，拥有 1000 多个词汇。

2. 第二次信息技术革命之文字的产生

成熟的人类文字可追溯到甲骨文，据考古学家最新研究发现汉字起源于殷墟甲骨文之前，一些学者认为距今 6000 年前的半坡陶文及 4500 年前的大汶口陶文为中国文字的源头。汉字的发展经历了从甲骨文、金文、大篆、隶书、草书、楷书到行书的时代变迁。

3. 第三次信息技术革命之印刷术的发明

印刷术是中国古老的四大发明之一，基于印章文化，在拓石和盖印的基础上演化而成。868 年印制的《金刚般若波罗蜜经》为我国最早和最为完整的雕版印刷实物。唐朝初期产生了雕版印刷，宋朝庆历年间，毕昇发明了胶泥活字印刷术。元代时期王祯发明了木活字版，明朝又产生了四色套印的印刷制品，带来了各种多层次的彩色印刷品。

西方国家的印刷技术最早可追溯到 15 世纪中叶，德国开始使用由铅、锌等金属合金而成的字母，可快速冷却承受印刷的挤压，在纸或羊皮纸上利用转轴印刷生成。西方图书批量生产的典型代表是德国的约翰内斯·古登堡在美因茨印刷的《古登堡圣经》古典版书。

4. 第四次信息技术革命之现代通信技术的发明

1837 年，查尔斯·惠斯通和威廉·库克发明指针式电报线路，并于 1839 年在大西方铁路两个车站之间首次投入营运。同时期的萨缪尔·摩尔斯也发明了电报和摩尔斯密码。1895年，俄国人波波夫和意大利人马可尼分别成功攻破了无线电通信技术，将声音、文字、数据、图像等电信号进行了远距离传送，这一壮举突破了无线电传输的距离限制。电话的发明又是人类历史上实现长途语音通信的另一壮举，亚历山大·贝尔和安东尼奥·穆奇是电话的发明的主要代表。1906年，费森等和亚历山德逊在纽约建立了广播站并进行了首次广播，实现了由无线或有线方式向大众传送声音信息。1925年，约翰·洛吉·贝尔德在实验中扫描出了木偶图像，标志着电视的诞生，实现了图像与声音信息的大众传播。

除了电报、电话、广播和电视外，静电复印机、磁性录音机、雷达系统都是这一信息技术革命中的重要组成部分，意义深远。

5. 第五次信息技术革命之计算机与通信技术的有机结合

计算机的发明将人类信息处理和存储能力推上一个新的高度。早在1937年至1941年，在艾奥瓦州立大学开发了一款ABC（Atanasoff–Berry Computer）的二进位制的机器，是人类历史上最早的一台计算机，实现了计算能力由模拟向数字的转变。随后，1946年美国宾夕法尼亚大学电工系工程师埃克特（J.P.Eckert）和物理学家莫奇利（J.W.Mauchly）研制成功了通用电子数值积分计算机ENIAC（Electronic Numerical Integratior and Computer），其运算速度为每秒5000次加法运算。制造的"ENIAC"电子数值积分计算机标志着人类计算机能力正式进入了数字时代。计算机的发展经历了四代，第一代（1946~1954）采用电子管元件，体积大、耗电多、使用维护较困难，运算速度每秒几千次至几万次，编程使用机器语言或汇编语言，主要应用于科学和工程计算。第二代（1955~1964）采用晶体管元件，主存用磁芯，外存采用磁盘和磁带，运算速度每秒可达几十万次，编程使用高级语言，除科学计算外，还应用于数据处理、工业控制等领域。第三代（1965~1970）采用中小规模集成电路，主存用半导体存储器，运算速度每秒几百万次，操作系统的出现使大量管理工作自动完成，应用领域不断扩大。第四代（1971年至今）采用超大规模集成电路，运算速度每秒几百万次至几亿次，日趋完善的软件系统实现了运行自动化，微机和网络技术更为普及应用。从结构和功能等方面看，计算机正朝着微型化、智能化、网络化和多媒体方向发展。

互联网的诞生要追溯到20世纪60年代末，美国国防部高级研究计划局（Advanced Research Projects Agency，ARPA）出于军事目的建立了一个实验性的抗核打击性的计算机网。1969年9月，3位青年学者克达因·洛克、温顿·瑟夫和罗伯特·卡恩第1次实现了由4个站点的计算机与中介服务器之间的连接。这就是美国国防部ARPANET（阿帕网）计划，将4所大学研究机构互连，分别是加州大学洛杉矶分校（UCLA）、加州大学圣马马拉分校（UCSB）、斯坦福研究院（SRI）和盐湖城犹他大学（UTAH）。1971年ARPANET技术向大学等研究机构普及，扩展至15个节点，后来迅速普及全世界。1991 年，CERN（欧洲粒子物理研究所）的蒂姆·伯纳斯·李 Tim Berners-Lee 推出 World-Wide Web（WWW or Web）和浏览软件加速了互联网的迅速普及。计算机网络发展分为四个阶段，第 1 阶段主要在 20 世纪 50~60 年代，即以主机为中心，通过计算机实现与远程终端的数据通信。第 2 阶段在 20 世纪的 60~70 年代，以通信子网为中心，通过公用通信子网实现计算机之间的通信。第 3 阶段从 20 世纪 80 年代开始进入计算机网络的标准化时代。目前计算机网络正处于第 4 个发展阶段，这是一个智能化、全球化、高速化、个性化的网络时代（图 1-2）。

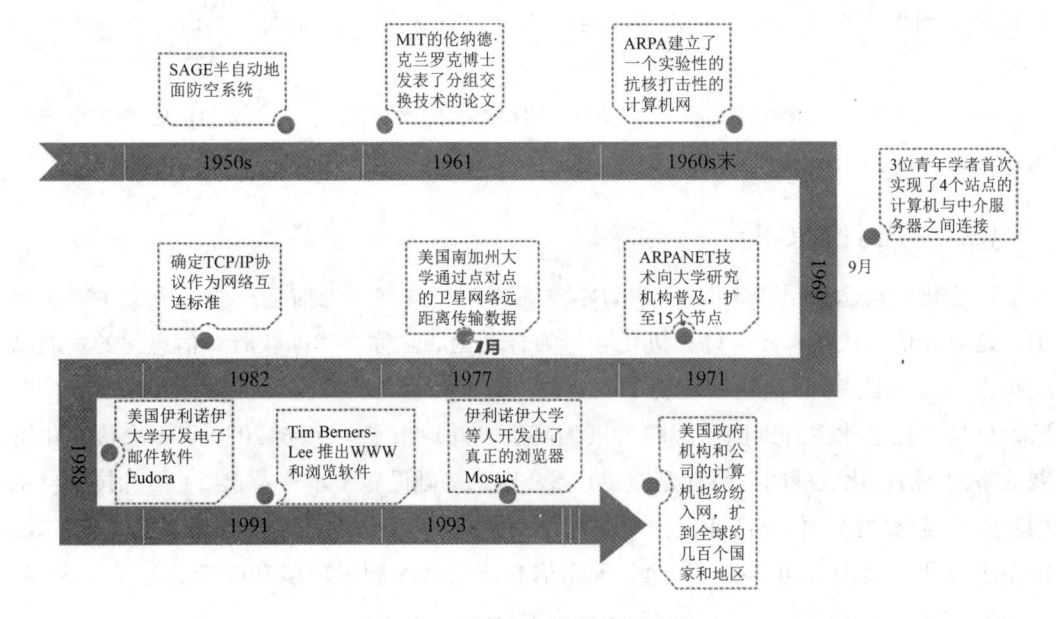

图 1-2 计算机网络的发展历程

相关链接

浅谈大数据时代信息技术的机遇与挑战

大数据的时代顺应着时代发展而产生，那么什么是大数据呢？大数据又称巨量资料，是指资料规模巨大，以至于主流软件工具不能在合理的时间内撷取、管理、处理、整理所涉及的数据和资料成为帮助企业正常经营决策的资讯。"大数据"术语最早可追溯到 apache org 的开源项目。著名未来学家阿尔文·托夫勒在《第三次浪潮》一书中将大数据称作"第三次浪潮的华彩乐章"。直到 2009 年，"大数据"才流行在互联网信息技术行业，目前全球的数据正以翻番的速度增长。大数据时代的战略意义并不是掌握这些巨量的数据信息，而是对这些数据进行专业化的处理，提高对数据的加工处理能力，实现数据增值。从大数据中快速取得具有价值信息的能力就是大数据技术，是一种前沿技术。

麦肯锡指出，人们存储、组合和汇聚数据，利用结果来深入分析的能力超过以往任何时期，并且随着信息技术越来越尖端的软件和不断提高的计算能力结合，人们从数据中提取和洞见的能力也在不断提高。在通信产业迅猛发展的竞争中，苹果公司成功地抓住了移动互联网的机遇，将产品和服务结合起来实现产业链的整合，迎合了整个时代的变化需要。大数据时代的到来也给那些IBM、微软等巨头提供了千载难逢的发展机遇。他们通过利用自身信息技术的优势，在提倡大数据的同时向你售卖他们的工具和解决方案。

——资料来源：李学森.浅谈大数据时代信息技术的机遇与挑战[J].信息安全与技术，2013（11）：16–18.

（三）信息化定义

信息化的概念最早于1963年由日本学者梅棹忠夫在《论信息产业》一文中首次提出，是对通信现代化、社会计算机化和行为合理化的总称。我国政府对信息化的发展高度重视，20世纪90年代陆续启动了以金关、金卡和金税为典型的信息化应用工程，随后，更是把信息化提升到国家战略发展的高度，并提出了《2006~2020年国家信息化发展战略》。信息化发展的总目标是：(1)综合信息基础设施基本普及；(2)信息技术自主创新能力显著增强，信息产业机构全面优化；(3)国民经济和社会信息化取得明显成效，新型工业化发展模式初步确立；(4)国家信息化发展的制度环境和政策体系基本完善，国民信息能力显著提高。

信息化是指培养、发展以计算机为主的智能化工具为代表的新生产力，并使之造福于社会的历史过程。信息化也是以现代通信、网络、数据库技术为基础，将所研究对象各要素汇总至数据库，供特定人群生活、工作、学习、辅助决策等和人类息息相关的各种行为相结合的一种技术，通过该技术，极大地提高各种行为的效率，为推动人类社会进步提供极大的技术支持。

信息化包含5个层次：产品信息化、企业信息化、产业信息化、国民经济信息化和社会生活信息化。产品信息化涉及两个方面：一是产品所附加的各类信息逐步增多，产品逐渐由物质产品的特征向信息产品的特征转变；二是产品中越来越多的融合智能化信息的元素，产品本身具有越来越强的信息传播与处理能力。企业信息化则是将企业的生产、物流、保障与客户管理等经营环节数字化，为企业的各岗位层次的员工与管理提供决策，提升企业的核心竞争力，获取更大的利润空间和社会声誉。产业信息化是以信息技术改造和提升产业，通过物流、资金流与信息流，关注产品、企业与产业的生命周期，实现资源的优化配置与整合。国民经济信息化强调在国家的经济体系下实现信息化，使生产、流通、分配和消费环节通过信息化不断优化。社会生活信息化是整个社会利用先进的信息技术来建设完备的信息网络，开发信息资源，保障信息安排，实现人类由工业社会向信息社会的过渡转变。

（四）酒店信息化

酒店信息化本质为企业信息化，是采用先进的信息技术，开发利用酒店内外部的信息资源，促进酒店员工、管理层与客人之间的信息交流与知识共享，扩充酒店服务产品的类型，提升了服务质量，优化酒店资源配置与管理效率，满足客人的需求，实现酒店经济与社会效益的最大化。

酒店信息化也是应用信息技术和产品的一个过程，实现酒店由局部向全局、战术向战略应用信息技术的动态转变。酒店信息化是运用信息技术手段对数据、信息进行有效采集，传播与挖掘，从而实现酒店业务流程的再造与优化管理。酒店信息化是实现酒店经营与管理模式创新的手段，从而实现酒店内外部信息的有效共享与合理利用，完成酒店经营活动中各种知识的挖掘、积累与传承，提高酒店的经济效益和社会效益。酒店信息化需要酒店服务与管理流程的创新优化，还需要员工服务与管理理念的创新以及管理团队的重组与管理策略的创新。

酒店信息化是一项系统工程，需要梳理酒店的信息流，应不断执行"理念—行为—产品—技术手段"四个方面，实现酒店管理团队与员工理念的信息化、酒店服务操作与组织管理的信息化、酒店服务与管理手段的信息化和酒店服务产品设计与应用的信息化。

信息时代的高速发展，酒店信息化建设已然成为大势所趋，但建设过程也应处理好引进、消化、吸收和创新的关系，最终实现自主创新，将技术创新、业务流程创新、管理创新与理念创新融为一体，加强建设实效，遵循实用和先进原则，循序渐进、注重可持续发展，挑选开放性、弹性适应、安全可靠的方案实现经济与社会效益的最大化。

二、酒店信息化发展

（一）单机模式管理阶段

酒店集团规模化经营管理需要借助计算机设备替代传统手工业务的处理流程和工作方式，针对运营中面临的各类管理信息运用信息技术手段进行抽象与采集，实现人、财、物的资源整合和集中式管理，极大地简化业务处理流程，提高工作效率和服务质量。但受计算机管理系统的开发和设计功能的限制，仅仅能满足传统业务的信息化改造，实现的只是业务流程处理手段和工具的替代与改进。

（二）网络终端管理阶段

随着计算机技术和网络通信技术的普及和应用，酒店企业内部网络工程的实施和建设成了一种发展潮流和必然选择。借助局域网技术实现各类设备和终端之间的监控和管理成为该阶段的主要特征和技术创新。典型的系统在这一阶段应运而生，如消防预警、安全监控、空调温控、电梯运行监测、办公自动化、客房门禁管理、酒店预订系统。信息技术在酒店行业中的应用越来越广泛、地位和作用显著提升。

（三）网络互联管理阶段

随着互联网技术的滚滚浪潮顺势来袭，酒店信息化管理能力越发增强，借助互联网技术实现了广泛的线上营销与推广，并提供更为精准的信息咨询和服务，电子商务的运营模式悄然而来，势不可当，酒店的核心竞争力和知名度迅速提升。

（四）网络深度融合阶段

伴随着国家宽带战略的不断深化，"三网融合"技术逐步成熟与应用，这一阶段的特征表现为电信网络、有线电视网络和计算机网络的相互渗透、互相兼容、互联互通，资源逐步整合成为全世界统一的信息通信网络。基于网络服务的增值业务不断创新和开发，终端消费市场的个性化消费需求不断攀升，酒店行业发展进入了高速发展阶段。

（五）智能化管理阶段

酒店依托日益成熟的现代网络通信技术和智能人机交互系统，建构功能更为完整、服务更加全面的网络平台，为客户提供更优质的服务和更智能化的个性需求、消费体验。智慧酒店实现了从概念思维到实践应用的尝试和突破，酒店开源节流，能耗不断降低，人力资源等运营成本有效控制。最终实现了酒店企业高效运营、良性发展和消费顾客更为青睐、乐享其中的双赢局面。

三、我国酒店信息化发展

20世纪80年代开始了我国酒店信息化的发展历程，1982年，首套酒店管理系统的前台PMS软件由浙江省计算所率先研发，2年后在杭州饭店成功问世。该PMS包括前台接待和排房处理2个功能模块，开创了中国酒店业自主研发酒店信息管理系统的先例。1983年北京丽都假日酒店在全国引进了假日集团的PMS和基于电话网络的全球

HOLIDEX 预订系统。整体来看，我国酒店信息化建设主要经历了三个发展过程。

（一）前台系统普及完善阶段

这一阶段主要在 20 世纪 80 年代开始，通过对酒店业务流程中的物流、资金流和信息流进行计算机化的输入、存储、处理和输出，利用计算机系统处理简单、繁杂和冗余重复的工作，以提高酒店前台的服务效率，避免人工错误，有利于提升服务质量和管理水平，降低运行成本。该阶段，酒店业开始普及应用 PMS、中央预订系统（CRS）等前台软件，实现客房预订、前台入住登记、餐饮消费记录、客人挂账处理、前台收银等主要功能，房态统计、财务报表等烦琐的事务性工作和枯燥的手工劳动也逐渐被计算机系统所取代。酒店 IT 部也被称为数据处理部门。1980~1990 年这 10 年间，全国有 30 多家涉外饭店安装了 PMS 和 CRS。

（二）后台系统普及完善阶段

20 世纪 90 年代开始进入后台系统普及发展阶段，在公安和税务等政府部门的要求下，酒店开始普及后台管理的信息化。公安部规定酒店必须设立入住客人身份信息的报送系统，财务部报表要求采用用友的信息化系统。同时，酒店的人事部、财务部和采购部等纷纷引入人力资源管理系统、财务管理系统和采购库存管理等信息系统。工程部、保安部和行政部也开始引入通信系统、暖通系统、给排水系统、供配电与照明系统的监控、火灾报警与消防联动控制、电梯运行管理、门禁系统。办公自动化与智能楼宇监控管理等方面的信息技术应用不断提高酒店整体的管理效率，并可降低行政开支。截至 90 年代末，酒店基本上不同程度地实现了饭店后台管理的信息化与办公自动化。

（三）协同系统发展阶段

从 21 世纪开始，我国的饭店信息化就已进入了协同系统的发展阶段。酒店慢慢开始以服务与管理的业务流程再造为基础，以互联网为基础提供在线服务和管理的信息平台，通过建立网站打造实时预订平台，采购库管平台，收益管理系统和客户关系管理系统等来更好地整合共享内外部资源，更快地满足客户的个性化需求。客户、酒店员工、供应商与合作伙伴通过统一的酒店信息应用平台实现跨地区、实时在线的、端对端的业务系统运作。如开元集团 2004 年上线了网络版的 ERP 系统，金陵集团在 2006 年启动了中央采购系统（CPS）。

第二节 酒店智能化

一、酒店智能化的概念

(一) 智能定义

智能是指人的智慧和行动能力。智慧指从感觉到再记忆到思维这一过程，智慧的结果就产生了行为和语言，能力是指将行为和语言的表达过程。其中，知识是一切智能行为的基础，而智力是获取知识并运用知识求解问题的能力，是头脑中思维活动的具体体现。通常，将感觉、记忆、回忆、思维、语言、行为的整个过程称为智能过程，它是智力和能力的表现。它们分别又可以用"智商"和"能商"来描述其在个体中发挥智能的程度。"情商"可以调整智商和能商的正确发挥，或控制二者恰到好处地发挥它们的作用。

智能及智能的本质是古今中外许多哲学家、脑科学家一直在努力探索和研究的问题，但至今仍然没有完全了解，以致智能的发生与物质的本质、宇宙的起源、生命的本质一起被列为自然界四大奥秘。

根据霍华德·加德纳的多元智能理论，人类的智能可以分成八个范畴：由语言智能、数学逻辑智能、空间智能、身体运动智能、音乐智能、人际智能、自我认知智能、自然认知智能。

语言智能是指有效地运用口头语言或文字表达自己的思想并理解他人，灵活掌握语音、语义、语法，具备用言语思维、用言语表达和欣赏语言深层内涵的能力结合在一起并运用自如的能力。他们适合的职业是：政治活动家、主持人、律师、演说家、编辑、作家、记者、教师等。

数学逻辑智能是指有效地计算、测量、推理、归纳、分类，并进行复杂数学运算的能力。这项智能包括对逻辑的方式和关系，陈述和主张，功能及其他相关的抽象概念的敏感性。他们适合的职业是：科学家、会计师、统计学家、工程师、电脑软件研发人员等。

空间智能是指准确感知视觉空间及周围一切事物，并且能把所感觉到的形象以图画的形式表现出来的能力。这项智能包括对色彩、线条、形状、形式、空间关系很敏感。

他们适合的职业是：室内设计师、建筑师、摄影师、画家、飞行员等。

身体运动智能是指善于运用整个身体来表达思想和情感、灵巧地运用双手制作或操作物体的能力。这项智能包括特殊的身体技巧，如平衡、协调、敏捷、力量、弹性和速度以及由触觉所引起的能力。他们适合的职业是：运动员、演员、舞蹈家、外科医生、宝石匠、机械师等。

音乐智能是指人能够敏锐地感知音调、旋律、节奏、音色等能力。这项智能对节奏、音调、旋律或音色的敏感性强，与生俱来就拥有音乐的天赋，具有较高的表演、创作及思考音乐的能力。他们适合的职业是：歌唱家、作曲家、指挥家、音乐评论家、调琴师等。

人际智能是指能很好地理解别人和与人交往的能力。这项智能善于察觉他人的情绪、情感，体会他人的感觉感受，辨别不同人际关系的暗示以及对这些暗示做出适当反应的能力。他们适合的职业是：政治家、外交家、领导者、心理咨询师、公关人员、推销员等。

自我认知智能是指自我认识和善于自知之明并据此做出适当行为的能力。这项智能能够认识自己的长处和短处，意识到自己的内在爱好、情绪、意向、脾气和自尊，喜欢独立思考的能力。他们适合的职业是：哲学家、政治家、思想家、心理学家等。

自然认知智能是指善于观察自然界中的各种事物，对物体进行辩论和分类的能力。这项智能有着强烈的好奇心和求知欲，有着敏锐的观察能力，能了解各种事物的细微差别。他们适合的职业是：天文学家、生物学家、地质学家、考古学家、环境设计师等。

一般认为，智能是指个体对客观事物进行合理分析、判断及有目的地行动和有效地处理周围环境事宜的综合能力。

相关链接

多元智能理论的鼻祖——霍华德·加德纳

多元智能理论自1983年由哈佛大学发展心理学家霍华德·加德纳（Howard Gardner）教授（图1-3）提出以来，迄今已有近20年的历史，已经逐渐引起世界广泛关注，并成为90年代以来许多西方国家教育改革的指导思想之一。不仅加德纳本人的有关著作被译成20多种语言，其他专门研究多元智能理论的著作和论文在美国等西方国家有关心理和教育的研究成果中也占到了非常可观的比重。

19世纪80年代，英国生物学家高尔顿（Galton）开了对智力进行测量的先河。1905年，法国心理学家比奈（Binet）和西蒙（Simon）为了鉴别智力有缺陷的儿童以让

他们接受特殊的教育，编制了世界上第一个正规的智力测验量表。从此，智力测试便风靡美国乃至全世界。然而，也正是从智力测试产生之日起，关于智力测试局限性的争论就从未停止过，人们对它的批判主要是针对智力测试的潜在理念即智力是一元的、是一种单一的整合的能力而提出的。

霍华德·加德纳博士指出，人类的智能是多元化而非单一的，主要是由语言智能、数学逻辑智能、空间智能、身体运动智能、音乐智能、人际智能、自我认知智能、自然认知智能八项组成，每个人都拥有不同的智能优势组合。

图1-3 霍华德·加德纳教授

（二）智能技术定义

智能技术是许多技术的统称，包括目前由于社会的发展出现一些新兴学科，如信息论、控制论、决策论、博弈论、功效学、随机过程等。简单来说，智能技术就是能够代替人的脑力劳动的一种技术，它把人的重复性的脑力劳动由计算机所代替。智能技术的应用可以使人们的决策活动规范化，从而实现大众社会的有序化。

至21世纪初为止，世界经过五次工业革命，完成了自动化、电气化、信息化的改造。21世纪的人工智能技术，在各行各业都可能引发颠覆性的变化，带来生产效率的极大提高，这无疑和历次工业革命带来的影响极其相似。

但是，和工业革命又有所不同，人工智能不仅是一次技术层面的革命，未来它还必将与重大的社会经济变革、教育变革、思想变革、文化变革等同步。人工智能可能成为下一次工业革命的核心驱动力，人工智能更有可能成为人类社会全新的一次大发现、大变革、大融合、大发展的开端。

特别是经过近几十年的发展，智能技术及其应用已经成为IT行业创新的重要生长点，其广泛的应用前景日趋明显，如智能机器人、智能化机器、智能化电器、智能化楼宇、智能化社区、智能化物流等，对人类生活的方方面面产生了重要的影响。智能科学与技术是自动化工程、机电工程、计算机工程等工程学科的核心内容，工程性和实践性很强，所培养的学生正是目前高新技术研究及产业发展急需的人才，同时这些人才也会对传统产业的提升和改造起到积极的作用。

智能技术是建立在智能酒店的需求运载点上的硬件设施，主要包括服务体系的智能设备、后勤管理智能设备和酒店舒适环境调控设备三个方面。智能技术融合了机械、电子、传感器、计算机软硬件、人工智能、智能系统集成等众多先进技术，是现代检测技术、电子技术、计算机技术、自动化技术、光学工程和机械工程等学科相互交叉和融合的综合学科；它涉及检测技术、控制技术、计算机技术、网络技术及有关工艺技术，充分体现了当代信息技术多个领域的先进技术，它正影响着国民经济的很多领域，已成为一个国家科技发展水平和国民经济现代化、信息化的重要标志。

需要明确的是，此处的智能是一个包容性的概念，从发展至今它的内容是不断完善的，而且最终必将走向一体化。目前来说智能包括三部分内容：知识的表示和处理，知识的获取，知识的应用。

1. 知识的表示和处理

毋庸置疑，计算机是有智能的，但计算机的智能是我们所说的智能吗？人类又是怎样让计算机按照人类的意愿去执行相应的任务的呢？

在工程实践中，经常会接触到一些比较"新颖"的算法或理论，如模拟退火、遗传算法、禁忌搜索、神经网络等。这些算法或理论都有一些共同的特性（如模拟自然过程）通称为"智能算法"。它们在解决一些复杂的工程问题时大有用武之地。这些算法都有什么含义？

智能算法有很多，但它们都有一个相同点就是解决问题的方式都与人类逻辑思考方式有关，而且它们处理的问题是不确定的，执行步骤多，数据量很大。随着计算机技术的发展，计算机的运算速度和存储能力已经得到了大幅度的提高，为计算机实现以上算法成为可能。

从某种意义上讲计算机是会思考的，但是它的思考方式和方向是由人来规定的，机器完成的是在既定方向上的大量的动作。人们根据不同算法的特点用计算机语言给计算机设定好执行对应算法的方向和次序次数等约束（这便是程序），这样计算机执行下去直至完成程序得出可行解。概括起来这一过程还是人类利用计算机语言来描述一定的算法并交给计算机执行。这算不算智能呢？我们只能说它是"片面的智能"："思考"的路径是由人来指定的，"思考"的过程是计算机实现的。人类在这一过程中起的是主导作用。所以不能用计算机语言和算法对智能下定义，但它们必然包含在智能家族之中，算法应该是智能的核心。

2. 知识的获取

前面所说的知识的表示和处理都是人类对于某些特定的问题进行分析后的后续行为，那么这些问题从何而来以及能不能通过非人类手段获取便是我们智能中所说的知识的获取。

现今信息通信技术已经发展到一定水平，我们可以通过多种传感器来获取某些实时情况的参数，可以说对于数据的获取是比较容易的，但这还不能叫作对知识的获取，还需要结合具体目标对数据进行计算和分析比较（这里的比较是和知识库中设定的数据进行比较）来得出实时情况下的状态（比如好或者坏），这样来让计算机"认识"实时情况的特性。而计算机通过参数来认识、状态特性的过程又是人们结合具体要求设计算法通过计算机语言让计算机执行的。

3. 知识的应用

知识的应用描述了智能能做什么。而知识的执行和知识的处理既有交叉部分又有区分。有一些问题，目的就是对知识进行处理，如百度搜索就是利用某些智能算法（如遗传算法）从大量数据中找出和搜索内容最匹配的信息。有一些问题，如控制问题则是计算机对知识获取，经处理后通过驱动执行部件来实现知识的执行，就像飞思卡尔智能车，通过传感器获得赛道路况参数，通过程序由中央处理器分析出路况，再发出控制信号驱动车轮转向。当然，智能的应用范围是多方面的，相信未来会发掘出更好的应用领域，让智能真正地落到实处。

知识的表示和处理、知识的获取、知识的应用这三个方面是相互联系的，在硬件实现中需要给这三个环节设计出接口部分，来实现信息的传输。只有把这三方面的内容统一起来计算机才能够具有广义上的智能。

相关链接

几种智能算法的含义

这里给出局部搜索、模拟退火、遗传算法、禁忌搜索的形象比喻：为了找出地球上最高的山，一群有志气的兔子们开始想办法。

（1）兔子朝着比现在高的地方跳去。它们找到了不远处的最高山峰。但是这座山不一定是珠穆朗玛峰。这就是局部搜索，它不能保证局部最优值就是全局最优值。

（2）兔子喝醉了。它随机地跳了很长时间。期间，它可能走向高处，也可能踏入平地。但是，它渐渐清醒了，并朝最高方向跳去。这就是模拟退火。

（3）兔子们吃了失忆药片，并被发射到太空，然后随机落到了地球上的某些地方。它们不知道自己的使命是什么。但是，如果你过几年就杀死一部分海拔低的兔子，多产的兔子们自己就会找到珠穆朗玛峰。这就是遗传算法。

（4）兔子们知道一只兔子的力量是渺小的。它们互相转告着，哪里的山已经找过，并且找过的每一座山它们都留下一只兔子做记号。它们制定了下一步去哪里寻找的策略。这就是禁忌搜索。

（三）智能化定义

智能化是网络技术、信息技术（包括智能控制技术）相结合的产物。从宏观的角度讲，智能化技术往往反映出人们的物质需求和精神需求，是社会进步的显著特征。如今，智能化技术在各个领域已得到了广泛的应用，并被广大消费者所青睐。智能化的服务可以让人们享受到舒适的生活，满足各种需求。

（四）酒店智能化

酒店智能化是基于"客房信息化"的创新思想，是互联网时代下的产物，也是酒店对产品革新换代、提升传播力的有效途径。酒店智能化给酒店带来的好处是帮助酒店为客人提升入住体验，为酒店增添服务特色、提升服务水平、提高形象档次。

酒店智能化是为了满足客人日益多样化、个性化的需求，针对酒店行业的特点而打造的一项系统工程。酒店智能化是以建筑设备监控技术、通信新技术、计算机信息处理、宽带交互式多媒体网络技术为核心的信息网络系统，是为了给消费者提供舒适、安全、高效的环境以及周到、便捷、称心的服务，满足消费者"个性化服务，信息化服务"需要，是21世纪新经济时代酒店发展的方向。

酒店智能化也为酒店节能提供了技术手段，能在不断满足人们生活质量和舒适度的前提下，依靠各个智能系统紧密互联、协调工作，提高酒店的综合管理水平及员工工作效率，并减少人员配置，最大限度地为酒店节约能源消耗，从而让酒店能耗降低、低碳环保。酒店智能化是吸引客源、提高入住率的有效措施，同时为酒店带来直接的经济效益。它丰富的内容、完善的管理、低廉的维护成本、高效的营销方案让客户体验到酒店智能化的新境界。

总而言之，智能酒店的发展宗旨是提升消费体验、节能降耗、降低人工和能耗的成本。移动终端取代传统的房卡及纸质票据也能降低酒店运营成本。人工的服务成本是随着社会的发展而不断增加，科技的维护和更新却随社会的发展而不断降低，智能设备的升级和推广，在酒店中的投入使用会使人工成本大为降低，智能化的设施在提升服务效率上有更强的意义。从长远来看，智能酒店的发展可实现较为可观的经济投入和产出比值。

二、酒店智能化发展

（一）单功能系统阶段（1980~1985年）

以闭路电视监控、停车场收费、消防监控和空调设备等子系统为代表，此阶段各种自动化控制系统的特点是"各自为政"。

（二）多功能系统阶段（1986~1990年）

出现了综合保安系统、建筑设备自控系统、火灾报警系统和有线通信系统等，各种自动化控制系统实现了部分联动。

（三）集成系统阶段（1990~1995年）

主要包括建筑设备综合管理系统、办公自动化系统和通信网络系统，性质类似的系统实现了整合。

（四）智能管理系统阶段（1995~2000年）

以计算机网络为核心，实现了系统化、集成化与智能化管理，服务于建筑，但性质不同的系统实现了统一管理。

（五）酒店智能化环境集成阶段（2000年至今）

在智能化建筑智能管理系统逐渐成熟的基础上，进一步研究建筑及小区、住宅的本质智能化，研究建筑技术与信息技术的集成技术，智能化建筑环境的设计思想逐渐成形。

三、我国酒店智能化发展

20世纪90年代开始了我国智能化酒店的发展。国内自称是"智能化"的酒店，它主要依据酒店建设方具有建设部颁发的"智能化建筑工程施工资质"。建设方根据业主的设计要求，在部分工程项目中按照《智能建筑设计标准2000》进行建造，使建成后的酒店具有智能化建筑的一些特质。按照这个标准，我国最早的"智能化酒店"有上海金茂大厦、上海瑞吉红塔大酒店。

（一）楼宇自动化系统普及完善阶段

这一阶段主要在20世纪90年代开始，可以对酒店里空调、变配电、给排水等机电设备进行监控，可根据实际的需要来设定监控点。例如，对风量调节器、风机盘、公共照明、电热水器等耗电量大的设备以及那些长期连续使用而要增加维修费的设备均作为控制对象，设置控制点，而对冷冻机组、热泵机组、给排水、电梯和变配电等设备，虽然耗能大，但设备本身都带有自控装置，只需设定监测点进行监测已满足要求。

（二）办公自动化系统普及完善阶段

至 20 世纪末，智能化酒店的办公自动化系统已逐步完善。智能化酒店的办公自动化系统建立在酒店的结构化布线系统基础上。例如，上海瑞吉红塔大酒店的客房和后勤办公区域分为不同的网段。较为准确和完整地将公司内部各类所需要的记录、资料、文档，以电子表格的形式储存在计算机内，以便查询、调整。将现有的办公自动化系统网与现有的集成管理系统 BMS 相连，从而使办公自动化系统不单是资料、文件管理功能，还能了解、管理弱电系统的运行过程，为进一步提高设备运行效率提供保障。智能化酒店的办公自动化系统有系统效率高、可靠性高和安全性高的特点。

（三）通信自动化系统普及完善阶段

从 21 世纪开始，我国酒店智能化进入通信自动化系统的发展阶段，通信系统主要由程控交换机系统、移动通信覆盖系统、移动分机系统、卫星接收系统、公共广播系统、综合布线系统等组成。

第三节　智慧酒店概述

一、智慧酒店概述

伴随着大数据、物联网、智能服务终端、移动互联网和云计算等新型技术的迅猛发展及在旅游业中的逐步应用，酒店作为旅游业发展的重要组成部分，智慧酒店这一新生概念已悄然出现在大众面前。酒店发展模式迎来了新的机遇与挑战，智慧酒店正在开启未来酒店管理高效化、安全可视化、服务个性化、发展规模化、营销多样化的发展新局面。

（一）智慧酒店的概念内涵

酒店是融餐饮住宿、商务会议、娱乐休闲等功能为一体的综合服务性设施场所。随着社会、经济、文化和科技水平等的不断发展提升，酒店行业的竞争也日趋激烈，其不断追求产品价值、服务质量，并注重个性化服务、智能化管理，以及可持续发展的核心竞争力日益凸显，所以，当前在"大物智移云"时代背景下智慧酒店呼之欲出，应运而生。

1. 智慧酒店的概念与内涵

智慧酒店（Smart Hotel）作为新生的概念，起源于智慧旅游，发展较晚，理论研究也较为缺乏。目前，学术界、业界对于智慧酒店的研究较少，对于智慧酒店的概念尚无统一定论。对于智慧酒店的概念和内涵，当前学者的观点主要包含以下几点：第一，智慧酒店结合了众多现代信息技术。智慧酒店是云计算、物联网、移动通信技术和人工智能的整合和集成，技术的整合、集成推动了智慧酒店的建设。第二，大数据。任何云服务、物联网或者与网络相关的应用都能产生包含业务信息、顾客行为等的"大数据"，而智慧酒店正是现代信息技术的结合，酒店经营、客史档案、市场情况等相关大数据能够为酒店分析顾客消费行为和决策行为提供依据，为酒店开展定向营销提供数据支撑，为酒店经营决策提供依据，是实现旅游六要素的电子化、信息化和智能化的有效助力。同时，酒店经营数据和宾客相关信息更使酒店在智慧化的过程中对宾客、酒店、市场产生新的见解。第三，宾客体验为根本。目前的智慧酒店是信息化程度带来的信息和服务的便捷化，带来的是更多的交互性，所以智慧酒店要以满足顾客的个性化需求为基础提高酒店管理和服务的品质、效能和满意度。第四，开源、节流、增效为目的。这一点，只有小部分学者在"智慧酒店"的内涵中提到，智慧酒店是绿色、创新、和谐的酒店，它将在更透彻的感知、更广泛的互联互通、更以人为本的酒店管理、更深入的智能化基础上，让顾客更舒适便利，让酒店更低碳、高效、可持续发展。

北京市旅游发展委员会2012年起草的《北京智慧饭店建设规范》将其定义为利用物联网、云计算、移动互联网、信息智能终端等新一代信息技术，通过饭店内各类旅游信息的自动感知、及时转送和数据挖掘分析，实现饭店"食、住、行、游、购、娱"旅游六大要素的电子化、信息化和智能化，最终为旅客提供舒适便捷的体验和服务。所以，智慧酒店就是通过数字信息化服务和智能化信息处理技术等，改善服务品质，提升服务价值，实现酒店个性化服务体验、节能增效、管理高效、可持续发展的运作新模式。这种新型的运作模式的核心主要有三点：

（1）个性化服务。经济的持续发展刺激了大众旅游的不断发酵，与日俱增的游客数量、多样化的个性需求给酒店提出了新的更高要求。智慧酒店应结合智能化的信息技术平台构建酒店的个性化服务系统，有效整合大数据的挖掘分析，以技术为优势，利用信息化、智能化和个性化的服务平台重塑智慧酒店的核心价值，提升酒店的管理水平与服务质量。

（2）智能化管理。酒店智能化的管理是以新兴的信息技术与通信技术为基础，实现酒店全方位一体的智能化体系管理。不仅给客人提供安全舒适的环境，而且能为酒店的经营管理提供科学决策和智能管控。

（3）可持续发展。可持续发展是智慧酒店发展的必要途径。智慧酒店有利于提升客户个性体验、服务质量和管理水平，应用综合的智能化管理与服务系统，有利于节能减排、减员增效，有利于整个酒店产业、旅游行业的良性循环运转，健康持续发展。

2. 智慧酒店的表现形式

智慧酒店的表现形式主要体现在以下四个方面，分别是：

（1）智慧酒店设施。酒店智能化的建筑设施设备能为客人提供更为温馨舒适的入住环境，是智慧酒店建设的基本条件，不可或缺。随着智能化水平的不断提高，智能建筑越来越安全节能、高效舒适。智慧酒店设施中除了最为基础的是智慧客房建设外，还包括智能楼宇、照明电器控制、能源管控、可视对讲、互动娱乐等，为客人提供个性化的体验，营造人本化的优越环境。

（2）智慧酒店营销。智慧营销是以客人为中心，以客户需求为动力促进商业的价值取向，规划设计智慧化的商务模式，实现企业在营销、管理上的智慧转型，发挥可持续的竞争优势。面对云服务、智能终端、移动互联网等大数据的挖掘分析，利用信息整合有效开展智慧营销。酒店从业人员能创新智能化营销理念，不断拓展智能化营销渠道，注重智能化营销推广，与酒店上下游产业链企业战略合作，提高酒店营销能力，使智慧酒店的产品体验、服务水平、管理效率等方面更具优势，特色鲜明。

（3）智慧酒店服务。智慧酒店的核心竞争力是智慧服务，这种服务是能通过运用知识和创造知识达到知识产品的利润最大化，也就是酒店通过智慧化的技术手段为住店客人提供个性化的服务体验，满足客人的个性需求，实现产品的利润增值，使产品价值与服务品质得到了极大的提升。

（4）智慧酒店管理。如何提高酒店的服务质量，提升酒店品质，酒店经营管理至关重要。智慧管理是企业对各类管理需求进行智能处理，提供资源配置、数据整合、信息管控和智能决策，对于酒店的各项管理业务需要运用智能化的处理技术进行智慧化的管理，最终实现管理水平质的飞跃。

（二）智慧酒店的评价标准

1. 智慧酒店的标准体系

酒店业的飞速发展，酒店类标准化工作作用显著。时间追溯到1987年我国首次颁发实施了《旅游涉外饭店的星级划分和评定》标准，实施以来，酒店标准化建设取得了明显的成效。然而，伴随着时代的发展，以云计算、物联网、移动互联网、人工智能等技术为主要核心的智慧酒店平台已经到了发展的攻坚期，酒店企业各自为营的现象屡见不鲜，使得用户和管理部门利益得不到保障，并极大地阻碍了智慧酒店业的相关发展。没有统一的标准体系，智慧酒店就无法得到规范健康地良性发展，难以形成规模化和产业化。目前，我国智慧酒店标准体系如表1–1所示。

表 1-1 智慧酒店标准体系

序号	标准号	标准名称	年份
1	GOST 28681.4—1995	旅游服务：饭店（宾馆）的分类	1995
2	LB/T 007—2006	绿色旅游饭店	2006
3	GB/T 21084—2007	绿色饭店	2007
4	DB13/T 850—2007	酒店会议服务规范	2007
5	GB/T 15566.8—2007	公共信息导向系统设置原则与要求（宾馆和饭店）	2007
6	DG/TJ 08—2040—2008	公共建筑节能工程智能化技术规程	2011
7	DB50/T 1294—2012	小区数字化智能家居管理系统	2012
8	DB/T 28219—2011	智能家用电器的智能化技术通则	2013
9	DB50/T 489—2013	智能家居监控系统技术要求	2013
10	LB/T 020—2013	饭店智能化建设与服务指南	2013
11	DB53/T 462.6—2013	旅游饭店服务质量评定（会议服务）	2013
12	DB34/T 1923—2013	医疗建筑智能化系统技术规范	2013
13	LB/T 007—2015	绿色旅游饭店	2015

2. 智慧酒店的评价指标

值得强调的是，智慧酒店不同于智能酒店，目前，我国的智慧酒店还处于智能化发展的初级阶段，更多的酒店还停留在概念营销、意识形态阶段。所以，为了更好地诠释其核心概念与表现形式，有必要对其进行核心要素分析，构建相应的评价指标体系，便于对即将改造升级或全新建设的酒店提供理论支撑。

通过对智慧酒店的核心要素进行了提取，形成了以智慧管理、智慧服务、智慧营销和智慧设施为主的关键评价要素，如表 1-2 所示。

智慧酒店的评价体系分为三个层面：目标层、准则层和指标层。目标层即为最终的实现目标智慧酒店的评价体系设计。准则层评价所指的具体对象和范围，根据文献分析方法和专家咨询意见，其包括智慧管理、智慧服务、智慧营销和智慧设施 4 个关键指标。指标层包括 26 个影响要素。

对于酒店智慧管理的特征要素，其二级指标包括 5 个要素，分别是企业资源计划

ERP系统、物业管理PMS系统、客户关系管理CRM系统、客房智能控制系统、应急预案系统。智慧服务的特征分别为：智能云服务系统、多媒体服务系统、智能停车管理系统、智能入住退房结算系统、智能电梯楼层控制系统、智能会议系统、客房视屏门铃系统、智能导航系统8个要素。智慧营销特征包括智能化营销观念、智能化营销渠道、智能化营销推广、网站服务升级、数字模拟体验、智能信息终端。智慧设施特征含有7个要素为：楼宇自控系统、中央空调系统、安全防范系统、综合布线系统、计算机网络系统、智能照明控制系统、智能化集成管理系统。

表1-2 智慧酒店评价要素

	准则层	序号	指标层
评价指标体系X	智慧酒店管理系统 智慧管理（Y_1）	1	企业资源计划ERP系统（Z_{11}）
		2	物业管理PMS系统（Z_{12}）
		3	客户关系管理CRM系统（Z_{13}）
		4	客房智能控制系统（Z_{14}）
		5	应急预案系统（Z_{15}）
	智慧酒店服务系统 智慧服务（Y_2）	6	智能云服务系统（Z_{21}）
		7	多媒体服务系统（Z_{22}）
		8	智能停车管理系统（Z_{23}）
		9	智能入住退房结算系统（Z_{24}）
		10	智能电梯楼层控制系统（Z_{25}）
		11	智能会议系统（Z_{26}）
		12	客房视屏门铃系统（Z_{27}）
		13	智能导航系统（Z_{28}）
	智慧酒店营销系统 智慧营销（Y_3）	14	智能化营销观念（Z_{31}）
		15	智能化营销渠道（Z_{32}）
		16	智能化营销推广（Z_{33}）
		17	网站服务升级（Z_{34}）
		18	数字模拟体验（Z_{35}）
		19	智能信息终端（Z_{36}）

续表

准则层	序号	指标层
评价指标体系X	智慧建筑设施系统智慧设施（Y_4）	20	楼宇自控系统（Z_{41}）
		21	中央空调系统（Z_{42}）
		22	安全防范系统（Z_{43}）
		23	综合布线系统（Z_{44}）
		24	计算机网络系统（Z_{45}）
		25	智能照明控制系统（Z_{46}）
		26	智能化集成管理系统（Z_{47}）

二、智慧酒店的整体构架

智慧酒店的技术架构是智慧酒店的基础，其构建难度极高，绝非易事，也不是一个网络就能胜任。智慧酒店的技术框架，需要各种系统的协同联动，联网对接。就技术层面而言，将涉及网络技术、计算机技术、通信技术、控制技术、传感技术、视频音频技术、能源控制、交通控制及建筑等相关技术，由于酒店相关其他技术应用比较广泛，也比较成熟，因此下面重点介绍网络技术框架。

智慧酒店整体的架构如图1-4所示，智慧酒店的建设内容可分为三大部分：酒店内部管理系统、酒店智能化管理系统和酒店通信网络管理系统。

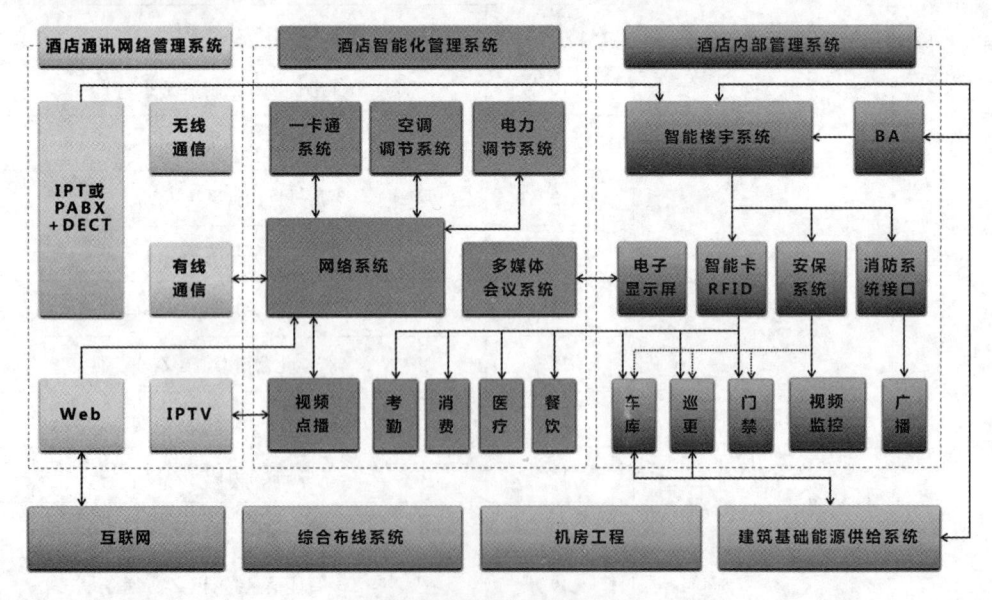

图1-4 智慧酒店整体架构

（一）酒店内部管理系统

对于住店客人相关的服务管理而言，酒店内部管理是指酒店内部运营、员工管理及运营数据处理，主要依靠酒店管理系统平台对酒店内部每天的营业数据、财务数据进行分析，对员工工资及成本、员工奖励制度核算等处理。

酒店内部管理系统的核心功能是智能楼宇管理系统所必须实现的集成功能，主要包括以下几个部分：先进的集中监控管理功能、最佳的流程自动化管理功能、可靠的全局事件管理功能、高效的信息集成和综合处理功能、先进的集中监控管理功能等。通过统一的图形化人机界面，可以方便地对各集成子系统进行集中监视、控制和管理，对可控设备，如电控锁、摄像机等设备进行控制和调节。对所有信息点的状况进行监测，如开关状态、运行状态等。并定期刷新数据，实时显示于监视器上。随时监视系统各设备的运行状态，发生故障或异常报警，如火灾及安全报警等。自动执行警报发生信息显示和强制画面显示，如弹出该报警点所在的建筑平面图。设定修改并存储设备的运行参数，如启停次数、运转时间、延迟设置、禁停设置、方向设置等。

该系统可以集成的子系统包括楼宇自控系统、门禁控制系统、防盗报警系统、闭路电视系统、一卡通系统（消费、考勤等）、停车场管理系统、电梯监视系统和消防系统等。

楼宇自控系统监控的设备包括：新风机、组合空调机、吊装空调机、盘管空调、冷冻机组、生活水系统、自动喷灌系统、泛光照明点、室外照明和地下室照明等。

门禁控制系统监控内容包括各通道管制门的开关状态，通道管制门的开启，读卡机、电控锁故障报警，非法刷卡、非法闯入报警，读卡机敲击报警，长时间开关异常报警等。

防盗报警系统监控内容包括：记录所有用户和防区资料，如编号、名称、所处位置、类型等；各种历史记录，如用户报警历史等；设定所有用户和防区的状态，监视所有用户的当前状态，如禁用、布防、撤防、报警、未准备等；监视所有防区的当前状态，如禁用正常、旁路、报警、未准备、故障等。

闭路电视系统监控内容包括：视频矩阵主机的工作状态监视和故障报警，调用任意一台监视器和摄像机，自动切换和群组切换，控制电动云台的方位，控制电动透镜的变焦倍数、聚焦和光圈开度、视频丢失报警、视频移动报警等。

考勤系统监控内容包括记录所有考勤记录、考勤机的运行情况、运行记录、故障报警和考勤情况的查询。

电梯监视系统监视的状态为电梯的运行状态，上下状态和楼层号等。

（二）酒店智能化管理系统

智慧酒店管理系统是智慧酒店的主要支撑，包含无线智能酒店系统、订房信息系统以及 RFID 技术的一卡通系统。此外，还有能源管理系统、资产管理和门禁考勤、视频监控等普遍性的应用。智慧酒店管理系统是一个系统体系，集成了酒店运行所需的所有系统，按功能可以分为三大类：

1. 建筑基础设施体系

建筑基础设施体系包括中央空调系统、智能照明控制系统、火灾自动报警及联动控制系统、楼宇自控系统、通信网络系统、计算机网络系统、酒店信息管理系统、综合布线系统、安全防范系统、智能化集成系统、机房工程、UPS 电源系统和防雷接地系统等。

2. 服务管理系统

服务管理系统包括客房智能管理控制系统、智能一卡通系统、卫星接收及有线电视系统、VOD 点播系统、公共广播系统、多媒体会议系统、卡拉 OK 点播系统、多媒体查询系统、远程视频会议系统等子系统。

3. 客房智能管理控制系统

随着我国科学技术的蓬勃发展，酒店客房智能控制的水平反映了现代化高星级酒店的品质标志。成熟的酒店客房智能管理控制系统不仅能够创造优质高效的工作环境，而且能够给宾客带来满意的个性体验，给酒店带来巨大的经济效益。酒店客房智能控制系统代表着一种科学的管理方式，已被越来越多的酒店管理人士所认同和重视。

客房智能管理控制系统的主要设备有主控制箱、机械式开关面板、服务信息显示面板（如请勿打扰、清理房间、请稍后、门铃开关显示门等）。门铃、身份识别型节电开关、门磁、紧急呼叫按钮开关、红外探测器、请稍候开关、空调控制开关、网络通信器、中继器、各管理计算机等。主要具备以下特点：一是可方便宾客轻松入门，采用电子门锁客户持智能卡轻松接触感应即可开门进入房内，通过智能卡及门磁的感应，还能实现身份识别、安全防范及电源开关的控制。二是可方便宾客随手操控，将客房的灯光、服务等功能的操作按其功能的不同分别排布到若干个机械式开关控制面板上，以适应宾客使用。如在标准间的两床之间的墙上集中了两边床灯、房灯等灯光控制按钮。三是设置更加人性化，利用红外探测器设置在卫生间浴室内，能够检测宾客不可预知的危险状态，系统将会第一时间在现场、客户服务中心及总台发布报警信号，有效地保障宾客的安全。四是更为便捷地传输，该系统与前台、楼层客房中心、工程部、保安部等部门的计算机，经交换机和服务器连接，构成一个以太网，通过快速的信息交换和数据处理，实现计算机系统管理，将客房的实时状态及突发情况反映到各部门，以保障宾客的人身安全，提高酒店的工作效率，降低运营成本。

4. 酒店一卡通系统

酒店一卡通系统采用 RFID 卡取代传统的现金、票证、纸卡等，用计算机智能管理手段提高使用单位的工作效率和工作质量，适用于宾馆、酒店、俱乐部、会所、商场等各类收费管理。在消费基础上，可作为贵宾卡、会员卡、优惠卡、员工卡等识别证，用同一张卡实现购物、娱乐、考勤、门禁、电话、门锁、借书、签到、停车、桑拿洗浴等多项一卡通管理功能。酒店一卡通采用与景区门票门禁同一技术体系，可以实现通用联网。该系统主要用于：宾客身份识别、宾客消费记账管理、宾客消费历史记录、打折优惠管理、宾客个性化服务管理、酒店安全保卫门锁控制。采用这一系统能够对顾客的服务与管理实现更人性化、个性化的服务。对 VIP 客人可采用非接触式射频卡，使宾客在不知不觉中享受到严密的跟踪保卫，可把高级客房区控制起来，使没有射频卡的人进入以后受到监控，无法随意行动。

5. 卫星、有线电视、VOD 点播系统

该类系统主要提供新闻、经济信息、娱乐片供宾客消遣。可以通过卫星接收器提供免费电视节目，利用有线电视对卫星频道进行有效补充。VOD 点播系统可将酒店自主录制的视频结合卫星接收系统和有线电视系统，作为有偿服务提供给宾客，增添娱乐服务项目，也增加酒店利润来源。

6. 多媒体商务会议系统

举办各种商务会议及其他大型会议成为现代高档商务型旅游接待场所的重要能力，而且是酒店利润增长的重要动力。先进的多媒体商务会议系统是现代化的多媒体会议设施的重要组成部分，是衡量酒店接待能力的核心设施指标之一。

按照功能，可以将会议厅分为宴会多功能厅和专业多功能厅。会议系统在功能设计上存在一定差异，宴会多功能厅一般代表旅游接待场所的形象，举行重要的餐饮招待会、国际会餐、音乐招待会、鸡尾酒会、婚宴招待、新闻发布等重要宴会。会议系统侧重于选用先进美观、音质优美的声、光、像系统。专业多功能厅用来接待多媒体会议、网络电视会议、学术交流、技术培训、产品介绍、新闻发布、国际交流等重要会议，该类多功能厅的会议系统采用最先进的通信和展示技术，主要包括以下功能和设施：一是良好的无线通信网络更新，可以让与会者便捷上网，调用资料。二是多通道媒体来源，可以随意切换音/视频源，高品质音响还原，确保语音质量。三是数字会议系统，控制会议发言。四是良好的投影系统，大屏幕显示与多个小屏幕相结合，便于与会者获取现场信息。五是远程会议系统，进行异地内外部演示与开会。最后，为中控系统，可进行集中式控制管理。

7. 中央空调质量监控节能系统

对一般公共建筑中的写字楼、宾馆、商场而言，中央空调的耗电量占总耗电量的

40%~60%，是最需要进行节能改造的部分。以中央空调为主对节能产品进行分类，对用户具有现实意义。

利用中央空调多个子系统的多个参量调控中央空调水系统、流体流量和风机空气流量，节省中央空调主机的能耗和各子系统的电机能量，提高主机效率，降低中央空调系统的整体运行成本，保证中央空调整体系统稳定运行的节能控制。通过实时监测冷冻水温度、压力、冷却水浊度压力、环境温度、电力转速、电压、电流等参数，模拟人脑思维方法，自动控制压缩机组、冷冻水泵、冷却水泵的电机转速，从而调节制冷量及整个系统的功率平衡，以达到整个系统相互协调，消除无用功率损耗、减少系统电耗的目的。

中央空调计量监控节能系统按照计量监控到每个中央空调末端的方式实施，每台空调安装一个远程通信智能电表。通过数据集中器将每个空调末端的计量监控整合到前台，进行统一节能管理。

8. 智能化综合布线系统

该系统是所有建立在广域网、局域网上的酒店智能化系统的信息通道，是网络系统的高速公路，是整个系统的基础系统，将为整个酒店的语音通信、宽带数据、图像联网、酒店管理系统及网站建设提供高质量的传输通道。各系统遵守共用、公用、通用、互通、简洁、可靠、实用、经济的原则。以先进水平的综合布线技术、计算机技术、通信技术和自动化技术为支撑，建立一套统一规划、高度集成的布线系统，为酒店计算机网络系统数据、图像及控制信号提供统一的传输线路、设备接口和高质量传输性能。综合布线系统主要由以下几个子系统组成：工作区子系统、水平子系统、主干线子系统、管理子系统、设备间子系统和建筑群子系统。

（三）酒店通信网络管理系统

酒店通信网络系统分为计算机网络和语音通信系统。计算机网络通信是酒店系统的重要子系统之一，该系统建立在广域网、局域网上，主要分为两部分：一是酒店预订及连锁经营网站信息系统，用于向酒店管理者提供现代化经营手段，使得酒店经营高效、先进科学；二是酒店内部信息智能化管理系统，为酒店管理者提供高质量管理手段，如智能办公系统、智能节能系统、智能采购网络、智能人员管理系统、智能物耗管理系统等，使酒店办公、物耗、能耗、人员成本等降到最低，使用效率最高，创造良好效益。

在网络的安全性方面，酒店内部网络一般都分为多个不同的子系统，各个子网络之间要进行逻辑隔离或物理隔离，从使用对象来分酒店通信网络，包括智慧办公网络平台和智慧客房网络平台，各平台与相应功能子系统相连接，如图1-5所示。

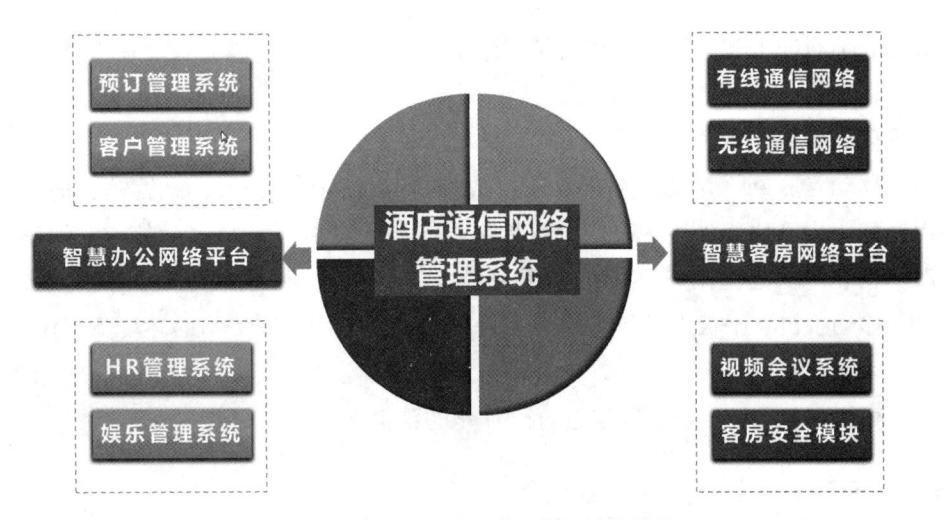

图 1-5　智慧酒店系统平台与功能模块

三、智慧酒店运行管理

智慧酒店是在运行的过程中，酒店对智慧酒店的投入，就是提高酒店的运营能力，为宾客提供更好的个性化体验和优质服务品质。智慧酒店的运行管理从以下方面开展进行：

（一）智慧酒店营销策略

酒店智慧营销将构建全覆盖、多渠道的营销策略，从网站宣传到网上订房，从酒店直销网站到第三方订房平台，从自主网站订房入口到移动手机端的微信、微博订单销售。智慧酒店的营销策略是立体化、全方位、多元化和多渠道的完美结合。

1. 酒店自主网站营销模式

在网络营销方面可以是酒店集团的直销模式，许多大型酒店集团网络营销能力超强，为酒店的客源市场构建起了独立的营销平台。例如，洲际酒店集团、希尔顿酒店集团和金陵酒店集团的自主网站，是酒店很好的销售渠道。

2. 酒店第三方营销平台

目前，随着旅游市场的不断细分，酒店的第三方营销平台占据了较大的市场份额。酒店企业从第三方平台获取了较好的市场份额，成为企业销售的最主要的渠道来源。酒店与第三方的信息交换，在网络技术架构上比较简单，只要酒店具备上网功能和浏览器即可操作实现。酒店预订信息可以通过人工操作快速获取预订信息。国内第三方酒店平台不断涌现，比较著名的如携程、艺龙、同程等。但目前这种营销模式受到了新媒体营销的不断冲击和挑战。上述营销渠道的有力整合实现了酒店企业在营销渠道的领先优势，是目前比较成熟的营销模式。

3. 酒店新媒体技术应用营销

随着移动互联网、移动终端、微信、微博的不断发展和普及，微营销已悄然而至。移动终端的应用已快速走进了人们的日常生活，如APP移动服务、微信或二维码订房、微博微信营销等。这些新媒体的传播渠道最大的特点是，在各种移动终端上的广泛应用，包括移动手机、平板电脑等，这些平台极大方便了用户在网络的环境下利用碎片化的时间与酒店营销平台无缝对接，实现信息交流，客房预订。宾客可以随时随地实现订房下单，酒店企业也可将剩余客房进行碎片化的销售。

（二）智慧酒店运行管理

智慧酒店的有效运行管理表现为，酒店企业以计算机网络为基础，应用各种计算机管理软件、控制技术、通信技术等在管理团队运作下来管理经营酒店企业。可以包括对酒店企业的上下游企业的管理，如智慧采购、智慧渠道销售、客户关系管理等，还包括酒店企业应用综合技术，在管理团队协同组织下，对酒店运行进行科学管理，如经营管理、人事管理、企业财务管理、安防管理和工程信息管理等。

酒店智慧管理不仅需要酒店综合布线和计算机系统硬件作为支撑，更需要应用各种管理软件，如酒店管理信息系统、酒店财务管理软件、客户关系管理软件、酒店安防管理软件、酒店工程信息管理软件等。另外，还需要管理人员的智慧和新的智慧系统，这些新智慧系统包括大数据处理技术，各种云计算机应用等。酒店智慧管理是管理人员与计算机综合系统不断融合的过程，其目标是管理的科学化，智慧地处理各种管理事务。

智慧酒店推进的过程中，可以采用基于云技术模式的酒店管理信息系统的应用，酒店收益管理，市场营销数据挖掘管理，酒店决策支持系统等。这些智慧管理的应用需要大量的知识型管理人才，酒店行业更需要大量懂计算机技术、经济管理和旅游电子商务的专业人士，智慧酒店管理是人和智能系统的有机结合。智慧酒店的管理主要体现在对智慧酒店的各种系统的有效的智能控制，应用这些智能控制，达到对宾客的智慧服务和优质的个性化服务。可以从以下几个方面来加强应用：

1. 智慧服务

智能控制可以改变传统酒店宾客前台登记入住的接待模式，实现客服管理的智能化。入住过程可以享受更为便捷的优质服务，当客人上网或电话订房时，酒店能通过远程订房系统完成对该房间的及时预订，并及时为客人的特殊喜好做好准备，等候客人的到来。当客人到来后，在酒店大堂，可凭相应的身份识别快速入住事先预订好的客房，凭借身份证或会员卡即可打开电子门锁；房门开启，客房走廊灯光自动亮起，如果为首次入住的客人，智能系统根据客人入住的时间开启相应的灯光模式，夜幕降临，客房内会适时地选择相应柔和的夜景模式，若是有入住经历的客人则系统将根据客人之前的历史习惯进入相应的智慧模式。

随着科技的不断发展，酒店在大堂设置相应的自助入住系统，智能识别、支持公安部门对人员的监控。

2. 智能客房控制

客房是宾客在酒店停留最久的区域，客房的体验也成为酒店智慧产品的核心要素。酒店可以通过无线终端进行客房设施设备的控制，这些设施设备的控制包括：客房区域的温度湿度控制、照明控制，客房视频音频控制，服务的响应等。有些酒店采用客房电视机结合综合控制技术，实现多种系统并用的控制应用，包括休闲服务、客房智控、电视服务请求、商旅助手和计算机桌面应用等。

3. 酒店智能控制

酒店智能系统的智能控制包括对酒店安防系统、楼宇自动控制系统、客房智能化控制系统、智能通信系统、酒店视频音频系统、智能商务系统、酒店交通系统、设备能源管理系统、智能会议系统和娱乐控制系统的控制，这里主要介绍其应用的趋势和发展。

酒店安防系统的智能控制主要体现在安防数据挖掘、智能识别、智能跟踪、云计算机的数据比对等领域，这些新技术的应用大大提升了酒店安防的智能化程度，为酒店的安防起到最基础的安全保障。

酒店楼宇自控系统用于酒店客房及公共场所的环境参数自动控制，如温度、湿度、新风、气味、除菌等自动控制，更好地为宾客营造一个舒适温馨的住宿环境，提供更为优质的体验服务。

客房智能化控制系统主要用于房间的照明、音响、电视控制、服务请求、免打扰设置等。当宾客进入客房，室内灯悄然开启，音乐如流水般潺潺播送，智能房卡上显示室内的二氧化碳含量，体现房间内空气的清新程度。

智能通信系统用于客人对外通信、酒店内部通信交换。良好的通信网络使客人可以进行语音、图像、数据等多媒体信息传输，可以实现网络会议、视频电话和高速上网等。让宾客身在一个开放、便捷的信息社会，宾至如归。

酒店视频音频系统是综合信息系统的特点，可以处理各种信息需求，如录像、回放、编辑和数字处理等。该系统除了有传统的卫星、有线节目之外，还为宾客提供及时新闻和娱乐互动节目，实时的机场航班、道路交通和旅游咨询等公众服务信息。

智能商务系统可以和酒店管理信息系统对接，宾客可以对酒店进行各种信息处理，如预订、消费查询、邮寄管理等。

酒店交通系统是综合电梯控制技术和其他系统技术，对酒店交通进行控制，使宾客在酒店移动更加安全和便捷，宾客进入客房区域更加私密和通畅，该系统和酒店的门禁系统、管理信息系统交换信息，处理好宾客的服务。

设备能源管理系统既要保障宾客的舒适度，又要做到智能节能，使酒店的综合能耗得到更好的控制，让酒店既满足宾客的需求和体验，又能使酒店做到低碳高效。

智能会议系统的特点是为宾客提供会议声、光、像智能服务，系统运用现代化的声、光、像技术，将会议资讯及时传递、存储等现代优质的服务。

智慧酒店目前还在不断地探索实践中，酒店企业提出许多先进的管理理念，技术厂商不断推陈出新，各种智慧产品、系统和运作模式不断涌现，政府部门正在进一步对新技术的应用加以扶植和推广，所以，智慧酒店的明天一定会更加美好辉煌。

第四节　智慧酒店的发展

一、智慧酒店的发展背景

（一）技术背景

目前，随着移动互联网、云计算、物联网、移动位置服务、人工智能等信息技术的迅猛发展，为智慧生活提供了必要的技术支持，也为智慧酒店发展提供了硬件支撑。如表1-3所示。

表1-3　信息技术在智慧酒店中的应用

序号	技术类型	技术特征	技术运用
1	互联网技术	按一组通用的协议实现网际互联，逻辑上形成单一庞大的国际网络	互联网技术是智慧酒店的坚实基础，覆盖了智慧酒店建设应用的全过程
2	云计算技术	基于互联网相关服务的累积、使用和交付模式	体现新一代互动服务平台，依据显示、流媒体呈现技术和网络通信技术，实现酒店电视、网络多媒体和交互服务的完美结合
3	物联网技术	在互联网基础上对用户端物品间的延伸和扩展，实现信息交换和通信，达到物物相息	实现身份安全识别，照明、空调、窗帘、报警等智能物联，达到传感终端软硬件产品的资源整合
4	移动通信技术	物联网的一种连接方式，基于智能手机、高速宽带、移动接入、高智能化的一种网络形态	酒店客房移动服务终端，顾客手机、平板电脑等移动终端的便捷使用

续表

序号	技术类型	技术特征	技术运用
5	人工智能技术	研究、开发用于模拟、延伸和扩展人的智能的理论方法、技术及应用系统的一门新的技术科学	智慧酒店基于大量的移动机器人进行客房清洁、餐饮、布草服务等，达到降低人力资源成本

（二）时代背景

信息技术的飞速发展，推动了互联网的快速普及和广泛应用，成为信息化的重要工具和有效平台。根据社交市场分析机构 We Are Social 公司发布的《2015年全球社会化媒体、数字和移动业务数据洞察报告》，2015年1月，全球互联网人口总数已超过30亿，占全球人口总数的42%；接入互联网的移动设备总数超过70亿台，占全球人口的97%，其中，独立移动设备用户36亿，占人口总数的51%（图1-6）。

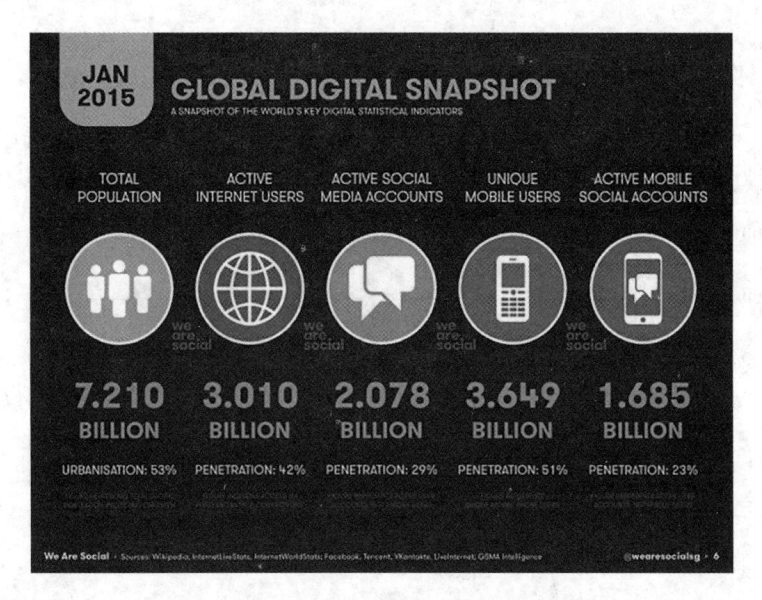

图1-6 社交媒体、数字和移动业务数据

而据《第37次中国互联网络发展状况统计报告》（以下简称《报告》）中公布的数据显示，截至2015年12月，中国网民规模达到6.88亿，互联网普及率达到50.3%（图1-7），半数中国人口已接入互联网。中国手机网民规模高达6.20亿，有90.1%的网民通过手机接入互联网（图1-8），Wi-Fi 无线网络早已成为网民在固定场所下的首选接入方式。另外，全国利用互联网开展营销推广活动的企业比例为33.8%（图1-9）。《报告》亦表明，随着手机终端的大屏化和手机应用体验的不断提升，手机作为网民主要上网终端的趋势仍将进一步提升。

图 1-7 中国网民规模及互联网普及率

图 1-8 中国手机网民规模及其占网民比例

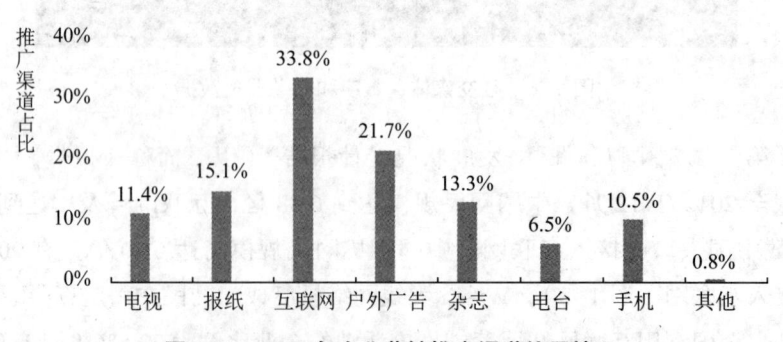

图 1-9 2015 年企业营销推广渠道使用情况

以互联网信息技术为基础，随着微博、微信等手机社交工具及微视频电影等的迅速推广，新的"微"营销模式也悄然到来。随着科学技术的进步带来的旅游相关 APP 软件的个性化使用，如携程、艺龙、去哪儿等旅游综合性网站已改变了消费者的预订和出游方式，使得传统的酒店业营销方式发生了天翻地覆的巨变，智慧酒店的营销推广很好地顺应了酒店业的新的运营方式。

（三）政策背景

2009 年《国务院关于加快发展旅游业的意见》中明确提出"以信息化为途径，提高旅游服务效率"；2011 年《"十二五"旅游业发展面临的战略机遇》提出"推动信息技术的广泛应用、加强旅游公共信息服务、积极发展旅游电子商务、推进信息基础设施和能力建设及加快旅游信息化管理体制机制转型"后，全国各地对智慧旅游的发展推进如火如荼。

2014 年，国家旅游局又进一步将旅游业发展主题定为"智慧旅游"，要求各地引导智慧旅游城市、景区等旅游目的地建设，促进以信息化带动旅游业向现代服务业转变。同年 1 月 15 日，"中国智慧酒店联盟成立大会"在福州举办，标志着中国智慧酒店联盟的正式成立，我国智慧酒店建设与发展进入新的历史时期。

二、国内外发展现状及趋势

（一）智慧酒店国内外发展现状

由于技术革新的优势和酒店行业的日趋成熟，国外关于智慧酒店的建设起步较早，时间可以追溯到 2006 年，美国酒店的顾客可通过射频识别技术（Radio Frequency Identification Technology）进行入住、结账、消费等操作。2011 年，IBM 作为"智慧地球"理念的倡导者，首次提出"智慧酒店"的解决方案，主要包括机房集中管理、桌面云、自助入住登记和退房、无线入住登记和融合网络等模块。在酒店服务中融入了包括提供下载的酒店预订与服务的 APP 程序、楼宇自动导航、Wi-Fi 网络、基于物联网技术的客房设备、远程会议服务等智慧科技，以减少服务流程、提高管理效率、降低运营成本，为住客提供最全面住宿体验。迪拜七星级帆船酒店 Burj AI Arab hotel，高品质的智慧服务体现在房间的照明设置可引领客人至卫生间，夜间的灯光模式、照明系统的设计都以人为本。泰国曼谷苏坤 11 雅乐轩酒店 Aloft Sukhumvit 11，利用特制的智能手机实现智能开门、转换电视频道、呼叫客房服务和调节空调等功能。喜达屋已经在 W 品牌和 Aloft 品牌率先推行手机入住体验。半岛酒店的智能控制让顾客体验了大量的新功能，更不用说已经非常流行的餐厅智能排队、微信订餐、二维码支付。此外，像日本东京半岛酒店、法国巴黎 Murano Tesort、美国西雅图 Hotel1000、阿联酋阿布扎比 Emirates Palace、加拿大多伦多 The Hazelton Hotel、新加坡 Marina Bay Sands 酒店等都是国际上著名的智慧酒店典型代表，其智慧化建设程度和效果都给酒店带来了超高的市场人气和运营效益。

国内智慧酒店的发展历程如表 1-4 所示。黄龙饭店是中国建设完成的最早的智慧酒店，从 2007 年建设以来，历经 4 年，斥资 10 多亿元，改造扩建，开门营业。杭州黄龙饭店与 IBM 合作以全方位的酒店管理系统与 RFID 等智能体系启动了中国首家"智慧酒店"的发展历程。如家酒店集团已经实现二维扫码开门（如家、锦江之星、汉庭、布丁等诸多连锁酒店业者正通过二维码、微信平台等新科技手段打造酒店智能客房、智能营销管理和异业合作等）。上海安达仕酒店的"数字酒店管家"实现了众多服务的自动化。杭州街町酒店拥有变身智能酒店的四大微信"神器"——自助选房、微信开门、微信客服和微信，这四大"神器"让街町酒店成为国内首个实现微信全自助的酒店。厦门凯宾斯基酒店是目前厦门最高的建筑，帆船造型的单体建筑，为厦门的地标性建筑。其采用的智慧酒店系统主要分为三部分：客控系统、面板系统、灯控系统。在国内，受早期智能化观念的影响，酒店智慧化建设偏向于硬件设施的建设，基本都停留在智能客控阶段，这一比例为总量的 15%~20%，比如对客房灯光、湿度、温度、窗帘等的智能控制，以及射频技术和红外感应等技术的应用这样的智慧化建设须在酒店开业前进行规划，如果是已开业酒店，则需要重建已有的网络、供暖、供电等系统，投入成本高（数十至数百万），且收效甚微，极其浪费人力、物力、财力。而后，受互联网的巨大冲击，加之移动互联网的普及，智慧酒店不再拘泥于硬件建设，而是转向思维的智慧化方向。除了建设智能化基础设施，同时还注重对客营销、去中心化的管理流程、个性化体验等方面的深度建设。在酒店智慧化建设浪潮下，中档酒店和经济型连锁酒店注重互联网线上软性系统建设，并将线上服务和线下体验结合，相比高星级酒店智慧化建设情况较好。

表 1-4　智慧酒店的发展历程

序号	时间	内容
1	1999年	微软在中国推出"电视上网"是中国智能家居的开端
		海尔推出第一代网络家电
2	2001年	国内科研机构和公司开始研究智能安防控制系统和产品
3	2006年	酒店智能电视系统开始被业内采用
4	2009~2012年	智慧酒店在国内逐步进入初期推广阶段

续表

序号	时间	内容
5	2013年	国家旅游局发布《饭店智能化建设与服务指南》
6	2014年至今	行业标准体系、服务规范仍需进一步明确

（数据来源：北京易观智库网络科技有限公司，《中国"互联网+酒店"专题研究报告2015》）

（二）智慧酒店的发展趋势

从目前国内酒店业的发展情况来看，大部分的小型单体酒店还处于信息化建设的初期，信息化程度还比较低，有些落后地区的家庭旅馆甚至还完全处于手工操作的阶段，而大部分的三星级以上的酒店及连锁的酒店企业，都已成功进入了电子销售和预订的阶段，它们在酒店的电子商务化建设中投入了大量的资金，也收获了电子商务系统在降低经营成本、提高效率和增强竞争力等各个方面发挥的巨大的作用。然而，目前，国内还很少有酒店进入全面信息化服务阶段，尤其是酒店内部和外部业务链接电子化程度不足，拥有电子化采购的酒店还只是少数，尤其是单体酒店的信息技术应用能力，影响了信息化的进一步提升。

随着改革开放的深入与经济的快速发展，中国酒店业连续近20年保持两位数的增长，已经成为国民经济重要产业，据统计，全国拥有近30万家各类住宿企业，接近450万家餐饮企业，形成了庞大的市场存量，其中仅星级酒店就以每年新建近千家的速度快速增长，伴随着酒店业的快速发展，信息化建设投入正逐年递增，据保守估算，大量的存量酒店平均每年在信息智能化改造、服务方面的费用近800亿元，而新建酒店信息智能化建设投资每年300亿元到400亿元，因此可以预见，酒店用户至上，用心服务，信息化建设，在未来将拥有巨大的发展空间。

在酒店发展的浪潮中，如何与世界同步，与其他产业同步，把握住技术创新所带来的产业增长，酒店产业必然未雨绸缪，酒店从业者必须有符合国际发展潮流的前瞻视野与敏锐眼光，展望未来酒店的信息，智能化发展，必将注重管理创新与服务个性化有效提升。

在酒店管理层面，智能管理，电子商务的创新与发展，将是未来竞争的重点，前台财务物流，客户管理，能源与环境保护，便捷高效管理体系的建立与发展，将是企业永恒追求的主题，无论是单体酒店还是酒店集团均将立足于互联网展开国际性的无差别、全覆盖的营销攻势与客户服务活动。

在消费层面，为实现个性化服务与便捷消费，无线覆盖，多媒体服务，智能通信，E客房，智能安防等领域，众多信息化创新产品纷纷推出，为消费者提供惊喜不断的体验、无与伦比的享受。

综合来看，酒店信息化建设将出现从信息孤岛，几个单位，彼此独立，且无法共享的信息系统向信息大陆，即通过彼此开放接口或企业应用集成等方式联成的一体化信息系统集群的跨越；从有线模式，即通过计算机或电话专线进行信息交流或网上服务运营与管理，向无线模式，即通过无线技术手段进行信息交流或网上服务运营与管理的跨越；从虚时反馈，即非同步、非实时、非互动的被动反馈式服务、运营与管理，向实时互动，即同步、实时互动式的服务、运营与管理的跨越，可以预见，中国本土的酒店将会凭借自身在信息化建设方面的后发优势，最终实现赶超国际先进水平的跨越式发展。

三、智慧酒店发展优点和不足

随着智慧酒店不断发展，新生代酒店开始采用各种智能化技术装点酒店，这是人类进步及酒店业市场发展的必然趋势；然而作为智慧酒店的萌芽时代，智慧酒店的开发在具备节能、环保等多项优点的同时，也存在一定的发展瓶颈，以下即是对智慧酒店发展优缺点的分析和总结：

（一）智慧酒店发展的优点

智能化体验：智慧酒店拥有一套完善的智能化体系，能够带给客户更加智能化的体验。例如，连接到iPhone上的"猫眼"，通过iPhone手机的屏幕，就能够显示门外面的画面；或者酒店的自助订房、身份识别、智能温控系统等方方面面。

人性化服务：各种智慧化科技运用的目的就是方便客人，智慧酒店的人性化建设，需要从提供人性化的酒店设施、经营管理、酒店服务等多方面入手，以高科技为依托，在信息化、智能化建设中，充分考虑住客需求。

节能环保，绿色低碳：智慧酒店的绿色环保是其重要特征之一，也是酒店建设需要考虑的要点之一，如酒店的无纸化办公，水、电、暖等系统的智能调节与监控，高科技节能设备等，均在现代科技和产业技术发展的基础上实现节能减排。

（二）智慧酒店发展的瓶颈

信息一体化难度大：智慧酒店建设涉及政府、酒店、订房中心、旅行社等多个因素，信息化建设一体化建设中需要耗费大量人力、物力和财力，达到信息系统的整合与共享是智慧酒店建设的一道屏障。

智能化成本偏高：智慧酒店的基础是信息技术及其衍生的各类智能技术，因此，现代通信与信息技术、计算机网络技术、行业技术、智能化设备等的引进和更换是酒店智慧化的前提，新型智能化程度的提高必然导致酒店建设成本的大幅增加。

相关技术支撑不足：目前，智慧酒店发展尚处于萌芽期，作为智慧酒店关键技术之一的物联网技术还有待继续发展，其云端技术需要再完善；云计算的开源和共享带来的安全问题也不能让人完全放心；另外支付技术有待进一步发展，消费者的支付习惯需要引导。

缺乏相应的理论指导：智慧酒店的建设是一项长期而艰巨的系统工程，它所涉及的不仅是技术问题，更是管理问题；不仅是短期建设问题，更是长期运营问题。目前，我国智慧酒店建设暂缺乏规范性管理，建设的盲目性相当大，不利于智慧酒店体系的健康发展和相关产业的协同合作。

智慧酒店的建设与时代更迭密切相关，并非一蹴而就，当前智慧酒店在建设过程中仍暴露出许多问题：第一，系统接口众多，暂无统一标准，平台化运作难度高。智慧酒店的建设需要引进各种系统，而当前市场上的酒店管理系统、餐饮系统、财务系统、人事系统、OA系统、营销系统、采购系统等都没有统一的接口标准，各系统的设计架构与设计语言的不同，且各系统生产商都有自己独特且私有的接口协议，这些都加大了接口标准统一化的难度。虽然行业内正致力于制定统一的接口标准，但在短时间内系统接口仍然无法统一，智慧酒店实现平台化运作的难度很高。第二，电商人才短缺。电商人才是指既懂营销知识又懂信息技术的人才。传统酒店中掌握营销知识的为销售员，掌握信息技术的是维修员，二者互相独立，但是智慧酒店是以技术为载体，智慧酒店的销售员应当不局限于掌握销售知识，更重要的是掌握信息技术，只有将二者融合，才能在电商时代做好智慧酒店的营销。第三，决策和管理思维滞后。目前智慧酒店的人事现状是：60~70后的人在决策，70~80后的人在管理，80~90后的人在使用。决策者、管理者管理思维的落后使得酒店在经营策略上与智慧酒店建设所需的先进思想出现严重偏差，这就导致智慧酒店建设严重滞后。第四，产品供需不完全契合。智慧酒店建设所需的产品或技术是在酒店和市场的磨合中逐渐产生并逐渐被创新。如今我国的智慧酒店建设处于初期，酒店不能把握智慧酒店建设大潮的同时亦不能认清自身需求，同时在酒店不了解技术而供应商不熟知服务流程的情况下使得市场上的产品功能化简为繁，令顾客体验复杂化。

拓展知识

虚拟酒店

虚拟酒店包括以下基本的组成：酒店的遥感空间信息，标注酒店所处的空间位置，用户可以直观地查阅酒店的卫星遥感影像，建立对于酒店的空间印象。在此基础上标注热点，标示三维实景拍摄位置与图文信息，从平面空间上介绍酒店的设施影像信息，当用户移动鼠标时会自动弹出热点内容或者是信息浮窗。酒店三维实景：酒店三维实景是具有高度浸没感的虚拟现实系统，可以让用户逼真体验酒店服务设施与客房设施。

现有的酒店网站内容比较单一，客户从网站上并不能获得有效信息。即使点击进来，也没有内容可看，自然不能发挥酒店网络营销的功能。事实上，仅仅是酒店优美的环境，在现实中都让人流连忘返，如果以三维实景方式把酒店环境的美逼真地呈现在网站上，由于形式新颖、网速快、现实感强，而且可以从这个窗口看到整个的遥感影像，很容易成为同行中的热点网站，而迅速提高网站的人气。有人气再加载营销信息，就会取到良好的网络营销的效果。

对于酒店，三维实景可以充分表达酒店优良的环境与休闲、运动、餐饮服务等完善的设施。表现不同的气象景观与季相景观，比如夜景、晚霞、喷泉、雨景、林野风光等并不是常见但却能表达景观特征的三维实景。对于会议室可以制作不同的台型、风格（如婚宴），这样销售人员就可以向客户介绍会议室、宴会厅的各种台型、客房与服务设施，并且展示实际的空间效果，是公关、销售人员的高科技利器。

三维实景参观与展示的效应，让用户身临其境地参观酒店及成功案例，采用三维互动的方式形象直观地推广酒店。图文、视频等展示方式，都是一种灌输性的传播方式，而在网络上，用户的鼠标更喜欢点击具有信息价值的、直观的、可信的、互动的信息源。三维实景系统而全面地展示酒店设施、实力、形象、产品与案例，是一种酒店实体面向用户的新媒体式样，将极大地拉近酒店与用户的距离。

本章小结

本章是整本书的概论部分，对于接下来内容的学习和理解有很大的作用。本章介绍了酒店信息化和智能化的概念与发展现状。提出了"智慧酒店"的概念，整体阐述了智慧酒店的具体架构和管理细节。最后就智慧酒店的现阶段发展分析和未来展望做了讨论。

复习与思考

一、名词解释

酒店信息化　酒店智能化　智慧酒店

二、选择题

1. 信息的属性不包括（　　）。

A. 客观性　　　　　　B. 增长性　　　　　　C. 遗传性　　　　　　D. 传递性

2. 酒店信息化的本质是（　　）。

A. 企业信息化　　　　B. 管理信息化　　　　C. 理念信息化　　　　D. 生产信息化

3. 我国酒店智能化始于（　　）。

A. 21 世纪初　　　　　　　　　　　　B. 20 世纪七八十年代

C. 20 世纪 90 年代　　　　　　　　　D. 20 世纪末

三、简答题

1. 什么是智慧酒店？智慧酒店有哪些表现形式？
2. 请简述智慧酒店发展的优缺点。
3. 智慧酒店的运行模式核心有哪些？

四、运用能力训练

1. 如何通过酒店智能化和酒店信息化加速智慧酒店的发展？
2. 智慧酒店发展中需要注意哪些问题？
3. 对青年学生来说，我们可以如何利用智慧酒店中相关知识改善生活？

五、案例分析

智慧酒店的智能化体验

某智慧酒店，从 Check in 到客房，处处充满着时尚元素和智能化体验。打开房门，窗帘自动打开，欢迎音乐根据入住客人年龄自动播放，灯控系统、温度系统、交互系统等智能化十足。晚上用餐后再次返回入住的套房，打开房门的那一刻，依然是标准化的智能化体验，依然是窗帘自动打开，让你欣赏窗外美景。

——资料来源：王朔. 智慧酒店的思考 [J]. 中国会展（中国会议），2016（24）：90-91.

结合上述案例，思考回答以下问题：

1. 在该智慧酒店中，客人智能化体验会存在哪些问题？
2. 如何改进这些问题？

选择题参考答案：

1. A　　2. A　　3. A

第二章 智慧酒店技术基础

本章导读

本章介绍智慧酒店相关技术的基础知识，包括计算机技术、计算机网络技术、数据库管理技术、移动互联网技术、云计算和物联网技术。

【学习内容】智慧酒店相关的计算机技术、计算机网络技术、数据库管理技术、移动互联网技术、云计算和物联网技术的基本概念、基本技术、应用和发展等内容。

【知识目标】掌握计算机技术、计算机网络技术、数据库管理技术、移动互联网技术、云计算和物联网技术的基本概念，熟悉相关技术的基本构成，了解相关技术的应用和发展。

【能力目标】通过对智慧酒店相关技术的学习，能从总体上熟悉智慧酒店技术概貌，把握其发展概况，了解技术构成，为后续各章节的学习打下基础。

案例导入与分析

很多酒店在信息化建设的过程中，往往付出了高昂的代价而效果却不尽如人意。原因有很多。例如，供应商和酒店没有利益上的一致性，技术功能与酒店需求错位；酒店各信息化系统的开发没有顶层设计，技术标准不统一，无法进行信息交流共享，最终形成信息孤岛；各信息化系统在开发时没有顶层设计，不同系统中包含相同的功能或模块，导致重复建设。

引例简析：现代酒店管理流程，正经历着从传统的资金流导向，到高速信息流和服务流导向的转变，酒店内部系统的资源整合、统一规划对于酒店的发展至关重要。可以想象，如果酒店的电子商务系统、财务管理系统、房间管理系统等的信息流动出现阻碍，对于酒店的管理来说无异于巨大的灾难。酒店的经营不应是孤立的，而是应与目地营销紧密结合，将酒店的营销管理纳入到目的地统一营销平台，这也需要酒店的信息系统和外部进行信息交流。

因而在智慧酒店的建设过程中，制定统一的智慧酒店标准规范和等级，统一对智慧酒店内涵的理解，规范IT公司在智慧酒店和酒店信息化中的技术开发，因地制宜，结合实际，做好智慧酒店的顶层设计工作，进行统筹规划、系统布局，应当成为开展智慧酒店建设的首要任务。

对于智慧酒店来说，"信息"是智慧的核心，因此"信息技术"是支撑智慧酒店的核心技术。而信息技术的三大技术基础是：

1. 通信技术

通信技术相当于让酒店拥有了神经系统。对于智慧酒店来说，拥有这样的神经系统，是实现智慧的最根本要求。只有通过流畅无误的通信，信息才能够通达。

2. 互联网技术

拥有了通信技术，虽然信息可以传递，但信息传递的范围有很大限制。互联网技术从根本上改变了人类获取和处理信息的方式，使得任何一个客户都能够获取和产生信息，智慧的能力可以真正贴近酒店的客户群。

3. 嵌入式技术

从技术角度来看，智慧酒店里的各种各样的设备需要具备独立运算和联网的能力，嵌入式技术的发展使得这些成为可能，它使得智慧的能力从人扩展到物品。

2014年10月26日，中国酒店科技联盟（CHTA）2014全球年会在北京举行。来自美国、英国、日本、澳大利亚、新加坡、中国台湾、中国香港、中国澳门及国内多个城市，近20个国家及地区的嘉宾济济一堂。国内外著名酒店管理集团及酒店开发商的200多位CIO、CEO和酒店总经理，围绕当前全球及国内酒店科技前沿及趋势，通过主题演讲和圆桌论坛展开热烈讨论，广泛探讨了大数据、云计算、移动互联网、O2O、OTA等科技及相关业态为酒店业务带来的新的机会和挑战。2015年11月12日，CHTA2015全球年会在澳门JW万豪酒店盛大召开，CHTA、HTNG和HFTP业内最具号召力的三大科技组织CEO齐聚此次年会，议题突出科技与酒店业务的结合，共同探索酒店行业科技新趋势，并分享了各自的智慧预见和务实的实践案例，内容就包括全球酒店科技发展趋势、酒店云平台的价值分析、互联网如何在线下整合酒店联盟业务、智慧酒店等。

可以说，智慧酒店利用移动互联网、云计算等新技术，通过泛在网（通信网、互联网和物联网），以PC和智能终端为载体进行数据的采集、上传和分析，让顾客主动感知酒店的产品和服务，并享受适合于自己消费习惯的信息所带来的愉悦体验。

第一节 计算机知识基础

一、信息与信息技术

（一）信息与信息处理

信息，泛指人类社会传播的一切内容。人通过获得、识别自然界和社会的不同信息来区别不同事物，得以认识和改造世界。在一切通信和控制系统中，信息是一种普遍联系的形式。信息本身并不是实体，必须通过载体才能体现，但不随载体的物理形式而变化。1948年，数学家香农在《通讯的数学理论》的论文中指出，"信息是用来消除随机不定性的东西"。可以通俗地认为：信息是对人们有用的数据，这些数据将可能影响到人们的行为与决策。信息能力正成为衡量一个国家综合国力的重要标志。

信息处理是人们获取、存储、传递以及发布信息等的一个典型过程。随着计算机科学的不断发展，计算机已经从初期的以"计算"为主的一种计算工具，发展成为以信息处理为主的与人们的工作、学习和生活密不可分的一个工具。

计算机信息处理的过程与人的类似，如信息的获取包括信息的感知、测量、识别、输入等，信息的存储是把获取的信息通过存储设备进行缓冲、保存、备份等处理，信息的传递是把信息通过计算机内部的指令或计算机之间构成的网络从一端传送到另外一端，信息的发布就是把信息通过各种表示形式展示出来。

（二）信息技术

根据信息处理的过程，基本的信息技术包括：信息获取与识别技术、计算与存储技术、通信技术、控制与显示技术。

20世纪以来，现代信息技术取得了突飞猛进的发展。现代信息技术的主要特征：以数字技术为基础，以计算机及其软件为核心，采用电子技术（包括激光技术）进行信息的处理。数字技术、微电子和光纤技术是当代电子信息技术的基础。

对于智慧酒店来说，"信息"是智慧的核心，因此"信息技术"是支撑智慧酒店的核心技术。

（三）酒店信息化

随着中国酒店业的蓬勃发展，越来越多的酒店使用信息技术来提高自身的管理水平，把中国的传统酒店与现代信息化管理有机地结合在一起，为酒店的做大、做强、管理规范化起到至关重要作用，酒店的管理目的是成本控制、运营控制，其最终结果表现为效率和效益。而要达到这一目的，管理数据的及时性、准确性、完整性、有效性是至关重要的，而这些特性恰恰是信息系统的最重要的特点。

二、数字技术基础

（一）信息的基本单位

信息在计算机中的基本单位是"比特"。比特是计算机和其他所有数字系统处理、存储和传输信息的最小单位。比特的英文为"bit"，通常称之为"比特位"，在不会引起混淆时也可以简称为"位"，用"b"表示。

比特只有两种状态（取值）：数字 0，或者是数字 1。比特既没有颜色，也没有大小和重量。比特仅表示状态。

较比特稍大的单位是"字节"，英文是"byte"，使用"B"表示。一个字节包含 8 个比特，即 1 B = 8 b。比如，二进制数据 100101101110111110010011，在计算机中占用 24b，也就是 3B。如果一个字节用如下 8 个比特表示：

b7 b6 b5 b4 b3 b2 b1 b0

其中，bi（i = 0，1，1，…，7）表示一个二进位，b7 和 b0 分别代表最高位和最低位。

计算机运算和处理信息时还经常使用"字"（word）。要注意的是，字长并不统一，不同的计算机字长有可能不同，有的由 2 个字节构成，有的由 4 个、8 个甚至更多个字节构成。

计算机在存储信息时，如果单纯使用字节或字长来描述存储容量显然不合适，需要使用更大的单位。常用的存储容量单位有：

千字节（kilobyte，简写为 KB），1 KB = 2^{10} 字节 = 1024 B

兆字节（megabyte，简写为 MB），1 MB = 2^{20} 字节 = 1024 KB

吉字节（gigabyte，简写为 GB），1 GB = 2^{30} 字节 = 1024 MB

太字节（terabyte，简写为 TB），1 TB = 2^{40} 字节 = 1024 GB

上述这些单位都是 2 的幂次，这样做有助于存储器的设计。

传输信息时，由于是一位一位串行传输，传输速率的度量单位是每秒多少比特。常用的速率单位有：

比特/秒（b/s，也称为 bps）

千比特/秒（kb/s），1 kb/s = 10^3 位/秒 = 1000 b/s（注意，这里的"k"表示 1000）

兆比特/秒（Mb/s），1 Mb/s = 10^6 位/秒 = 1000 kb/s

吉比特/秒（Gb/s），1 Gb/s = 109 位/秒 = 1000 Mb/s

太比特/秒（Tb/s），1 Tb/s = 1012 位/秒 = 1000 Gb/s

（二）进制的转换

数据在计算机中用二进制表示，任意一个二进制数都可以用0、1两个字符组合的数字字符串来表示。除了二进制，我们经常还会用到八进制、十六进制。而日常生活中，主要使用十进制。这些进制的相互转换是这部分主要的内容。

（1）数制

所谓"数制"，指进位计数制，即用进位的方法来计数。数制包括计数符号（数码）和进位规则两个方面。下面所说 R 进制，其中 R 可以是任意正整数，如二进制的 R 为2，十进制的 R 为10，十六进制的 R 为16等。

一切进位计数制都有两个共同点：按基数来进位和借位；按位权值来计数。

①基数 R

基数是指计数制中所用到的计数符号的个数。以基数来区分不同的计数制，R 进制的计数符号为 R 个，是0，1，…，R-1。进位规律是"逢 R 进1，借1当 R"；对于十六进制来说，大于9的部分，用A~F来表示。比如：

二进制包含0、1两个计数符号，它的基数 R=2；

八进制包含0、1、2、3、4、5、6、7共8个计数符号，它的基数 R=8；

十进制包含0、1、2、3、4、5、6、7、8、9共10个计数符号，它的基数 R = 10；

十六进制包含0、1、2、3、4、5、6、7、8、9、A、B、C、D、E、F共16个计数符号，它的基数 R = 16。

为区分不同数制的数，书中约定对于任意 R 进制的数 N，记作：$(N)_R$。不用括号及下标的数，默认为十进制数。还有一种习惯表示，在一个数的后面加上字母D（十进制）、B（二进制）、O（八进制）、H（十六进制）来表示其前面的数用的是什么进制。有时为了与数字"0"区别，改为在数字后面加"Q"来表示八进制数。比如，$(101010)_2$ = 101010B，$(103.6)_8$ = 103.6 O = 103.6 Q，$(AC)_{16}$ = ACH，255 = $(255)_{10}$ = 255D。

②位权值

数制的每一位所具有的值称为权值，也可称为权。一种数制中，各位计数符号为1时所代表的数值为该数位的权。R 进制数的位权是 R 的整数次幂。例如，十进制数的位权是10的整数次幂，其个位的位权是100，十位的位权是101，小数点后第一位的位权是10-1，小数点后第二位的位权是10-2，以此类推。

（2）R 进制转换为十进制

任意 R 进制数的值都可表示为这样的十进制数：各位的数值与其权的乘积之和。例如，二进制数 101.01 转换为十进制数为：

101.01 B $= 1\times 2^2+0\times 2^1+1\times 2^0+0\times 2^{-1}+1\times 2^{-2}$

任意一个具有 n 位整数和 m 位小数的 R 进制数转换成十进制数的过程如下：

$$(N)_R = a_{n-1}\times R^{n-1}+a_{n-2}\times R^{n-2}+\cdots+a_2\times R^2+a_1\times R^1+a_0\times R^0+a_{-1}\times R^{-1}+\cdots+a_{-m}\times R^{-m}=\sum_{i=-m}^{n-1}a_i\times R^i$$

其中，ai 为 R 进制数第 i 位上的数值。

（3）二进制与十进制的转换

① 二进制转换成十进制

除了可以用上述 R 进制转换成十进制的方法外，还有一个常用的简单方法如下：

写出二进制数值；

以小数点为中心，向左写等比序列，1，2，4，8，16，32，…；向右写等比序列 0.5，0.25，0.125，…；每一个值都与二进制的每一位数值的位置相对应；

将位置上有 1 的值求和。

例：将二进制数 11100101.1 转换为十进制数。

解：　　1　　1　　1　　0　　0　　1　　0　　1.　　1

　　　128　64　32　16　8　4　2　1.　0.5

128+64+32+4+1+0.5 $=$ 229.5

因此，（11100101.1）$_2$ $=$（229.5）$_{10}$

② 十进制数转换为二进制

与二进制转换成十进制的过程相反，方法如下：

以小数点为中心，向左写等比序列，1，2，4，8，16，32，…；向右写等比序列 0.5，0.25，0.125，…；（如果没有小数，则只要向左写整数部分）；

找到序列中比该十进制小的最大数，减去该序列值，并在该数下方标 1；

将剩余的差重复第二步，直到为 0。

例：将十进制数 229 转换为二进制数。

解：

第一步：以小数点为中心，向左写等比序列，1，2，4，8，16，32，…；

256　　128　　64　　32　　16　　8　　4　　2　　1

第二步：找到 128 < 229，将 128 下方标 1。

229-128 $=$ 101。

128　　64　　32　　16　　8　　4　　2　　1

1

第三步：差为 101，找到 64 < 101，将 64 下方标 1。

47

101−64 = 37，

| 128 | 64 | 32 | 16 | 8 | 4 | 2 | 1 |

1　1

第四步：差为37，找到32＜37，将32下方标1。

37−32 = 5，

| 128 | 64 | 32 | 16 | 8 | 4 | 2 | 1 |

1　1　1

以此类推，将4、1的下方也标为1。

| 128 | 64 | 32 | 16 | 8 | 4 | 2 | 1 |

1　1　1　　　　　1　　　1

第五步：将空出位置全部标为0。

| 128 | 64 | 32 | 16 | 8 | 4 | 2 | 1 |

1　1　1　0　0　1　0　1

因此，(229)$_{10}$ =(11100101)$_2$。

十进制转换成二进制还可以用以下方法（因为比较烦琐，不推荐使用）：

整数部分：除2取余，逆序排列。具体步骤是：用2去除给出的十进制数，取其余数作为转换后的二进制数的最低位数字；再用2去除所得的商，取其余数作为二进制数的次低位；以此类推，直到商为0结束。

小数部分：乘2取整，顺序排列。具体步骤是：用2去乘给出的十进制数的小数部分，取乘积的整数部分作为转换后二进制小数点后的第1位数字；再用2去乘上一步乘积的小数部分，将乘积的整数部分作为二进制小数点后的第2位数字；以此类推，直到乘积为0，或达到要求的精度为止。

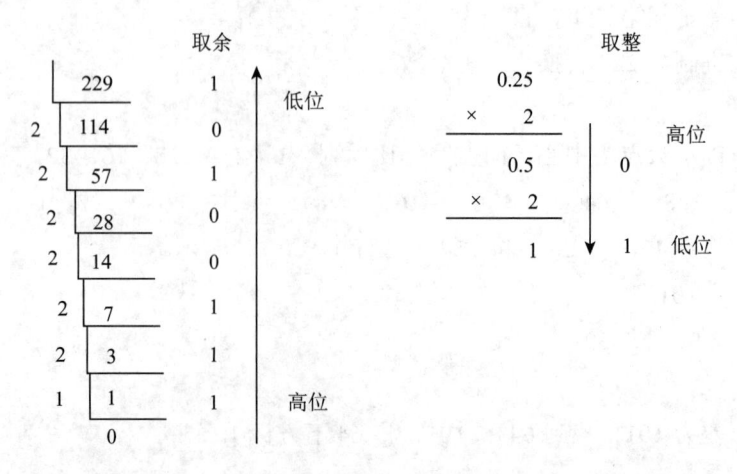

例：(229.25)$_{10}$ =(11100101.01)$_2$。

这种方法也适用于十进制转换为任意 R 进制，只要把 2 换成 R 即可。

（4）二进制与八进制和十六进制的转换

① 二进制转换成八进制和十六进制

方法：以小数点为中心分别向左和向右划分小组，八进制是每 3 位为一组，用一个等值的八进制数字替代；十六进制是每 4 位为一组，用一个等值的十六进制数字替代；整数部分不足 3 位或 4 位时高位用 0 补满，小数部分不足 3 位或 4 位时低位用 0 补满。

例：$(11100101.1)_2 = (011\ 100\ 101.100)_2 = (345.4)_8$
$\qquad\qquad = (1110\ 0101.1000)_2 = (E5.8)_{16}$

② 八进制和十六进制转换成二进制

方法：把每一个八进制数字改写成等值的 3 位二进制数；把每一个十六进制数字改写成等值的 4 位二进制数。并且保持高低位次序不变。注意，最高位和最低位的 0 可以忽略不写。

例：$(345.4)_8 = (011\ 100\ 101.100)_2 = (11100101.1)_2$
$(E5.8)_{16} = (1110\ 0101.1000)_2 = (11100101.1)_2$

表 2-1 列出了二进制数与八进制数、十六进制数之间的关系。

表 2-1　与八进制数、十六进制数之间的关系

八进制数	对应二进制数	十六进制数	对应二进制数	十六进制数	对应二进制数
0	000	0	0000	8	1000
1	001	1	0001	9	1001
2	010	2	0010	A	1010
3	011	3	0011	B	1011
4	100	4	0100	C	1100
5	101	5	0101	D	1101
6	110	6	0110	E	1110
7	111	7	0111	F	1111

（三）二进制数的运算

二进制数的运算分为算术运算和逻辑运算两种。

（1）算术运算

二进制数的算术运算主要是加法和减法。规则如下：

加法运算：0+0 = 0；0+1 = 1；1+0 = 1；1+1 = 10。

减法运算：0-0＝0；1-0＝1；10-1＝1；1-1＝0。

例如：

```
  01011              01101
 +01001             -00111
  10100              00110
```

（2）逻辑运算

基本的逻辑运算有三种：与、或和非。

① "与"运算

用符号"AND""∧"或"●"表示，运算规则如表 2-2 所示。

表 2-2 "与"运算规则

位	位	结果
0	0	0
0	1	0
1	0	0
1	1	1

② "或"运算

用符号"OR"或"+"表示，运算规则如表 2-3 所示。

表 2-3 "或"运算规则

位	位	结果
0	0	0
0	1	1
1	0	1
1	1	1

③ "非"运算

也称为"取反"，用符号"NOT"或"-"表示，取反运算最简单，"0"取反后是"1"，"1"取反后是"0"。

当两个多位的二进制信息进行逻辑运算时，按位独立进行，即每一位不受同一信息的其他位的影响。这点与算术运算不同。

三、微电子技术简介

（一）微电子技术

微电子技术是建立在以集成电路为核心的各种半导体器件基础上的高新电子技术，是发展电子信息产业和各项高新技术的基础。特点是体积小、重量轻、可靠性高、工作速度快。它的发展有力地推动了通信技术、计算机技术和网络技术的迅速发展，成为衡量一个国家科技进步的重要标志。

（二）集成电路

（1）集成电路简介

集成电路是一种微型电子器件或部件，它采用一定的工艺把电路中所需的晶体管、二极管、电阻、电容和电感等元件及布线互连在一起，制作在一小块或几小块半导体晶片或介质基片上，然后封装在一个管壳内，成为具有所需电路功能的微型结构。其中所有元件在结构上已组成一个整体，在电路中用字母"IC"表示。

（2）集成电路的分类

按集成度（芯片中包含的电子元器件数）分类，集成电路可分为小规模集成电路（SSI）、中等规模集成电路（MSI）、大规模集成电路（LSI）、超大规模集成电路（VLSI）和极大规模集成电路（ULSI）。

小规模集成电路：单个集成电路所含电子元件数目小于100；

中等规模集成电路：单个集成电路所含电子元件数目在100~3000；

大规模集成电路：单个集成电路所含电子元件数目在3000~10万；

超大规模集成电路：单个集成电路所含电子元件数目在10万~100万；

极大规模集成电路：单个集成电路所含电子元件数目在100万以上。

现在PC所用的微处理器、芯片组、图形加速卡等都是超大规模和极大规模集成电路。

第二节　计算机网络基础

一、计算机网络的概述

（一）计算机网络的定义

按广义定义：计算机网络，是指将地理位置不同的具有独立功能的多台计算机及其外部设备，通过通信线路连接起来，在网络操作系统、网络管理软件及网络通信协议的管理和协调下，实现资源共享和信息传递的计算机系统。

按连接定义：计算机网络就是通过线路互连起来的、资质的计算机集合，确切地说就是将分布在不同地理位置上的具有独立工作能力的计算机、终端及其附属设备用通信设备和通信线路连接起来，并配置网络软件，以实现计算机资源共享的系统。

按需求定义：计算机网络就是由大量独立的但相互连接起来的计算机来共同完成计算机任务。这些系统称为计算机网络。

（二）计算机网络的功能

计算机网络的三大功能是实现计算机之间的资源共享、网络通信和提高计算机的可靠性和可用性。除此之外还有对计算机的集中管理、负荷均衡、分布处理和提高系统安全与可靠性等功能。

（1）资源共享

硬件资源：包括各种类型的计算机、大容量存储设备、计算机外部设备，如彩色打印机、静电绘图仪等。

软件资源：包括各种应用软件、工具软件、系统开发所用的支撑软件、语言处理程序、数据库管理系统等。

数据资源：包括数据库文件、数据库、办公文档资料、企业生产报表等。

信道资源：通信信道可以理解为电信号的传输介质。通信信道的共享是计算机网络中最重要的共享资源之一。

（2）网络通信

网络通信通道可以传输各种类型的信息，包括数据信息和图形、图像、声音、视频流等各种多媒体信息。

（3）提高计算机的可靠性和可用性

网络中的每台计算机都可通过网络相互成为后备机。一旦某台计算机出现故障，它的任务就可由其他的计算机代为完成，这样可以避免在单机情况下，一台计算机发生故障引起整个系统瘫痪的现象，从而提高系统的可靠性。而当网络中的某台计算机负担过重时，网络又可以将新的任务交给较空闲的计算机完成，均衡负载，从而提高了每台计算机的可用性。

（4）集中管理

计算机在没有联网的条件下，每台计算机都是一个"信息孤岛"。在管理这些计算机时，必须分别管理。而计算机联网后，可以在某个中心位置实现对整个网络的管理。如数据库情报检索系统、交通运输部门的订票系统、军事指挥系统等。

（5）分布处理

把要处理的任务分散到各个计算机上运行，而不是集中在一台大型计算机上。这样，不仅可以降低软件设计的复杂性，还可以大大提高工作效率和降低成本。

（6）均衡负荷

当网络中某台计算机的任务负荷太重时，通过网络和应用程序的控制和管理，将作业分散到网络中的其他计算机中，由多台计算机共同完成。

（三）计算机网络的应用

（1）信息交流

信息交流始终是计算机网络应用的主要方面，如收发 E-mail、浏览 WWW 信息、在 BBS 上讨论问题、在线聊天、多媒体教学等。

（2）办公自动化

现在的办公室自动化管理系统可以通过在计算机网络上安装文字处理机、智能复印机、传真机等设备，以及报表、统计及文档管理系统来处理这些工作，使工作的可靠性和效率明显提高。制订计划、写报告、写总结、制表都有现成的标准格式，只要添些具体内容就可完成。统计数据、保存文档、收发通知、签署意见等活动，在网络环境下进行也轻松自如。

（3）电子商务

电子商务包含两个方面：一是电子方式；二是商贸活动。电子商务是利用简单、快捷、低成本的电子通信方式，买卖双方不谋面地进行各种商贸活动。

（4）过程控制

过程控制广泛应用于自动化生产车间。也应用于军事作战、危险作业、航行、汽车行驶控制等领域。

（5）娱乐

计算机游戏很有趣，人们普遍抱以欢迎的态度；网络游戏就更有趣，人们玩了网络游戏后几乎到了着迷的地步。网络在线游戏使许多网站获得了可观的利润。网络围棋、网络视频等为人们提供了新的娱乐方式。

二、计算机网络的产生与发展

（一）第一代：面向终端的计算机网络

终端可以处于不同的地理位置，它通过传输介质及相应的通信设备与一台计算机相连，用户可以通过本地终端或远程登录到远程计算机上，使用该计算机系统，远程用户可以在本地方便地使用计算机,这就产生了通信技术与计算机技术的结合。

第一代计算机网络的特点是:每一台终端到计算机的连接而不是计算机到计算机的连接;主机的负担过重,严格地讲,不能算作现在意义上的计算机网络,这些系统的建立没有资源共享的目的,只是为了能进行远程通信。

(二)以共享资源为目标的计算机网络

20世纪60年代后期,美国国防部高级研究计划局ARPA,提供经费资助,由美国一些大学和公司合作,共同研究开发了这种新型的计算机网络,决定建设一个多点的分组交换网络,由通信子网和主机组成。并于1969年12月建成一个具有四个节点的实验性网络,并投入运行和使用,这就是著名的ARPANET。

ARPANET是计算机网络发展的一个里程碑,它标志着以资源共享为目的的计算机网络的诞生,是第二阶段计算机网络的一个典型范例。其贡献主要表现在它是第一个以资源共享为目的的计算机网络、它使用TCP/IP协议作为通信协议,使网络具有很好的开放性,为Internet的诞生奠定了基础。此外,它还实现了分组交换的数据交换方式,并提出了计算机网络的逻辑结构由通信子网和资源子网组成的重要基础理论。

(三)标准化网络

国际标准化组织于1984年公布了"开放系统互连参考模型"的正式文件,即著名的国际标准ISO7498,通常称它为开放系统互连参考模型OSI/RM。OSI/RM极大地推动了网络标准化的进程。从此,计算机网络进入了标准化网络阶段。网络标准化又促进了计算机网络的迅速发展,因此标准化网络也是计算机发展的重要阶段,有人把这个阶段的网络称为第三代网络。

(四)互联网

随着计算机网络的发展,在全球建立了不计其数的局域网和广域网,为了扩大网络规模以实现更大范围的资源共享,人们又提出了将这些网络互联在一起的迫切需求。国际互联网Internet应运而生。

三、计算机网络的基本组成与逻辑结构

(一)基本组成

(1)计算机系统

计算机系统主要完成数据信息的收集、存储、处理和输出任务,并提供各种网络资

源。计算机系统根据在网络中的用途可分为两类：主计算机和终端。

主计算机：主计算机负责数据处理和网络控制，并构成网络的主要资源。主计算机又称主机，它主要由大型机、中小型机和高档微机组成，网络软件和网络的应用服务程序主要安装在主机中，在局域网中主机称为服务器。

终端：终端是网络中数量大、分布广的设备，是用户进行网络操作、实现人—机对话的工具。一台典型的终端看起来很像一台 PC，有显示器、键盘和一个串行接口。与 PC 不同的是终端没有 CPU 和主存储器。在局域网中，以 PC 代替了终端，既能作为终端使用又可作为独立的计算机使用，被称为工作站。

（2）数据通信系统

数据通信系统主要由通信控制处理机、传输介质和网络连接设备等组成。

通信控制处理机：主要负责主机与网络的信息传输控制，它的主要功能是：线路传输控制、差错检测与恢复、代码转换以及数据帧的装配与拆装等。在以交互式应用为主的微机局域网中，一般不需要配备通信控制处理机，但需要安装网络适配器，用来担任通信部分的功能。

传输介质：是传输数据信号的物理通道，将网络中各种设备连接起来。常用的有线传输有双绞线、同轴电缆、广线；无线传输介质有无线电微波信号、激光等。

网络互连设备：是用来实现网络中各计算机之间的连接、网与网之间的互连、数据信号的变换以及路由选择等功能，主要包括中继器、集线器、调制解调器、网桥、路由器、网关和交换机等。

（3）网络软件和网络协议

软件一方面授权用户对网络资源的访问，帮助用户方便、安全地使用网络；另一方面管理和调度网络资源，提供网络通信和用户所需的各种网络服务。网络软件一般包括网络操作系统、网络协议、通信软件以及管理和服务软件等。

网络操作系统：网络操作系统是网络系统管理和通信控制软件的集合，它负责整个网络的软、硬件资源的管理以及网络通信和任务的调度，并提供用户与网络之间的接口。目前，计算机网络操作系统有：UNIX、Windows NT、Windows 2000 Server、Netware 和 Linux。UNIX 是唯一跨微机、小型机、大型机的网络操作系统。

网络协议：是实现计算机之间、网络之间相互识别并正确进行通信的一组标准和规则，它是计算机网络工作的基础。在 Internet 上传送的每个消息至少通过三层协议：网络协议，它负责将消息从一个地方传送到另一个地方；传输协议，它管理被传送内容的完整性；应用程序协议，作为对通过网络应用程序发出的一个请求的应答，它将传输转换成人类能识别的东西。一个网络协议主要由语法、语义、同步三部分组成。语法即数据与控制信息的结构或格式；语义即需要发出何种控制信息，完成何种动作以及做出何种应答；同步即事件实现顺序的详细说明。

（二）逻辑结构

根据计算机网络各组成部分的功能，将计算机网络划分为两个功能子网，即资源子网和通信子网。这就是计算机网络的逻辑结构。

四、计算机网络的分类

（一）根据网络的覆盖范围与规模

（1）局域网

局域网（Local Area Network，LAN）是指在某一区域内由多台计算机互联成的计算机组。一般是方圆几千米以内。它可以通过数据通信网或专用数据电路，与远方的局域网、数据库或处理中心相连接，构成一个较大范围的信息处理系统。局域网可以实现文件管理、应用软件共享、打印机共享、扫描仪共享、工作组内的日程安排、电子邮件和传真通信服务等功能。局域网是封闭型的，可以由办公室内的两台计算机组成，也可以由一个公司内的上千台计算机组成。

（2）城域网

城域网（Metropolitan Area Network，MAN）是在一个城市范围内所建立的计算机通信网。由于采用具有有源交换元件的局域网技术，网中传输时延较小，它的传输媒介主要采用光缆，传输速率在100兆比特/秒以上。

MAN的一个重要用途是用作骨干网，通过它将位于同一城市内不同地点的主机、数据库，以及LAN等互相连接起来，这与WAN的作用有相似之处，但两者在实现方法与性能上有很大差别。

（3）广域网

广域网（Wide Area Network，WAN）也称远程网。通常跨接很大的物理范围，所覆盖的范围从几十千米到几千千米，它能连接多个城市或国家，或横跨几个洲并能提供远距离通信，形成国际性的远程网络。

覆盖的范围比局域网（LAN）和城域网（MAN）都广。广域网的通信子网主要使用分组交换技术。广域网的通信子网可以利用公用分组交换网、卫星通信网和无线分组交换网，它将分布在不同地区的局域网或计算机系统互连起来，达到资源共享的目的。如因特网（Internet）是世界范围内最大的广域网。

（二）按拓扑结构划分

（1）总线拓扑结构

是将网络中的所有设备通过相应的硬件接口直接连接到公共总线上，节点之间按广播方式通信，一个节点发出的信息，总线上的其他节点均可"收听"到。

优点：结构简单、布线容易、可靠性较高，易于扩充，是局域网常采用的拓扑结构。

缺点：所有的数据都需经过总线传送，总线成为整个网络的瓶颈；出现故障诊断较为困难。

（2）星形拓扑结构

每个节点都由一条单独的通信线路与中心节点连接。

优点：结构简单、容易实现、便于管理，连接点的故障容易监测和排除。

缺点：中心节点是全网络的可靠瓶颈，中心节点出现故障会导致网络的瘫痪。

（3）环形拓扑结构

各节点通过通信线路组成闭合回路，环中数据只能单向传输。

优点：结构简单、容易实现，适合使用光纤，传输距离远，传输延迟确定。

缺点：环网中的每个节点均成为网络可靠性的瓶颈，任意节点出现故障都会造成网络瘫痪，另外故障诊断也较困难。最著名的环形拓扑结构网络是令牌环网（Token Ring）。

（4）树形拓扑结构

是一种层次结构，节点按层次连接，信息交换主要在上下节点之间进行，相邻节点或同层节点之间一般不进行数据交换。

优点：连接简单，维护方便，适用于汇集信息的应用要求。

缺点：资源共享能力较低，可靠性不高，任何一个工作站或链路的故障都会影响整个网络的运行。

（5）网状拓扑结构

又称作无规则结构，节点之间的连接是任意的，没有规律。

系统可靠性高，比较容易扩展，但是结构复杂，每一节点都与多点进行连接，因此必须采用路由算法和流量控制方法。目前广域网基本上采用网状拓扑结构。

（三）按传输介质划分

（1）有线网

指采用双绞线、同轴电缆、光纤等作为传输介质来连接的计算机网络。

（2）无线网

采用一种电磁波作为载体来实现数据传输的网络类型。

（四）按数据交换方式划分

（1）电路交换网

电路交换是指按照需求建立连接并允许专用这些连接直至它们被释放这样一个过程。电路交换网络包含一条物理路径，并支持网络连接过程中两个终点间的单连接方式。传统的语音电话服务通过公共交换电话网 PSTN（而不是 IP 语音）实现电路交换过程。电话公司在用户呼叫期间为用户呼叫号码设定一条特定的物理路径，该路径专用于两终点双方间的连接。

（2）报文交换网

报文交换不要求在两个通信节点之间建立专用通路。节点把要发送的信息组织成一个数据包——报文，该报文中含有目标节点的地址，完整的报文在网络中一站一站地向前传送。每一个节点接收整个报文，检查目标节点地址，然后根据网络中的交通情况在适当的时候转发到下一个节点。经过多次的存储——转发，最后到达目标，因而这样的网络叫存储——转发网络。其中的交换节点要有足够大的存储空间（一般是磁盘），用以缓冲收到的长报文。电子邮件系统（E-mail）适合采用报文交换方式。

（3）分组交换网

分组交换是一种存储转发的交换方式，它将用户的报文划分成一定长度的分组，以分组为存储转发，因此，它比电路交换的利用率高，比报文交换的时延要小，而具有实时通信的能力。分组交换利用统计时分复用原理，将一条数据链路复用成多个逻辑信道，最终构成一条主叫、被叫用户之间的信息传送通路，称为虚电路实现数据的分组传送。

分组交换是形成因特网的基础，它是统计时分多路复用的一种形式，允许多对多方式的通信。发送方必须将报文分割成一系列的分组。发送一个分组后，发送方在发送后续分组之前允许其他发送方发送分组。

分组交换网是数据通信的基础网，利用其网络平台可以开发各种增值业务，如电子信箱、电子数据交换、可视图文、传真存储转发、数据库检索。

（五）按通信方式划分

（1）广播式传输网络

利用一个共同的传输介质把各个站点连接起来，使网上站点共享一条信道，其中任意一个站点输出，其他站点均可接收。

无线网和总线型网络属于这种类型。适宜范围较小或保密性要求低的网络。

（2）点到点式传输网络

由许多互相连接的节点构成，在每对机器之间都有一条专用的通信信道，当一台计算机发送数据分组后，它会根据目的地址，经过一系列的中间设备的转发，直至到达目的节点，这种传输技术称为点到点传输技术，采用这种技术的网络称为点到点网络。

采用点对点传输网络拓扑构型主要有4种：星形、树形、环形和网状形。

（六）按服务方式广播式传输网络划分

（1）客户机/服务器网络

客户机/服务器网络又叫服务器网络，在客户机/服务器网络中，计算机划分为服务器和客户机。基于服务器的网络引进了层次结构，它是为了适应网络规模增大所需的各种支持功能设计的。通常将基于服务器的网络都称为客户机/服务器网络。

客户机/服务器网络应用于大中型企业，其可以实现数据共享，对财务、人事等工作进行网络化管理，并可以开网络化会议。

（2）对等网

对等网采用分散管理的方式，网络中的每台计算机既作为客户机又可作为服务器来工作，每个用户都管理自己机器上的资源。通常是由很少几台计算机组成的工作组。

对等网可以说是当今最简单的网络，非常适合家庭、校园和小型办公室。它不仅投资少，连接也很容易。

第三节　数据库管理技术基础

一、数据库技术概述

（一）数据库基本概念

（1）数据

数据是描述现实世界事物的符号记录，是用物理符号记录的可以鉴别的信息。

（2）数据库

数据库是长期存储在计算机内、有组织的、可共享的数据集合。这种集合具有的特点为：最小的冗余度，应用程序对数据资源共享，数据独立性高，统一管理和控制。

（3）数据库管理系统

数据库管理系统是位于用户与操作系统之间的一个数据管理软件，它的基本功能包括以下几个方面：

① 数据定义功能

用户通过数据定义语言，它可以方便地对数据库中的数据对象进行定义。

② 数据操纵功能

用户可以使用数据操纵语言操纵数据，实现对数据的基本操作。如查询、插入、删除和修改。

③ 数据库的运行管理功能

数据库在建立、运行和维护时由数据库管理系统统一管理和控制，以保证数据的安全性、完整性，对并发操作的控制以及发生故障后的系统恢复等。

④ 数据库的建立和维护功能

它包括数据库初始数据的输入、转换功能，数据库的转储、恢复功能，数据库的重组织功能和性能监视、分析功能等。

（4）数据库系统

数据库系统一般由数据库、操作系统、数据库管理系统（及其开发工具）、应用系统、数据库管理员和用户构成。

（二）数据库技术的产生与发展

数据管理技术经历了如下三个阶段：人工管理阶段、文件系统阶段和数据库系统阶段。

（1）人工管理阶段

这一阶段是指 20 世纪 50 年代中期以前，计算机主要用于科学计算，当时的计算机硬件状况是：外存只有磁带、卡片、纸带，没有磁盘等直接存取的存储设备；软件状况是：没有操作系统，没有管理数据的软件，数据处理方式是批处理。

人工管理阶段的特点是：数据不保存、数据无专门软件进行管理、数据不共享、数据不具有独立性、数据无结构。

（2）文件系统阶段

这一阶段从 20 世纪 50 年代后期到 60 年代中期，计算机硬件和软件都有了一定的发展。计算机不仅用于科学计算，还大量用于管理。这时硬件方面已经有了磁盘、磁鼓等直接存取的存储设备。在软件方面，操作系统中已经有了数据管理软件，一般称为文件系统。处理方式上不仅有了文件批处理，而且能够联机实时处理。

文件阶段的数据管理特点是：数据可以长期保存、由文件系统管理数据、程序与数据有一定的独立性、数据共享性差、数据独立性差、记录内部有结构。

（3）数据库系统阶段

从 20 世纪 60 年代后期以来，计算机硬件和软件技术得到了飞速发展，为了解决多用户、多应用共享数据，使数据为尽可能多的应用服务，文件系统已不能满足应用需求，一种新的数据管理技术——数据库技术应运而生。数据库系统阶段具有以下的特点：

① 数据结构化

在描述数据时不仅描述数据本身，还描述数据之间的联系。

② 数据共享性高、冗余度小、易扩充

数据可以被多个应用共享。这不仅大大减小了数据的冗余度、节约存储空间、减少存取时间，而且可以避免数据之间的不相容性和不一致性。

③ 数据独立性高

数据独立性包括物理独立性和逻辑独立性。数据的物理独立性是指当数据的物理存储改变时，应用程序不用改变。数据的逻辑独立性是指当数据的逻辑结构改变时，用户应用程序不用改变。

④ 统一的数据管理和控制

数据库对系统中的用户是共享资源。计算机的共享一般是并发的，即多个用户可以同时存取数据库中的数据，甚至可以同时存取数据库中同一个数据。因此，数据库管理系统必须提供以下几个方面的数据控制保护功能：数据的安全性保护；数据的完整性控制；数据库恢复；并发控制。

（三）数据库系统的体系结构

（1）集中式系统

数据库系统和应用程序以及与用户终端进行通信的软件等都运行在一台宿主计算机上，所有的数据处理都是在宿主计算机中进行。宿主计算机一般是大型机、中型机或小型机。应用程序和数据库系统之间通过操作系统管理的共享内存或应用任务区来进行通信，数据库系统利用操作系统提供的服务来访问数据库。终端通常是非智能的，本身没有处理能力。

集中系统的主要优点是：具有集中的安全控制，以及处理大量数据和支持大量并发用户的能力。集中系统的主要缺点是：购买和维持这样的系统一次性投资太大，并且不适合分布处理。

（2）个人计算机系统

与大型系统不同，通常个人计算机（微机）上的数据库系统功能和数据库应用功能是结合在一个应用程序中的，这类数据库系统（如 FoxPro、Acssce）的功能灵活，系统结构简洁，运行速度快，但这类数据库系统的数据共享性、安全性、完整性等控制功能比较薄弱。

（3）客户/服务器系统

在客户/服务器结构的数据库系统中，数据处理任务被划分为两部分：一部分运行在客户端；另一部分运行在服务器端。客户端负责应用处理，数据库服务器完成数据库系统的核心功能。

这种模型中，客户机上都必须安装应用程序和工具，使客户端过于庞大、负担太重，而且系统安装、维护、升级和发布困难，从而影响效率。

（4）分布式系统

一个分布式数据系统由一个逻辑数据库组成，整个逻辑数据库的数据，存储在分布于网络中的多个节点上的物理数据库中。在当今的客户/服务器结构的数据库系统中，服务器的数目可以是一个或多个。当系统中存在多个数据库服务器时就形成了分布系统。

（5）浏览器/服务器系统

随着Internet的迅速普及，出现了三层客户机/服务器模型：客户机→应用服务器→数据库服务器。这种系统称为浏览器/服务器（Browser/Server，简记为B/S）系统。

（四）数据库系统三级模式结构

数据库系统通常采用三级模式结构，这是数据库系统内部的系统结构。

（1）模式

模式也称为逻辑模式，是数据中全体数据的逻辑结构和特征描述，是所有用户的公共数据视图。

（2）外模式

外模式也称为子模式或用户模式，它是数据库用户能够看到和使用的局部数据的逻辑结构和特征的描述，是数据库用户的数据视图，是与某一应用有关的数据的逻辑表示。

外模式通常是模式的子集。一个数据库可以有多个外模式。外模式是保证数据库安全性的一个有力措施。每个用户只能看见和访问所对应的外模式中的数据，数据库中其余数据是不可见的。

（3）内模式

内模式也称为存储模式，一个数据库只有一个内模式。它是数据物理结构和存储方式的描述，是数据在数据库内部的表示方式。

二、数据模型

（一）数据模型及其组成要素

数据库系统的核心是数据库，数据库是根据数据模型建立的，因而数据模型是数据库系统的基础。数据模型通常都是由数据结构、数据操作和完整性约束3个要素组成。

（1）数据结构

数据结构研究数据元素之间的组织形式、存储形式以及数据操作等。数据结构用于描述系统的静态特性。在数据库系统中，通常按照其数据结构的类型来命名数据模型。例如层次结构、网状结构、关系结构的数据模型分别命名为层次模型、网状模型和关系模型。

（2）数据操作

数据操作用于描述系统的动态特性。数据操作是指对数据库中的各种对象的实例允许执行的操作的集合，包括操作及有关的操作规则。数据库主要有查询和更新两大类操作。

（3）数据完整性约束

数据完整性约束是一组完整性规则的集合。完整性规则是给定的数据模型中数据及其联系所具有的制约和储存规则，用以符合数据模型的数据库状态以及状态的变化，以保证数据的正确、有效和相容。

（二）数据模型的种类

目前，数据库领域中，最常用的数据模型有：层次模型、网状模型和关系模型。

（1）层次模型

层次模型是数据库中最早出现的数据模型，层次数据库系统采用层次模型作为数据的组织方式。用树形结构表示实体类型以及实体间的联系是层次模型的主要特征。

层次模型的一个最基本的特点是，任何一个给定的记录值（也称为实体）只有按照其路径查看时，才能显出它的全部意义。没有一个子记录值能够脱离双亲记录值而独立存在。

（2）网状模型

在现实世界中事物之间的联系更多的是非层次关系的，用层次模型表示非树形结构是很不直接的，网状模型则可以克服这一弊端。

用网状结构表示实体类型及实体之间联系的数据模型称为网状模型。在网状模型中，一个子节点可以有多个父节点，在两个节点之间可以有一种或多种联系。

（3）关系模型

关系模型是目前最常用的一种数据模型。关系数据库系统采用关系模型作为数据的组织方式。在关系模型中，数据在用户观点下的逻辑结构就是一张二维表。每一张二维表称为一个关系。

三、数据库设计

（一）数据库设计概述

数据库设计的主要内容有数据库的结构特性设计和数据库的行为特性设计。数据库的结构特性设计起着关键作用。数据库的结构特性是静态的，一般情况下不会轻易变动。数据库的行为结构设计是指确定数据库用户的行为和动作。数据库用户的行为和动作是指数据查询和统计、事物处理及报表处理等。

（二）数据库设计的基本步骤

考虑数据库及其应用系统开发的全过程，可以将数据库设计过程可分为以下6个阶段。

（1）需求分析阶段

进行数据库应用软件的开发，首先必须准确了解与分析用户需求（包括数据处理）。需求分析是整个开发过程的基础，是最困难、最耗费时间的一步。需求分析是否做得充分与准确，决定了在其上建造数据库的速度与质量。需求分析做得不好，会导致整个数据库应用系统开发返工重做的严重后果。

（2）概念结构设计阶段

概念结构设计是整个数据库设计的关键，它通过对用户需求进行综合、归纳与抽象，形成一个独立于具体数据库系统的概念模型，一般用E-R（实体—联系）图表示概念模型。

（3）逻辑结构设计阶段

逻辑结构设计是将概念结构转化为选定的数据库系统所支持的数据模型，并使其在功能、性能、完整性约束、一致性和可扩充性等方面均满足用户的需求。

（4）数据库物理设计阶段

数据库的物理设计是为逻辑数据模型选取一个最适合应用环境的物理结构（包括存储结构和存取方法）。即利用选定的数据库系统提供的方法和技术，以合理的存储结构设计一个高效的、可行的数据库的物理结构。

（5）数据库实施阶段

数据库实施阶段的任务是根据逻辑设计和物理设计的结果，在计算机中建立数据库，编制与调试应用程序，组织数据入库，并进行系统测试和试运行。

（6）数据库运行和维护阶段

数据库应用系统经过试运行后即可投入正式运行。在数据库系统运行过程中必须不断地对其进行评价、调整与修改。

四、概念模型

（一）信息世界中的基本概念

（1）实体

客观存在并可相互区别的事物称为实体。实体可以是具体的人、事、物，也可以是抽象的概念或联系。

（2）属性

实体所具有的某一特性称为属性。一个实体可以由若干个属性来刻画。

① 主键

唯一标识实体的属性集称为主键。

例如，学生学号是学生实体的主键，教职工号是职工实体的主键。

域：属性的取值范围称为该属性的域。

例如，学生的性别的域为（男，女），学号的域为数字字符串集合等。

② 实体型

具有相同属性的实体必然具有共同的特征和性质。用实体名及其属性名集合来抽象和刻画同类实体，称为实体型。

例如，学生（学号，姓名，性别，年龄，入学时间，入学成绩，籍贯）就是一个实体型。

③ 实体集

同型实体的集合称为实体集。

例如，全体学生就是一个实体集。全体教职工也是一个实体集。

④ 联系

在现实世界中，事物内部以及事物之间是有联系的，这些联系在信息世界中反映为实体内部的联系和实体之间的联系。实体内部的联系通常是组成实体的各属性之间的联系。两个实体型之间的联系可以分为3类：

一对一联系（1∶1）：如果对于实体集 A 中的每一个实体，实体集 B 至多有一个实体与之联系；反之亦然，则称实体集 A 与实体集 B 具有一对一联系，记为 1∶1。

一对多联系（1∶N）：如果对于实体集 A 中的每一个实体，实体集 B 中有 N 个实体与之联系（N≥0）；反之，对于实体集 B 中的每一个实体，实体集 A 中至多有一个实体与之联系，则称实体集 A 与实体集 B 具有一对多联系，记为 1：N。

多对多联系（M：N）：如果对于实体集 A 中的每一个实体，实体集 B 中有 N 个实体与之联系（N≥0）；反之，对于实体集 B 中的每一个实体，实体集 A 中也有 M 个实体与之联系（M≥0），则称实体集 A 与实体集 B 具有多对多联系，记为 M：N。

（二）概念模型的表示方法

概念模型是对信息世界建模，所以概念模型应该能够方便、准确地表示信息世界中的常用概念。概念模型的表示方法很多，其中最为常用的是 P.P.S.Chen 于 1976 年提出的实体—联系方法（Entity-Relationship Approach，简记为 E-R 表示法）。该方法用 E-R 图来描述现实世界的概念模型，称为实体—联系模型，简称 E-R 模型。在 E-R 图中有如下四个成分。

矩形框：表示实体，在框中记入实体名。

菱形框：表示联系，在框中记入联系名。

椭圆形框：表示实体或联系的属性，将属性名记入框中。对于主属性名，则在其名称下画一下划线。

连线：实体与属性之间；实体与联系之间；联系与属性之间用直线相连，并在直线上标注联系的类型。（对于一对一联系，要在两个实体连线方向各写 1；对于一对多联系，要在一的一方写 1，多的一方写 N；对于多对多关系，则要在两个实体连线方向各写 N、M。）

第四节　移动互联网

一、移动互联网概述

（一）移动互联网的定义

移动互联网，就是将移动通信和互联网二者结合起来，成为一体。是指互联网的技术、平台、商业模式和应用与移动通信技术结合并实践的活动的总称。

移动互联网是移动和互联网融合的产物，继承了移动随时随地随身和互联网分享、开放、互动的优势，是整合二者优势的"升级版本"，即运营商提供无线接入，互联网企业提供各种成熟的应用。

移动互联网业务和应用包括移动环境下的网页浏览、文件下载、位置服务、在线游戏、视频浏览和下载等业务。随着宽带无线移动通信技术的进一步发展，移动互联网业务的发展将成为继宽带技术后互联网发展的又一个推动力，为互联网的发展提供一个新的平台，使得互联网更加普及。并以移动应用固有的随身性、可鉴权、可身份识别等独特优势，为传统的互联网类业务提供了新的发展空间和可持续发展的新商业模式；同时，移动互联网业务的发展为移动网带来了无尽的应用空间，促进了移动网络宽带化的深入发展。移动互联网业务正在成长为移动运营商业务发展的战略重点。

（二）移动互联网的特点

"小巧轻便"及"通信便捷"两个特点，决定了移动互联网与PC互联网的根本不同之处。可以"随时、随地、随心"地享受互联网业务带来的便捷，还表现在更丰富的业务种类、个性化的服务和更高服务质量的保证，当然，移动互联网在网络和终端方面也受到了一定的限制。与传统的桌面互联网相比较，移动互联网具有几个鲜明的特性：

（1）便捷性和便携性

移动互联网的基础网络是一张立体的网络，GPRS、3G、4G和WLAN或Wi-Fi构成的无缝覆盖，使得移动终端具有通过上述任何形式方便联通网络的特性；移动互联网的基本载体是移动终端。顾名思义，这些移动终端不仅仅是智能手机、平板电脑，还有可能是智能眼镜、手表、服装、饰品等各类随身物品。它们属于人体穿戴的一部分，随时随地都可使用。

（2）即时性和精确性

由于有了上述便捷性和便利性，人们可以充分利用生活中、工作中的碎片化时间，接受和处理互联网的各类信息。不再担心有任何重要信息、时效信息被错过了。无论是什么样的移动终端，其个性化程度都相当高。尤其是智能手机，每一个电话号码都精确地指向了一个明确的个体。使得移动互联网能够针对不同的个体，提供更为精准的个性化服务。

（3）感触性和定向性

这一点不仅仅是体现在移动终端屏幕的感触层面。更重要的是体现在照相、摄像、二维码扫描，以及重力感应、磁场感应、移动感应、温度、湿度感应等无所不及的感触功能。而基于LBS（Location Based Service）的位置服务，不仅能够定位移动终端所在的位置。甚至可以根据移动终端的趋向性，确定下一步可能去往的位置。使得相关服务具有可靠的定位性和定向性。

（4）业务与终端、网络的强关联性和业务使用的私密性

由于移动互联网业务受到了网络及终端能力的限制，因此，其业务内容和形式也需

要适合特定的网络技术规格和终端类型。在使用移动互联网业务时，所使用的内容和服务更私密，如手机支付业务等。

（5）网络的局限性

移动互联网业务在便携的同时，也受到了来自网络能力和终端能力的限制：在网络能力方面，受到无线网络传输环境、技术能力等因素限制；在终端能力方面，受到终端大小、处理能力、电池容量等的限制。

以上这五大特性，构成了移动互联网与桌面互联网完全不同的用户体验生态。移动互联网已经完全渗入人们生活、工作、娱乐的方方面面了。

二、移动互联网的发展

（一）移动互联网的发展现状

移动互联网第一次把互联网放到人们的手中，实现24小时随身在线的生活。信息社会许给人类最大的承诺——随时随地随身查找资讯、处理工作、保持沟通、进行娱乐，从梦想变成活生生的现实。越来越多的人在购物、用餐、出行、工作时，都习惯性地掏出手机，查看信息、查找位置、分享感受、协同工作……数以亿计的用户登录移动互联网，在上面停留数十分钟乃至十多个小时，他们在上面生活、工作、交易、交友……这些崭新的人类行为，使得移动互联网成为当前推动产业乃至经济社会发展最强有力的技术力量。移动互联网的浪潮正在席卷到社会的方方面面，新闻阅读、视频节目、电商购物、公交出行等热门应用都出现在移动终端上，在苹果和安卓商店的下载已达到数百亿次，而移动用户规模更是超过了 PC 用户。这让企业级用户意识到移动应用的必要性，纷纷开始规划和摸索进入移动互联网，客观上加快了企业级移动应用市场的发展。

世界各国都在建设自己的移动互联网，各个国家由于国情、文化的不同，在移动互联网业务的发展上也各有千秋，呈现出不同的特点。一些移动运营商采用了较好的商业模式，成功地整合了价值链环节，取得了一定的用户市场规模。

（二）移动互联网的发展趋势

20世纪七八十年代，个人电脑和桌面软件掀起了信息产业的第一次浪潮，PC走进了人类的办公室。进入90年代后，互联网掀起了信息产业的第二次浪潮，互联网极大地改变了人们的工作和生活方式。移动互联网的发展带来了移动数据流量的井喷，推动移动网络的升级换代。人民网研究院发布的2013年中国《移动互联网蓝皮书》认为，移动互联网在短短几年时间里，已渗透到社会生活的方方面面，产生了巨大影响，但它仍处在发展的早期，"变化"仍是它的主要特征，革新是它的主要趋势。移动互联网的发展趋势具体可以概括为：

（1）超越PC互联网引领发展新潮流

有线互联网是互联网的早期形态，移动互联网（无线互联网）是互联网的未来。PC只是互联网的终端之一，智能手机、平板电脑、电子阅读器已经成为重要终端，电视机、车载设备正在成为终端，冰箱、微波炉、抽油烟机、照相机，甚至眼镜、手表等穿戴之物，都可能成为泛终端。

（2）和传统行业融合催生新的应用模式

在移动互联网、云计算、物联网等新技术的推动下，传统行业与互联网的融合正在呈现出新的特点，平台和模式都发生了改变。这一方面可以作为业务推广的一种手段，如食品、餐饮、娱乐、航空、汽车、金融、家电等传统行业的APP和企业推广平台；另一方面也重构了移动端的业务模式，如医疗、教育、旅游、交通、传媒等领域的业务改造。

（3）不同终端的用户体验更受重视

终端的支持是业务推广的生命线，随着移动互联网业务逐渐升温，移动终端解决方案也不断增多。2011年，主流的智能手机屏幕是3.5~4.3英寸，2012年发展到4.7~5.0英寸，而平板电脑却以mini型为时髦。但是，不同大小屏幕的移动终端，其用户体验是不一样的，适应小屏幕的智能手机的网页应该轻便、轻质化，它承载的广告也必须适应这一要求。而目前，大量互联网业务迁移到手机上，为适应平板电脑、智能手机及不同操作系统，开发了不同的APP。

（4）商业模式多样化

成功的业务，需要成功的商业模式来支持。移动互联网业务的新特点为商业模式创新提供了空间。随着移动互联网发展进入快车道，网络、终端、用户等方面已经打好了坚实的基础，不盈利的情况已开始改变，移动互联网已融入主流生活与商业社会，货币化浪潮即将到来。移动游戏、移动广告、移动电子商务、移动视频等业务模式流量变现能力快速提升。

（5）跨平台互通互联

目前形成的iOS、Android二大系统各自独立，相对封闭、割裂，应用服务开发者需要进行多个平台的适配开发，这种隔绝有违互联网互通互联之精神。不同品牌的智能手机，甚至不同品牌、类型的移动终端都能互联互通，是用户的期待，也是发展趋势。

（6）大数据挖掘和营销潜力

随着移动带宽技术的迅速提升，更多的传感设备、移动终端随时随地地接入网络，加之云计算、物联网等技术的带动，中国移动互联网也逐渐步入"大数据"时代。目前的移动互联网领域，仍然是以位置的精准营销为主，但未来随着大数据相关技术的发展，人们对数据挖掘的不断深入，针对用户个性化定制的应用服务和营销方式将成为发展趋势，它将是移动互联网的另一片蓝海。

在移动互联网时代，传统的信息产业运作模式正在被打破，新的运作模式正在形成。对于手机厂商、互联网公司、消费电子公司和网络运营商来说，这既是机遇，也是挑战，他们积极参与到移动互联网市场的市场竞争中。

三、移动互联网的应用

（一）资讯应用

资讯的有效取得是互联网时代的重要标志，通信行业的发展就是要将大量的、有意义的资讯快速地呈现在用户面前，这样用户才能得到更多的资讯支持，也才能对通信市场和客户资源做到进一步的开发。资讯应用主要有：

（1）新闻传播服务

移动互联网技术可以实现重要的社会新闻、重大事件的及时播报，并可以通过定制的方式形成用于易于接受的格式，以新闻订阅的方式来实现用户对新闻需求的满足，当前移动互联网技术可以通过 WAP 直接实现对新闻的订阅，实现移动互联网技术的现实性应用。

（2）交通状况报告服务

移动互联网技术可以结合交通信息播报系统和电子地图技术为用户提供城市交通状况的信息，并可以做到及时更新，这有利于用户掌握交通信息，进而制订和优化出行计划，既能做到对交通资源的有效利用，同时也大大方便了用户出行。

（3）天气预报服务

移动互联网技术可以结合 GPS 和天气预报系统，根据用户需要提供特定位置的天气预报服务，当前一些通信服务公司展开了与气象部门的合作，实现了对实时、短期、长期、灾难性天气的预报服务，客观上扩大了移动互联网技术的服务范围，实现了对移动互联网技术应用优势的进一步挖掘。

（二）娱乐应用

（1）手机游戏服务

以移动互联网技术为平台，传统的手机单机游戏可以做到互联互通，这会大大提高手机游戏的趣味性，并可以进一步扩展手机游戏的实测。通过移动互联网技术在手机游戏行业的应用，游戏的画面得到提升，功能得到增加，速度得到加强，形成了独具特色的手机游戏市场，这使得移动互联网技术的应用取得了进一步的市场认可和经济成果。

（2）娱乐资讯服务

娱乐资讯是调节生活的重要资讯，当前关注娱乐界已经成为互联网企业和资讯网站的重点，也是吸引广大受众关注的重要途径。通过移动互联网技术的应用，通信企业可以利用手机业务的定制功能，大信息量地传送娱乐产业和娱乐名人的信息，使通信用户获得更为快捷、多样的娱乐体验。

（3）无线多媒体服务

当前，无线多媒体业务的核心是业务无线多媒体俱乐部，包括现有的自定义铃声、无线音乐俱乐部、无线音乐搜家服务。通过手机从互联网下载音乐是计算机的 50 倍。

（三）沟通应用

（1）移动通信服务

移动通信以手机 QQ 为代表，通过"移动 QQ"和 QQ 信使的服务使手机用户和 QQ 用户实现双向通信，这会实现移动通信和计算机的有效沟通。手机 QQ 的使用基础是移动互联网技术的 GPRS 或 WAP 技术，这使得手机 QQ 和计算机在移动互联网平台上更加接近。

（2）微信服务

腾讯公司推出的微信软件是移动互联网技术的一个沟通应用软件，微信可以实现即时消息、短信、语音、GPRS 和其他沟通方式，以确保用户不会离线。除了聊天软件的基本功能，微信还可以通过电脑、手机等终端登录，实现无缝实时电脑和手机之间的内部通信，用户可以实现手机和电脑功能的整合，以便用户在使用过程中获得更加完美的产品体验，可以满足用户的需求。微信的文本和语音以匿名形式，真正意义上为用户创造一个自由、不受限制、安全沟通和交流的平台。

（四）其他应用

今天，互联网已经进入到移动互联网时代。所谓移动互联网，移动通信和互联网产品是两种组合。移动互联网继承了移动随时随地可能携带和互联网分享、开放、互动的优势，手机是主要的移动互联网应用平台，除了手机以外，还有移动电视等都是对移动互联网的应用，随着移动互联网的发展，越来越多的移动互联网应用形式会出现在人们的视野中。

四、移动互联网的关键技术

移动互联网技术由两大部分组成：一个是互联网技术；一个是移动通信技术。

（一）互联网技术

（1）互联网概念

互联网又称因特网（Internet），互联网始于1969年美国的阿帕网。是网络与网络之间所串联成的庞大网络，这些网络以一组通用的协议相连，形成逻辑上的单一巨大国际网络。这种将计算机网络互相连接在一起的方法可称作"网络互联"，在这基础上发展出覆盖全世界的全球性互联网络称互联网，即是互相连接一起的网络结构。

（2）互联网技术

互联网技术简称IT，指在计算机技术的基础上开发建立的一种信息技术。互联网技术的普遍应用，是进入信息社会的标志。IT有以下三部分组成：

① 传感技术

这是人的感觉器官的延伸与拓展，最明显的例子是条码阅读器。

② 通信技术

这是人的神经系统的延伸与拓展，承担传递信息的功能。

③ 计算机技术

这是人的大脑功能的延伸与拓展，承担对信息进行处理的功能。

（3）互联网技术应用

互联网技术的应用可以分为传统行业技术应用、虚拟社会技术应用和智慧应用三方面来说明。

①传统商业应用系统

也可以称之为IT系统。此类系统的应用主要是为了提高工作效率、减少失误、降低成本，如办公OA系统、电子邮箱，支付方面的银联、支付宝、网银，ERP仓储管理等系统。也有人称之为冷系统，就是说这些互联网技术是有固定模式的，所有流程都是固定的，不会出现隐性的、没有固定逻辑的因素在系统里，操作起来方便快捷。

②虚拟社会应用

到目前为止，成功且存活下来的互联网电商公司全是将线下搬到线上，通过互联网传播速度快、影响面广、成本低的特性把影响最大化，从而吸引大量网民。

③智慧应用

现在所说的物联网、互联网、移动互联网、车联网，其实最终都要发展成智慧应用，也就是技术可以识别我们的想法，替我们做需要做的事情。比如，运用物联网在车上就可以把家里的空调打开、烧一壶开水、电灯打开等这些智慧应用。现在所谓的云商云技术应该也是要实现这个概念。

（二）移动通信技术

（1）移动通信概念

移动通信是沟通移动用户与固定点用户之间或移动用户之间的通信方式，通信双方有一方或两方处于运动中的通信。包括陆、海、空移动通信。采用的频段遍及低频、中频、高频、甚高频和特高频。

（2）移动通信组成及分类

移动通信系统由两部分组成：一个是空间系统；一个是地面系统，即卫星移动无线电台和天线关口站、基站。

移动通信系统分类有：按业务性质分为电话业务和数据、传真等非话业务；按服务对象分为公用移动通信、专用移动通信；按移动台活动范围分为陆地移动通信、海上移动通信和航空移动通信；按使用情况分，常用的有移动电话、无线寻呼、集群调度系统、漏泄电缆通信系统、无绳电话、无中心选址移动通信系统、卫星移动通信系统、个人通信。

（3）移动通信技术发展

进入21世纪，移动通信逐渐演变成社会发展和进步的必不可少的工具。

①第一代

第一代移动通信系统（1G）是在20世纪80年代初提出的，它完成于20世纪90年代初，如NMT和AMPS，NMT于1981年投入运营。第一代移动通信系统是基于模拟传输的，其特点是业务量小、质量差、安全性差、没有加密和速度低。1G主要基于蜂窝结构组网，直接使用模拟语音调制技术，传输速率约2.4kbit/s。不同国家采用不同的工作系统。

②第二代

第二代移动通信系统（2G）起源于90年代初期。欧洲电信标准协会在1996年提出了GSM Phase 2+，目的在于扩展和改进GSM Phase 1及Phase 2中原定的业务和性能。它主要包括CMAEL（客户化应用移动网络增强逻辑）、S0（支持最佳路由）、立即计费、GSM 900/1800双频段工作等内容，也包含了与全速率完全兼容的增强型话音编解码技术，使得话音质量得到了质的改进；半速率编解码器可使GSM系统的容量提高近一倍。

在GSM Phase2+阶段中，采用更密集的频率复用、多复用、多重复用结构技术，引入智能天线技术、双频段等技术，有效地克服了随着业务量剧增所引发的GSM系统容量不足的缺陷；自适应语音编码（AMR）技术的应用，极大提高了系统通话质量；

GPRs/EDGE 技术的引入，使 GSM 与计算机通信/Internet 有机相结合，数据传送速率可达 115/384kbit/s，从而使 GSM 功能得到不断增强，初步具备了支持多媒体业务的能力。

尽管 2G 技术在发展中不断得到完善，但随着用户规模和网络规模的不断扩大，频率资源已接近枯竭，语音质量不能达到用户满意的标准，数据通信速率太低，无法在真正意义上满足移动多媒体业务的需求。

③第三代

第三代移动通信系统（3G），也称 IMT 2000，其最基本的特征是智能信号处理技术，智能信号处理单元将成为基本功能模块，支持话音和多媒体数据通信，它可以提供前两代产品不能提供的各种宽带信息业务，如高速数据、慢速图像与电视图像等。如 WCDMA 的传输速率在用户静止时最大为 2Mbps，在用户高速移动时最大支持 144Kbps，所占频带宽度 5MHz 左右。

首先，第三代移动通信系统的通信标准共有 WCDMA、CDMA2000 和 TD-SCDMA 三大分支，共同组成一个 IMT 2000 家庭，成员间存在相互兼容的问题，因此已有的移动通信系统不是真正意义上的个人通信和全球通信；其次，3G 的频谱利用率还比较低，不能充分地利用宝贵的频谱资源；最后，3G 支持的速率还不够高，如单载波只支持最大 2~fDps 的业务等。这些不足点远远不能适应未来移动通信发展的需要，因此寻求一种既能解决现有问题，又能适应未来移动通信的需求的新技术。

④第四代

4G 是第四代移动通信及其技术的简称，是集 3G 与 WLAN 于一体并能够传输高质量视频图像以及图像传输质量与高清晰度电视不相上下的技术产品。4G 系统能够以 100Mbps 的速度下载，比拨号上网快 2000 倍，上传的速度也能达到 20Mbps，并能够满足几乎所有用户对于无线服务的要求。而在用户最为关注的价格方面，4G 与固定宽带网络在价格方面不相上下，而且计费方式更加灵活机动，用户完全可以根据自身的需求确定所需的服务。此外，4G 可以在 DSL 和有线电视调制解调器没有覆盖的地方部署，然后再扩展到整个地区。很明显，4G 有着不可比拟的优越性。

⑤第五代

未来 5G 网络正朝着网络多元化、宽带化、综合化、智能化的方向发展。随着各种智能终端的普及，面向 2020 年及以后，移动数据流量将呈现爆炸式增长。在未来 5G 网络中，减小小区半径，增加低功率节点数量，是保证未来 5G 网络支持 1000 倍流量增长的核心技术之一。因此，超密集异构网络成为未来 5G 网络提高数据流量的关键技术。

五、移动互联网的终端

（一）移动终端概念

移动终端或者叫移动通信终端是指可以在移动中使用的计算机设备，广义地讲包括手机、笔记本、平板电脑、POS机甚至包括车载电脑。但是大部分情况下是指手机或者具有多种应用功能的智能手机以及平板电脑。一方面，随着网络和技术朝着越来越宽带化的方向的发展，移动通信产业将走向真正的移动信息时代。另一方面，随着集成电路技术的飞速发展，移动终端的处理能力已经拥有了强大的处理能力，移动终端正在从简单的通话工具变为一个综合信息处理平台。这也给移动终端增加了更加宽广的发展空间。

（二）移动终端特点

移动终端，特别是智能移动终端，具有如下特点。

（1）硬件体系

移动终端具备中央处理器、存储器、输入部件和输出部件，也就是说，移动终端往往是具备通信功能的微型计算机设备。另外，移动终端可以具有多种输入方式，诸如键盘、鼠标、触摸屏、送话器和摄像头等，并可以根据需要进行调整输入。同时，移动终端往往具有多种输出方式，如受话器、显示屏等，也可以根据需要进行调整。

（2）软件体系

移动终端必须具备操作系统，如Android、iOS等。同时，这些操作系统越来越开放，基于这些开放的操作系统平台开发的个性化应用软件层出不穷，如通信簿、日程表、记事本、计算器以及各类游戏等，极大程度地满足了个性化用户的需求。

（3）通信能力

移动终端具有灵活的接入方式和高带宽通信性能，并且能根据所选择的业务和所处的环境，自动调整所选的通信方式，从而方便用户使用。移动终端可以支持GSM、WCDMA、CDMA2000、TDSCDMA、Wi-Fi以及WiMAX等，从而适应多种制式网络，不仅支持语音业务，更支持多种无线数据业务。

（4）功能使用

移动终端更加注重人性化、个性化和多功能化。随着计算机技术的发展，移动终端从"以设备为中心"的模式进入"以人为中心"的模式，集成了嵌入式计算、控制技术、人工智能技术以及生物认证技术等，充分体现了以人为本的宗旨。由于软件技术的发展，移动终端可以根据个人需求调整设置，更加个性化。同时，移动终端本身集成了众多软件和硬件，功能也越来越强大。

（三）移动终端设备

（1）智能手机

智能手机，是指像个人电脑一样，具有独立的操作系统，独立的运行空间，可以由用户自行安装软件、游戏、导航等第三方服务商提供的程序，并可以通过移动通信网络来实现无线网络接入手机类型的总称。

① 硬件系统

主控制器：一部性能卓越的智能手机最为重要的肯定是它的"芯"也就是CPU，如同电脑CPU一样，它是整台手机的控制中枢系统，也是逻辑部分的控制中心。

传感器：智能手机可以实现自动旋转屏幕，要依靠加速传感器也就是重力感应器了。距离感应器，能够通过红外光来判断物体的位置，手机将会具备多种功能，如接通电话后自动关闭屏幕来省电，此外还可以实现"快速一览"等特殊功能。气压传感器则能够对大气压变化进行检测，应用于手机中则能够实现大气压、当前高度检测以及辅助GPS定位等功能。光线感应器在手机中也普遍应用，主要用来根据周围环境光线，调节手机屏幕本身的亮度，以提升电池续航能力。

地面传送器：澳大利亚初创公司Locata制作了与GPS原理相同的定位传送器，不过是安装在建筑物和基站塔上。因为这种传送器是固定的，并且提供比卫星更强的信号，Locata可以提供非常精准的定位。

电子罗盘：因为在树林里或者是大厦林立的地方手机很有可能会失去GPS信号，而有了电子罗盘后可以更好地保障你不会迷失方向，毕竟地球的磁场是不会无端消失的。更重要的是GPS其实只能判断我们所处的位置，如果我们是静止或是缓慢移动，GPS无法得知我们所面对的方向。所以手机配合上电子罗盘则可以很好地弥补这一点。

② 操作系统

谷歌Android：中文名"安卓"或"安致"，是由谷歌、开放手持设备联盟联合研发，谷歌独家推出的智能操作系统。支持厂商：世界所有手机生产商都可任意采用，并且世界上80%以上的手机生产商采用安卓。

苹果iOS：苹果公司研发推出的智能操作系统，采用封闭源代码（闭源）的形式推出，因此仅能苹果公司独家采用。支持厂商：苹果。

（2）平板电脑

平板电脑也叫便携式电脑，是一种小型、方便携带的个人电脑，以触摸屏作为基本的输入设备。它拥有的触摸屏（也称为数位板技术）允许用户通过触控笔或数字笔来进行作业而不是传统的键盘或鼠标。用户可以通过内建的手写识别、屏幕上的软键盘、语音识别或者一个真正的键盘（如果该机型配备的话）实现输入。平板电脑的概念由微软公司在 2002 年提出。

移动终端设备目前市场种类繁多，此处不再赘述。

第五节　云计算

一、云计算

（一）云计算概念

云计算（cloud computing）是基于互联网的相关服务的增加、使用和交付模式，通常涉及通过互联网来提供动态易扩展且经常是虚拟化的资源。云是网络、互联网的一种比喻说法。用户通过电脑、笔记本、手机等方式接入数据中心，按自己的需求进行运算。根据美国国家标准与技术研究院（NIST）的定义，云计算是一种按使用量进行付费的模式。这种模式提供一种非常方便、按需选择的网络访问，可以很快速地提供如下资源：包括网络、云储存、服务器、应用软件等，用户只需投入很少的管理工作，或与服务供应商进行很少的交互。

简单来说，日常生活中我们从事"计算"工作时，典型的一种方式是通过 PC、平板或智能手机等智能设备本地完成，设备越高档计算能力越强。现在出现了一种新的"计算"方式，就是通过互联网使用远端服务器提供的"计算"服务，本地的智能终端只需要把计算任务通过互联网提交给远端的服务器去处理，等待计算结果就可以了，这就是云计算。

2014 年中国国际云计算技术和应用展览会于 3 月 4 日在北京开幕，工信部软件服务业司司长陈伟在会上透露，云计算综合标准化技术体系已形成草案。工信部要从五方面促进云计算快速发展：一是要加强规划引导和合理布局，统筹规划全国云计算基础设施建设和云计算服务产业的发展；二是要加强关键核心技术研发，创新云计算服务模式，支持超大规模云计算操作系统、核心芯片等基础技术的研发推动产业化；三是要面向具有迫切应用需求的重点领域，以大型云计算平台建设和重要行业试点示范、应用带动产业链上下游的协调发展；四是要加强网络基础设施建设；五是要加强标准体系建设，组织开展云计算以及服务的标准制定工作，构建云计算标准体系。

工信部于 2015 年公布《云计算综合标准化体系建设指南》。

（二）云计算特点

云计算是通过使计算分布在大量的分布式计算机上，而非本地计算机或远程服务器中，企业数据中心的运行将与互联网更相似。这使得企业能够将资源切换到需要的应用上，根据需求访问计算机和存储系统。其特点如下：

（1）超大规模

"云"具有相当的规模，Google 云计算已经拥有 100 多万台服务器，亚马逊、IBM、微软、雅虎等的"云"均拥有几十万台服务器。企业私有云一般拥有数百上千台服务器。"云"能赋予用户前所未有的计算能力。

（2）虚拟化

云计算支持用户在任意位置、使用各种终端获取应用服务。所请求的资源来自"云"，而不是固定的有形的实体。应用在"云"中某处运行，但实际上用户无须了解，也不用担心应用运行的具体位置。只需要一个移动终端，就可以通过网络服务来实现用户需要的一切，甚至包括超级计算这样的任务。

（3）高可靠性

"云"使用了数据多副本容错、计算节点同构可互换等措施来保障服务的高可靠性，使用云计算比使用本地计算机可靠。

（4）通用性

云计算不针对特定的应用，在"云"的支撑下可以构造出千变万化的应用，同一个"云"可以同时支撑不同的应用运行。

（5）高可扩展性

"云"的规模可以动态伸缩，满足应用和用户规模增长的需要。

（6）按需服务

"云"是一个庞大的资源池，用户可以按需购买。

（7）极其廉价

由于"云"的特殊容错措施，用户可以采用极其廉价的节点来构成云，"云"的自动化集中式管理使大量企业无须负担日益高昂的数据中心管理成本，"云"的通用性使资源的利用率较之传统系统大幅提升，因此用户可以充分享受"云"的低成本优势。

（8）潜在的危险性

云计算服务除了提供计算服务外，还提供了存储服务。但是云计算服务当前垄断在私人机构（企业）手中，而他们仅仅能够提供商业信用。对于政府机构、商业机构（特别像银行）选择云计算服务应慎重。云计算中的数据对于数据所有者以外的其他云计算用户是保密的，但是对于提供云计算的商业机构而言毫无秘密可言。

（三）云计算的服务层次

云计算包括三个层次的服务：基础设施即服务（IaaS）、平台即服务（PaaS）和软件即服务（SaaS）。

（1）IaaS：基础设施即服务

IaaS（Infrastructure-as-a-Service）：基础设施即服务。消费者可以通过 Internet 从完善的计算机基础设施获得服务。例如，硬件服务器的租用。

（2）PaaS：平台即服务

PaaS（Platform-as-a-Service）：平台即服务。PaaS 实际上是指将软件研发的平台作为一种服务，以 SaaS 的模式提交给用户。因此，PaaS 也是 SaaS 模式的一种应用。但是，PaaS 的出现可以加快 SaaS 的发展，尤其是加快 SaaS 应用的开发速度。例如，软件的个性化定制开发。

（3）SaaS：软件即服务

SaaS（Software-as-a-Service）：软件即服务。它是一种通过 Internet 提供软件的模式，用户无须购买软件，而是向提供商租用基于 Web 的软件，来管理企业经营活动。例如，云计算管理软件。

（四）云计算的分类

（1）公有云 VB

公有云平台提供商通过互联网将存储、计算、应用等资源作为服务提供给大众市场。企业不需要自己构建数据中心，只需要根据使用量支付开支。

如果说传统 IT 设施是企业自己给每个部门准备一台发电机、铺电线。公有云就是企业从专业电力公司买电，基础设施的建设和管理完全交给电力公司，企业用多少电付多少钱。能够最高效、最经济地利用资源。

（2）私有云

私有云是每个企业或者组织独立运作的云基础设施。私有云建立初期需要企业投入更多资源，但更适于保存敏感数据。

（3）混合云

混合云就是私有云和公有云的组合，同时结合不同解决方案的优势。混合云既能提供公有云的低成本，也能通过私有云满足企业对核心业务极致安全性的需求。

（五）云计算的发展

云计算是一种前所未有的工作方式。云计算的发展趋势主要有以下几个方面：

（1）云计算将无处不在

　　云计算几乎影响着每位消费者和每个商业领域。通常，消费者不会注意到云，因为云在不同的应用程序的背后提供支持。但云计算正变得越来越普遍。云计算正应用在各个行业，如医疗、酒店、零售等，借助于云计算分析医疗数据、顾客习惯、人流模式等。

（2）自助云计算

　　过去，企业是在专用的硬件上运行一个集中式数据仓库。这种集中式、不够灵活的旧式数据仓库模式往往使企业用户陷入困境。在现代企业中，这种情况是不能接受的。而云计算完全改变了这种情况。企业可以借助云服务的资源，在云中迅速创建自己的数据仓库，并可根据其需求和预算选择数据仓库的规模和速度。这是云计算的特点，按需进行运算。

（3）云让一切变得智能化

　　近来，出现了各种智能化设备，如智能手表、智能衣服、智能电视、智能家居、智能汽车等。而绝大多数的智能设备的软件是在云端运行的。无论是家里的温控器、手腕上的活动跟踪器，还是超高清电视上的智能电影推荐，它们都由在云上运行的分析引擎驱动。由于这些智能产品的"智能"存在于云中，这也催生了新一代设备的出现，如飞利浦 CityTouch。

　　飞利浦 CityTouch 是适用于整个城市的智能路灯管理系统。用户可以在城市地图上看到所有路灯的详细情况，包括每一盏路灯的型号及使用状态。而通过对简单的鼠标圈选，管理者就可以实现把城市灯光打开、变暗、关闭等多种操作，从而根据需要实现精确照明，对预防犯罪、提高能效等照明功能进行优化。CityTouch 正在使用云作为后端技术来运行该系统，并从路灯上安装的传感器收集的大量数据中提取有价值的信息。这些数据使城市管理人员更好地了解天黑后城市的情况，并采用更有效的照明管理计划，避免过多的光污染对城市居民和野生动物造成不良影响。

（4）云计算将改善城市生活

　　云计算能够利用城市环境信息来改善世界各地城市居民的生活条件。比如，芝加哥是首批在全市范围内安装传感器来永久测量空气质量、光强度、音量、热量、降水、风和交通的城市之一。来自这些传感器的数据流入云中进行分析，用于发掘改善居民生活的方式。人们还可以把犯罪数据和天气情况关联起来，帮助了解在炎热天气中是否会发生更多的入室盗窃案，以便更好地分配当地警力，或把就医数据与天气情况关联起来，发现其中的趋势和模式。在云的帮助下，这些数据开始向大众开放，以推动创新。

（5）云计算将促进物联网时代的到来

　　物联网时代和互联网时代的最大差距主要在于数据，比如飞机在飞行过程中产生数据，并被人们进行数据采集，便产生"大数据"，人们再利用对大数据的分析和应用，最终制定飞行路径规划。从技术角度来讲，就是打通设备到企业管理数据流，产生的大数据，通过网络到数据中心进行运算，这就是云计算，这些创新，让数据变得更有价值，体现企业的商业模式，就是物联网时代到来的象征。

（6）云计算将实现安全的分析

由于云计算在各个领域应用的普遍性，云端数据的安全性和私密性变得至关重要。在存储和分析引擎中深度集成加密功能并让用户能够拥有密钥，确保只有这些服务的使用者有权访问数据。在未来，许多新的加密技术、安全协议，会越来越多地呈现出来。

二、云存储

云存储是在云计算概念上延伸和发展出来的一个新的概念，是指通过集群应用、网格技术或分布式文件系统等功能，将网络中大量各种不同类型的存储设备通过应用软件集合起来协同工作，共同对外提供数据存储和业务访问功能的一个系统。当云计算系统运算和处理的核心是大量数据的存储和管理时，云计算系统中就需要配置大量的存储设备，那么云计算系统就转变成为一个云存储系统，所以云存储是一个以数据存储和管理为核心的云计算系统。

三、云计算平台

云计算平台也称为云平台。云计算平台可以划分为3类：以数据存储为主的存储型云平台，以数据处理为主的计算型云平台以及计算和数据存储处理兼顾的综合云计算平台。

（一）服务特征

（1）服务无处不在

用户只需要一台具备基本计算能力的计算设备以及一个有效的互联网连接，就可以随时随地使用该服务。从这个意义来讲，任何联网的应用，都具备成为云计算平台的潜力。

（2）具备进入成本

用户具备使用该服务的需求，但是并不具备独立提供该服务的经济或者技术条件。比如某些企业需要定期地进行大规模的运算，但是并不值得专门为此购置一台具备大规模运算能力的计算设备。超算中心通过发展客户群让多个用户来分担超级计算机的成本，使得其用户能够在不拥有计算设备的情况下以较小的成本完成计算任务。

（3）用户决定应用

云计算平台提供计算能力（包括处理器、内存、存储、网络接口），但是并不关心用户的应用类型。用户利用云计算平台所提供的计算能力，并且充分考虑云计算平台所设定的（技术和经济）限制，开发出丰富多彩的应用。用户只要关心某项服务是否可用以及使用该服务所需要的成本。

（二）国内外知名的云计算平台

回顾过去 IT 大市场的变化，云计算的增长与爆发速度可谓应接不暇。下面介绍几个国内外知名的云计算平台。

（1）Windows Azure

Windows Azure 是微软的云计算平台，它的主要目标是为开发者提供一个平台，帮助开发可运行在云服务器、数据中心、Web 和 PC 上的应用程序。云计算的开发者能使用微软全球数据中心的储存、计算能力和网络基础服务。Azure 服务平台包括了以下主要组件：Windows Azure；Microsoft SQL 数据库服务，Microsoft .Net 服务；用于分享、储存和同步文件的 Live 服务；针对商业的 Microsoft SharePoint 和 Microsoft Dynamics CRM 服务。

（2）Google App Engine

Google App Engine 是 Google 提供的服务，允许开发者在 Google 的基础架构上运行网络应用程序。Google App Engine 应用程序易于构建和维护，并可根据访问量和数据存储需要的增长轻松扩展。使用 Google App Engine，将不再需要维护服务器，开发者只需上传应用程序，它便可立即为用户提供服务。

（3）亚马逊 AWS

亚马逊的 Amazon Web Services（AWS）于 2006 年推出，以 Web 服务的形式向企业提供 IT 基础设施服务，现在通常称为云计算。其主要优势之一是能够以根据业务发展来扩展的较低可变成本来替代前期资本基础设施费用。所提供服务包括：亚马逊弹性计算网云（Amazon EC2）、亚马逊简单储存服务（Amazon S3）、亚马逊简单数据库（Amazon SimpleDB）、亚马逊简单队列服务（Amazon Simple Queue Service）以及 Amazon CloudFront 等。

（4）VMware

VMware 通过提供虚拟化软件、软件定义的数据中心，混合云以及面向终端用户的云计算，将自己的业务渗透到云计算这一产业链各个层面的背后，成为运营 IaaS、PaaS、SaaS 层面云计算企业背后的科技型服务企业。

（5）阿里云

阿里云创立于 2009 年，是中国的云计算平台，服务范围覆盖全球 200 多个国家和地区。阿里云致力于为企业、政府等组织机构，提供最安全、可靠的计算和数据处理能力，让计算成为普惠科技和公共服务，为万物互联的 DT 世界，提供源源不断的新能源。具体应用有：在 12306 票务网站中承担 75% 的余票查询流量、天弘基金与余额宝、蚂蚁微贷、蔚蓝地图、小咖秀等。

在国内云市场，阿里巴巴、腾讯、百度等互联网企业开始打造自己的云平台，中国电信、中国移动、中国联通三大运营商也在借助云计算实现企业转型。

第六节　物联网

物联网，英文名称：Internet of things（IoT）。顾名思义，物联网就是物物相连的互联网。这有两层意思：其一，物联网的核心和基础仍然是互联网，是在互联网基础上的延伸和扩展的网络；其二，其用户端延伸和扩展到了任何物品与物品之间，进行信息交换和通信，也就是物物相息。物联网通过智能感知、识别技术与普适计算等通信感知技术，广泛应用于网络的融合中，也因此被称为继计算机、互联网之后世界信息产业发展的第三次浪潮。物联网是互联网的应用拓展，与其说物联网是网络，不如说物联网是业务和应用。因此，应用创新是物联网发展的核心，以用户体验为核心的创新 2.0 是物联网发展的灵魂。

2012 年 2 月 14 日，中国的第一个物联网五年规划——《物联网"十二五"发展规划》由工信部颁布。

一、物联网的关键技术

在物联网应用中，有三项关键技术：

（1）传感器技术

传感器技术是计算机应用中的关键技术。传感器把模拟信号转换成计算机可以处理的数字信号。

（2）RFID 标签

这也是一种传感器技术，RFID 技术是融合了无线射频技术和嵌入式技术为一体的综合技术，在自动识别、物品物流管理方面有着广阔的应用前景。

（3）嵌入式系统技术

该技术综合了计算机软硬件、传感器技术、集成电路技术与电子应用技术。经过几十年的演变，以嵌入式系统为特征的智能终端产品随处可见，嵌入式系统正在改变着人们的生活。如果把物联网用人体做一个简单比喻，传感器相当于人的眼睛、鼻子、皮肤等感官，网络就是神经系统用来传递信息，嵌入式系统则是人的大脑，在接收到信息后要进行分类处理。

二、物联网的特征

和传统的互联网相比，物联网有其鲜明的特征。

（1）物联网是各种感知技术的广泛应用

物联网上部署了海量的多种类型传感器，每个传感器都是一个信息源，不同类别的传感器所捕获的信息内容和信息格式不同。传感器获得的数据具有实时性，按一定的频率周期性的采集环境信息，不断更新数据。

（2）物联网是一种建立在互联网上的泛在网络

物联网技术的重要基础和核心仍旧是互联网，通过各种有线和无线网络与互联网融合，将物体的信息实时准确地传递出去。在物联网上的传感器定时采集的信息需要通过网络传输，由于其数量极其庞大，形成了海量信息，在传输过程中，为了保障数据的正确性和及时性，必须适应各种异构网络和协议。

（3）物联网能够对物体实施智能控制

物联网将传感器和智能处理相结合，利用云计算、模式识别等各种智能技术，扩充其应用领域。从传感器获得的海量信息中分析、加工和处理出有意义的数据，以适应不同用户的不同需求，发现新的应用领域和应用模式。依托云服务平台和互通互联的嵌入式处理软件，强化与用户之间的良性互动，提供更佳的用户体验。可以说，智能控制是物联网的终极服务。

三、物联网中"物"的内涵

物联网中的"物"要具备以下条件：要有数据传输通路；要有一定的存储功能；要有CPU；要有操作系统；要有专门的应用程序；遵循物联网的通信协议；在世界网络中有可被识别的唯一编号。

四、物联网与云计算的结合

物联网的智能处理依靠的是先进的信息处理技术，如云计算。云计算是实现物联网的核心。运用云计算技术，使物联网中各类物品的实时动态管理和智能分析变得可能。云计算可以从两个方面促进物联网的实现：首先，云计算是实现物联网的核心。其次，云计算促进物联网和互联网的智能融合。

云计算的基本形态就是将数据计算从本地转移到服务器端，本地只是进行数据的传输与执行。而大量复制的计算过程则是放到服务器端利用服务器的计算功能来完成。这与物联网的整体理念是完全相符的。物联网强调物物相连，设备终端与设备终端相连，云计算能为连接到云上设备终端提供强大的运算处理能力，以降低终端本身的复杂性。

物联网与云计算的结合必将通过对各种能力资源共享、业务快速部署、人物交互新业务扩展、信息价值深度挖掘等多方面的促进带动整个产业链和价值链的升级与跃进。

五、物联网与移动互联的结合

物联网和移动互联有三种融合模式：第一种模式，物联网直接连接移动终端；第二种模式，物联网直接跟移动互联网交换数据，移动终端再去云端获取数据；第三种模式，物联网既可以直接跟移动互联网交换数据，也可以跟移动终端联系。物联网的应用在与移动互联相结合后，发挥了巨大的作用，可能产生新的商业模式。

两者融合需要的技术支撑：要有全面的无线技术，主要用在智能终端上，比如RFID、NFC、Zigbee、蓝牙、Wi-Fi、3G、4G等；还有就是嵌入式的软件和硬件技术。

本章小结

本章主要介绍了智慧酒店相关技术：计算机技术、计算机网络技术、数据库管理技术、移动互联网技术、云计算和物联网技术的基础知识；并展开介绍了：计算机技术中的信息技术、数字技术和微电子技术，计算机网络技术中的概念、发展、组成和分类，数据库管理技术中的概念、模型和数据库设计步骤，移动互联网技术中的概念、发展、应用、关键技术及移动终端设备，云计算技术中的云计算、云存储和云计算平台，物联网技术中的关键技术、特征、与云计算和移动互联的融合。

复习与思考

一、名词解释

移动互联　云计算　物联网

二、简答题

1. 简述信息技术、数字技术、微电子技术涵盖的内容。
2. 计算机网络的组成和逻辑结构是什么？按拓扑结构计算机网络的分类有什么？

3. 数据库系统的构成是什么？数据模型的分类有什么？

4. 移动互联网的关键技术是什么？

5. 云计算、云存储的概念是什么？

6. 物联网中的关键技术有什么？物联网的发展趋势是什么？

三、运用能力训练

1. 智慧酒店为现在信息技术的载体，课后请了解智慧酒店相关信息技术的应用现状，并进行分组讨论。

2. 根据你的认知，智慧酒店除了上述六个相关技术外，是否还有其他技术体现？请查阅资料，进行整理总结。

第三章 酒店电子商务

本章导读

本章介绍：酒店电子商务的基本概念及其功能，讨论了酒店电子商务的四种基本模式和其中网络营销的作用及目前存在的一些问题，最后讨论了酒店电子商务的发展和展望。

【学习内容】关于酒店电子商务的基本概念和行业现状，酒店电子商务在酒店运营中的功能和作用，现阶段酒店电子商务业务的四种模式，以及其中网络营销的应用和阻力，酒店电子业务的发展和展望。

【知识目标】对酒店电子商务有基本了解，了解现有的至少两个成熟的酒店电子商务的运营案例，并从中理解酒店电子商务对于酒店运营的重要性和具体的增效降成本的作用，理解酒店电子商务的四种业务模式，掌握网络营销在酒店电子商务中的作用和优缺点，重点探索现阶段网络营销的一些问题，获得对于酒店电子商务的清晰认识和对于管理和运营者的具体要求。

【能力要求】参考现有的一些酒店的网络门户，能进行相关的业务分析，勾画出其业务分布和其中与电子商务关联的重点部分的关系图；熟悉现阶段酒店电子商务的行业形势和存在的问题；熟悉酒店电子商务的基本业务流程；对社会上的人群进行酒店电子商务需求调查和分析；通过模拟规划，计算酒店电子商务方案的引进对于传统酒店的收支影响。

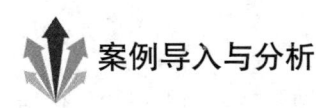

案例导入与分析

行业数据导读

据艾瑞咨询网的统计，2014 年我国电子商务市场交易规模为 12.3 万亿元，比上年增长 21.3%，在 GDP 总额 63.59 万亿元中占比 19.3%；在线旅游市场交易规模为 3077.9 亿元，同比增长38.9%；在线旅游市场的高速发展主要受在线机票、在线酒店及在线度假等细分市场的利好发展驱动。其中，在线酒店市场规模达632.5亿元，同比增长28.0%。艾瑞咨询认为，2014年在线酒店市场利好发展主要体现在以下几方面：①移动端酒店预订的快速发展，携程、去哪儿的移动酒店预订量占比均超过40.0%；②以小猪短租、途家为代表的非标准化住宿预订领域的火热发展；③在线酒店预订市场的"后进入者"美团表现突出，2014年美团酒店预订约4500.0万间夜，交易额达55.0亿元（图3-1）。

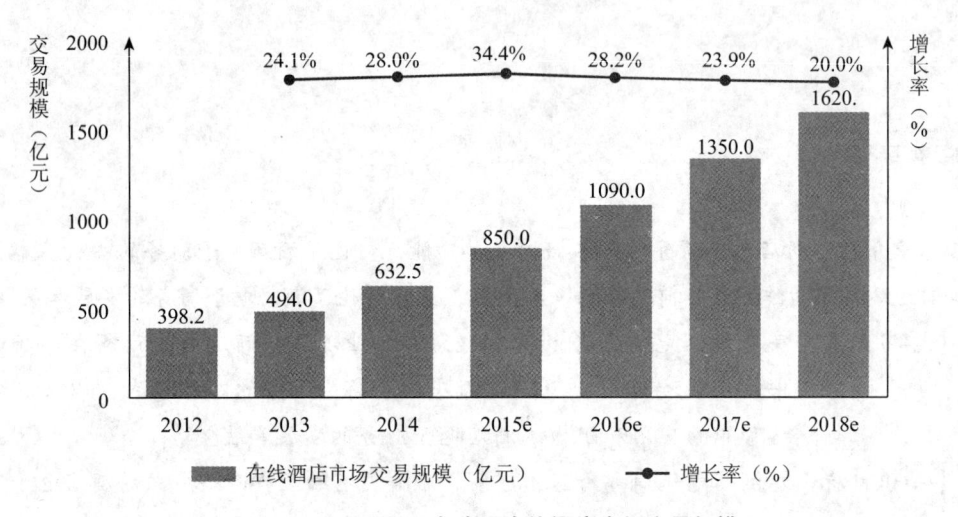

图3-1 2012~2018年中国在线酒店市场交易规模

未来三至五年，电子商务对市场的整体带动作用将逐渐培养消费者的在线消费习惯，加之网上预订酒店不受时间限制、价格比较便宜、信息透明度高，消费者预订酒店的方式将逐渐从线下向线上转移，未来在线酒店预订市场将会持续保持较高速度增长。

第一节 酒店电子商务概念

一、酒店电子商务的概念和特点

酒店电子商务是指通过互联网和通信技术实现饭店商务活动各环节的电子化，包括通过网络发布、交流酒店基本信息和商务信息，以电子手段进行酒店宣传、促销、开展酒店服务、酒店产品在线预订与支付，实现酒店顾客信息收集与整合等，也包括酒店内部流程的电子化及管理信息系统的应用等，是电子商务在酒店这一行业中的具体体现。例如，7天酒店是业内第一家开拓电子商务平台的经济型酒店，成立伊始，7天连锁酒店就把企业核心竞争力的方向锁定在电子商务上。从技术基础角度来看,酒店电子商务是采用数字化电子方式进行酒店信息数据交换和开展商务活动。从应用层次来看,酒店电子商务可分为两个层次:一是面向市场,以市场活动为中心,包括促成酒店交易实现的各种商业行为,如网上发布信息、网上公关促销、市场调研、网络洽谈、网上咨询、网上交易、网上支付、售后服务等;二是利用网络重组和整合酒店内部的经营管理机构,实现酒店内部电子商务,即酒店信息管理系统。

酒店电子商务不仅是指酒店电子交易,也包括应用现代网络信息技术手段进行的,有商业目的地发布、传递、交流酒店信息的活动。电子商务是通过电子技术和手段在商务中的运用。酒店电子商务是通过电子技术和手段在旅游酒店中的运用,运用其运营成本低、用户范围广、无时空地域国界的限制,通过网络预订获取酒店产品,从而向酒店客户提供更加个性化、人性化的服务。总体上分析酒店电子商务主要具有如下几个特性:

(一)时空性

网络无国界,互联网用户遍及全球,使信息在世界各地共享。旅游酒店行业利用了网络的许多增值服务,如全球分销系统(Global Distribution System,GDS)使酒店预订信息或相关信息在世界各地的客户共享,突破了地域时空的限制,酒店在线预订功能全天 24 小时不间断地提供服务,使酒店产品的销售可以随时随地地在线售卖,世界各地域的客户均能了解到酒店销售的相关信息。从长远的角度出发,随着电子商务的发展,未来越是空间距离远、对旅游目的地陌生、得益于酒店预订的快捷性的特点,旅游者越是倾向于通过网络在线预订酒店。据第 37 次《中国互联网络发展状况统计报告》数据显示,截至 2015 年 12 月,在网上预订过机票、酒店、火车票或旅游度假产品的网民规模达到 2.60 亿,网民使用率为 37.7%,较 2014 年年底增长 3782 万人,增长率为 17.1%。在网上预订火车票、机票、酒店和旅游度假产品的网民分别占比 28.6%、14.5%、14.7% 和 7.7%。与此同时,手机预订机票、酒店、火车票或旅游度假产品的网民规模达到 2.10 亿,较 2014 年 12 月底增长 7569 万人,增长率为 56.4%。我国网民使用手机在线旅行预订的比例由 24.1% 提升至 33.9%。

(二)聚合性

传统酒店面向游客的产品是提供住宿即可。但是,建立电子商务平台通过新兴的互联网推广方式却是将酒店各个方面的信息资源、服务资源、客户资源集中起来,同时能够连接整合旅游行业的上下游产业。例如,金融服务机构、旅游营销机构、航空公司等也集合起来,形成一个巨大的产业链条。使酒店和客户之间能够充分利用 B2C 的交易方式进行买卖。酒店的利用网络平台充分体现了酒店的供求消息、信息的更新、客户的在线预订功能的整合聚集效应。

（三）个性化

旅游行业的电子化发展，出现了各种新兴的旅游方式，由传统的观光旅游到商务旅游的转换，旅客的组团方式也朝个性化自助游的方式转变。旅游酒店作为旅游发展的三大支柱产业之一，全天面对散、小各种客户的多种预订需求也提出了更高的要求。电子商务的在线预订功能刚好适应了这种个性化需求的发展。

（四）经济性

网络经济是当今利用电子商务模式出现的一种新的虚拟经济。著名的网络经济法则"Metcalfe 法则"指出，互联网的价值等于节点数的平方，在互联网中，当用户的数量增加时，用户之间的交易机会将以成倍的速度增加，网络总的交易机会正比于互联网节点数目的平方，每一位新的用户将会给其他网络用户带来额外价值。如今，电子商务运用于旅游酒店为全球的旅游者和旅游企业所应用，信息资源会随着网络节点的增加而被广泛地利用，共享的人也越来越多，刚好体现其酒店电子商务发展的巨大潜力。

二、国内外酒店电子商务发展的运用状况

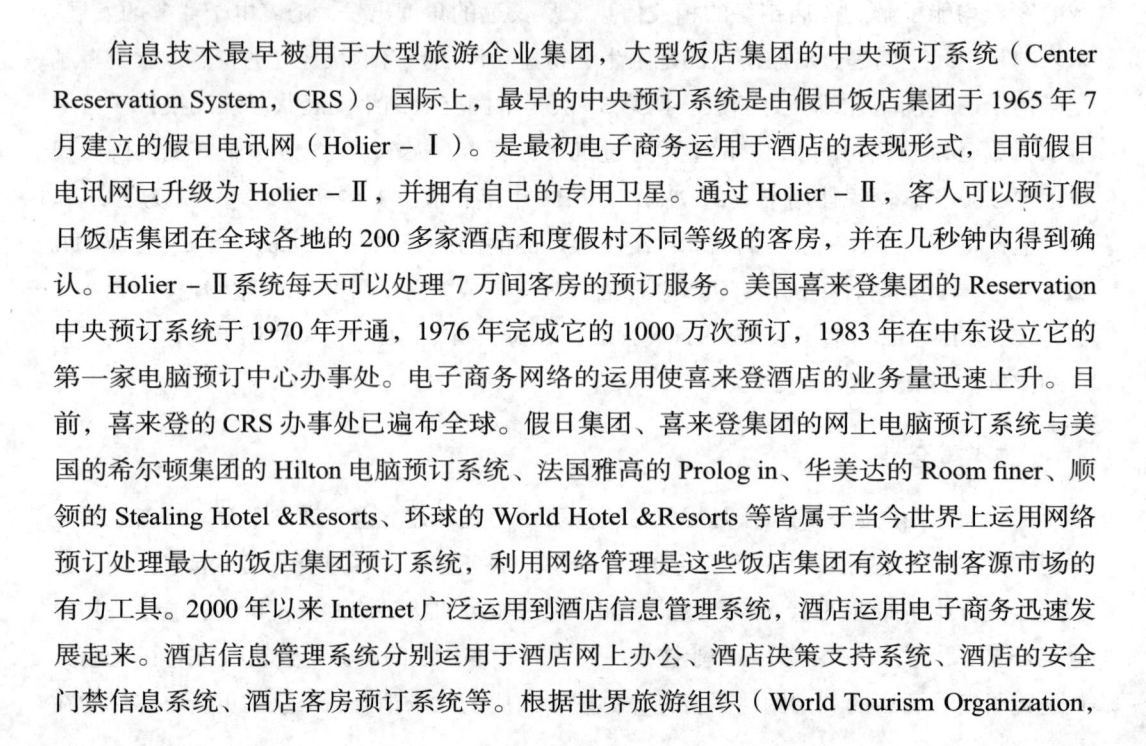

信息技术最早被用于大型旅游企业集团，大型饭店集团的中央预订系统（Center Reservation System，CRS）。国际上，最早的中央预订系统是由假日饭店集团于1965年7月建立的假日电讯网（Holier – Ⅰ）。是最初电子商务运用于酒店的表现形式，目前假日电讯网已升级为 Holier – Ⅱ，并拥有自己的专用卫星。通过 Holier – Ⅱ，客人可以预订假日饭店集团在全球各地的 200 多家酒店和度假村不同等级的客房，并在几秒钟内得到确认。Holier – Ⅱ系统每天可以处理 7 万间客房的预订服务。美国喜来登集团的 Reservation 中央预订系统于 1970 年开通，1976 年完成它的 1000 万次预订，1983 年在中东设立它的第一家电脑预订中心办事处。电子商务网络的运用使喜来登酒店的业务量迅速上升。目前，喜来登的 CRS 办事处已遍布全球。假日集团、喜来登集团的网上电脑预订系统与美国的希尔顿集团的 Hilton 电脑预订系统、法国雅高的 Prolog in、华美达的 Room finer、顺领的 Stealing Hotel &Resorts、环球的 World Hotel &Resorts 等皆属于当今世界上运用网络预订处理最大的饭店集团预订系统，利用网络管理是这些饭店集团有效控制客源市场的有力工具。2000 年以来 Internet 广泛运用到酒店信息管理系统，酒店运用电子商务迅速发展起来。酒店信息管理系统分别运用于酒店网上办公、酒店决策支持系统、酒店的安全门禁信息系统、酒店客房预订系统等。根据世界旅游组织（World Tourism Organization，

WTO）资料表明，在 1971 年世界上把计算机技术引入酒店的只有 4 家，到 20 世纪 80 年代发展到近 300 家，到 21 世纪初酒店电子商务的运用普及中小型酒店。

我国酒店行业对计算机应用，实行网络管理起步较晚，直到 1983 年，国内几家著名酒店才开始建立计算机管理系统。当时都是引进国外较成熟的酒店管理软件。但由于这些系统价格昂贵以及采用英文界面等原因，导致使用面不广。随着我国计算机行业的发展，在吸收国外先进软件管理系统的同时，逐渐开发出各种适合我国国情的酒店计算机系统。这些系统价格便宜、性能好、适合国情，因此极大地促进了国内饭店计算机管理系统的普及应用，并有效地提高了我国饭店业的竞争能力和服务水平，促进了饭店业的发展。就整个酒店行业的运用程度来看，最初加入 GDS 的大多是星级标准较高、自我运作实力比较强的酒店，发展到 20 世纪 90 年代，随着互联网科技革命，共有 168 家中国大陆饭店加入 GDS 预订，随着 GDS 的兴起，使部分中小型独立的酒店集团和大型的酒店连锁集团站在同一起跑线上，带来了新的发展机遇。

第二节　酒店电子商务功能

电子商务极大地提高了传统商务活动的效率和效益，在现代酒店中的应用也很好地促进了酒店业信息化的快速发展，使酒店业更具生命力和活力。它与传统酒店商务活动相比，对酒店业的发展发挥着重大作用。酒店发展电子商务，可以将酒店更加形象化地展示在人们面前；酒店可以通过网络这个特有的系统，将自己的优惠信息更便捷迅速地发布出去，以引起更多消费者的关注，使酒店的资源进一步地整合，并得到更合理的安排，实现酒店利益的最大化。

一、提升酒店形象，塑造独特品牌

在网络营销的模式下，酒店可以通过建立网站，把酒店的承诺和特色服务展现在网络上面，为顾客展示自己酒店区别于其他酒店的特色，这是传统的营销模式所不能做到的，让顾客不用亲自到酒店，就能感受到酒店的真诚和良好的自我形象，从而在无形中提升酒店的形象，塑造独特的品牌。

二、拓宽酒店的销售渠道

Internet 提供的全球性的、面向大众的服务，增强了开展电子商务的酒店的服务能力，顾客不再会受某个酒店地理位置或者其他条件的限制。酒店电子商务可以通过Internet向全球的潜在目标顾客提供网上信息查询服务，进行酒店网上宣传活动。并通过网上预订系统，让潜在顾客在任何时间、任何Internet遍及的地方进行酒店预订，方便快捷，又能够为顾客最大限度地节省金钱和节约时间成本，同时，也拓宽了酒店的市场销售渠道。

三、加快酒店的销售速度

酒店电子商务使酒店不需要到处去散发酒店说明和宣传单等印刷品，也不再完全依赖于在电视、报纸上登广告等宣传手段，这样就节省了信息传递的时间，可以大幅度减少销售环节。在一般情况下，电视和报纸广告这些环节不仅费用高，而且需要较多的时间。但是，通过酒店网站或者在一些商业门户网站上进行宣传则很迅速，而且酒店能够以一种富有吸引力的、高度可视化的方式展示本酒店的特色或提供相关服务信息，从而能够鼓励潜在顾客加快购买决策，迅速进行网上预订；酒店网上预订系统也可以帮助顾客完成预订过程中所有的环节，提高酒店的销售速度。顾客的增多，自然也就提高了酒店的入住率，实现了经济效益。

四、降低酒店的采购成本

酒店业可通过互联网来进行采购管理。利用互联网采购酒店业所需设备，可迅捷了解和分析所需设备的各方面情况，很方便地进行比价购，很方便地进行规模采购。电子商务的开展，将酒店业售前、售中和售后的全过程服务变得清晰直观起来，将酒店制订需求设备的配置计划、查询价格、预订设备、支付结算、货物配送等所有环节在互联网上串联起来，为比价选购奠定了方便的条件，进而缩减了以往酒店业采购设备所需要的大量的人力、时间、物力乃至财力的成本。所以，电子商务将酒店业的采购设备的成本控制到了以往采购所不能达到的最低限度。

五、降低酒店的管理成本

虽然酒店电子商务的开展，要求酒店构建内部管理信息系统和网站，在建设时期也需要投入较多的资金，但是从长远角度看，酒店电子商务的开展能够有效降低酒店运营开支和管理成本，提高整体利润。例如，酒店电子商务利用电子数据交换、电子邮件等工具大大减少了各种交易、订货过程和营销过程中的资金花费。利用Internet上的酒店网站发布产品的销售信息和所需物品的采购信息，不仅速度快、覆盖面广，还可以减少纸制印刷品及其发行的费用。在 Internet 上进行企业宣传活动和在传统媒体（如电视广告等）上相比，费用也更加低廉。另外，电子商务还能够完善酒店账务管理，实现自动统计分析，库存管理、资金流向一目了然，大大节约了人力资源成本。

六、实现酒店个性化营销，为顾客提供个性化服务

实现电子商务的最大潜在价值在于它可以将高度专业化的市场进行细分，进一步促使商家和企业对自己顾客的需求有更为广泛和具体的了解，从而向广大顾客提供他们所需要的信息、产品及服务。通过电子商务，商家和企业可以获得关于顾客的想法、兴趣、爱好以及特殊需求等更具体的信息。这一点对于酒店企业来说，显得更为重要。目前，酒店业的竞争越来越激烈，顾客的个性化要求也越来越高，实现个性化营销将是现代酒店生存、发展的必要条件，是现代酒店的一个重要特征。顾客通过访问信息化酒店网站发送的购买信息，可以使酒店企业进行更为准确的市场预测，以便采取更有力的促销措施有针对性地对顾客进行广泛的宣传。

客人在入住酒店登记时所填写的个人信息，反馈到酒店内部的客户资料库里面，酒店服务人员可以根据顾客信息库，根据顾客的信息和需求，提供有针对性的个性化服务，比如在酒店房间里放置一些小礼物，为客人准备喜欢的饮品，这样，一方面让顾客更有亲近感，觉得自己得到的尊重和满足；另一方面吸引回头客，顾客下次需要再入住酒店时，选择这家酒店的概率自然就高些。

七、虚拟形象化酒店产品，增强先期体验性

酒店产品在顾客未体验过的时候，要想得到其认可，只能靠广告宣传，这是因为酒店产品具有无形性和无体验性的特点，即酒店产品是生产和消费同时进行的，只有购买并消费了产品，才能真正体会到产品的信息和服务。这就导致，顾客在预订、购买酒店产品时，会因为没有先期的体验而犹豫，或者做出不正确的选择。Internet 可以虚拟酒店，将酒店大量的产品信息有形化，顾客可以身临其境地体验到产品和服务，进而取得预订顾客群体对酒店产品的信任度。

八、完善酒店内部管理

随着酒店规模的不断发展，员工数量的不断增多，酒店内部管理愈加复杂。酒店方可以借助电子商务的力量，实现企业网内部的信息共享、工资结算、财务累计、核心数

据存储、客户信息保存、员工电子档案的建立、评奖评优、上下班打卡监督等，使得酒店内部管理更加便捷高效。

第三节 酒店电子商务业务

随着我国酒店在线市场交易规模的逐年扩大，我国酒店电子商务市场格局逐渐形成，且呈现多种模式并存的状态。目前我国提供网上酒店预订的运营商主要有四类：一是产业链上游企业（主要指酒店官网）；二是在线代理商（如携程、艺龙、同程网等）；三是平台运营商（如淘宝、京东旅游频道）；四是网络媒介和营销平台（如点评网站：到到网、马蜂窝；垂直搜索引擎网站：去哪儿网、酷讯等；社交媒体：人人网、微博等）。四种酒店在线预订渠道分别代表不同的酒店电子商务模式，商务模式被认为是企业获取利润的方式，每一个酒店电商企业都想在激烈的市场竞争中获得优势、赢得利润。

酒店是以提供服务为主的行业，酒店产品具有无形性、空间性、消费的即时性、不可储存性、季节性等特点，这些特质与互联网和信息技术相结合创造出了很多前所未有的电子商务模式。酒店产品的时间性和不可储存性的特点意味着酒店产品只有销售出去才能实现其时间段上的价值，这也意味着酒店产品比其他有形产品更迫切地需要更高的销售效率；像航空业一样，由于酒店产品的无形性、季节性等特点，使得酒店产品更适合进行提前预订，又由于其空间性、生产与消费的同时性等特点，使得酒店产品无物流产生，适合进行在线预订。酒店在线预订是酒店电子商务的交易功能，也是其最核心的功能，因此，在多种酒店电子商务模式中，是否具有交易功能，即实现酒店产品在线预订是模式区分的分水岭。

鉴于以上分析，我们将酒店电子商务模式分为无交易功能的初级模式、无交易功能的复杂模式、单一交易功能的中级模式、多功能综合的高级模式。

一、无交易功能的初级模式

主要包括信息发布、信息收集等。信息发布和信息收集功能比较简单，一般不会单独存在，几乎任何其他模式下都会包括这两项功能。比如，酒店官网的产品信息介绍、顾客留言等板块就是这两种功能的体现。除此之外，一些政府或酒店行业协会的网站也属于此类模式。

二、无交易功能的复杂模式

该模式虽然没有交易功能，不提供在线预订服务，但其融合了多种功能，体现了除在线预订功能以外的其他交互关系，创造了多种顾客价值，具有多项盈利来源，是我国酒店电子商务模式的主要组成部分，主要包括酒店招聘、虚拟社区、点评网站、搜索引擎、酒店电子媒体等模式。

中国酒店第一招聘网——最佳东方（veryeast.cn），是中国最权威、最专业的酒店业招聘品牌，也是客户量最大、访问量最多、数据最丰富的行业招聘网站。网站定位于为酒店寻找合适的人才、为求职者寻求合适的酒店雇主，通过搭建酒店和求职者沟通的平台满足供需双方的需求，并以此为基点提供许多相关延伸产品，满足顾客更多个性化需求。其盈利模式主要有：一是按月或年向会员酒店收取会员费；二是通过举办现场招聘会，收取展位费；三是收取广告费；四是通过提供酒店培训、人才测评、人力资源管理等增值服务获取增值服务费。

酒店点评网通过收集顾客真实的点评信息并借助于电子商务推荐系统形成酒店推荐指数，以此来为顾客选择提供参考。全国领先旅游点评网——到到网（daodao.com）是全球最大的旅游网站 TripAdvisor 的中国官网，TripAdvisor 提供真实旅行者的真实评论，帮助旅行者制订全套旅行方案，并提供预订链接。到到网的定位是"到到网提供酒店、客栈、度假村、旅行度假产品的评价和建议，以及旅行指南和其他更多的旅游信息"，而到到网提供的所有旅游咨询服务均是免费的，那么它靠什么来盈利呢？到到网的盈利收入分为三种：一是点击收费，在到到网上，打开某个酒店或旅游的评论页面，都有相应的广告商链接，如携程、艺龙等旅游预订网站，可供网友预订选择，游客点击进入相应的网站，到到网后台会进行统计，与相关合作方分成；二是品牌广告，在到到网的侧栏或者页面位置，常常配以图片或者 Flash 形式的广告，这些广告主多为酒店集团、旅游局或其他旅行服务机构；三是到到网通过为各类酒店提供通用的管理平台，使得酒店可以自助上传自己的预订方式，从而获得更多的直销订单，到到网从中收取订单分成。

酒店业是一个信息依赖型行业，但面对浩如烟海的酒店信息，顾客要找到适合自身需求的酒店信息需要付出非常多的搜索成本，为了解决这个难题，垂直搜索引擎就诞生了。垂直搜索，是针对特定的专业领域或行业的内容进行分析挖掘，精细分类，过滤筛选的专业搜索。去哪儿网（qunar.com）是中国领先的在线旅游媒体和专业的旅游搜索引擎，去哪儿网凭借领先的垂直搜索技术，为旅行消费者提供国内外机票、酒店、火车票、度假和旅游指南的专业搜索服务，并利用先进的数据挖掘和智能推荐等技术手段，通过实时整合、辨识、处理海量旅行产品数据，为用户提供最新最准确的旅行产品价格和信息，从而帮助用户高效地比较选择适合自己的旅行产品。以去哪儿网为代表的酒店垂直搜索引擎和酒店产品网站合作，通过竞价排名和返佣两种模式盈利。竞价排名是依靠出售酒店产品网站的关键词排名来收费，返佣则依靠用户通过搜索引擎光顾酒店产品网站产生的点击费或消费额收费。

电子媒体是传统媒体的电子化，酒店电子媒体以提供酒店行业信息、咨询、培训和管理为主要内容，以大量专业信息为核心带动其他服务项目的发展，用户订阅费、广告费、培训费等是其主要收益来源。定位于酒店咨询培训品牌的酒店电子媒体——先之酒店业教育培训网（9first.com）专注于酒店的信息研究、培训和整合工作，网站通过提供大量免费的酒店专业研究信息撬动多方盈利功能，如全球酒店职业资格认证、企业商学院、企业培训等，与之相对应的盈利项目包括：专业报告及电子刊订阅费、培训费、项目咨询费、广告费等。

三、单一交易功能的中级模式

该种酒店电子商务模式能够进行在线预订，从而实现酒店产品销售功能，但其除交易功能以外的其他功能很少涉及，功能单一，结构简单，酒店销售收入是其主要收益来源，主要包括：电子商店，即传统商店的电子化，该类网站包括单体或多个单体酒店联合销售网，如旅程订房网、中华酒店信息网等。由于该种模式相对简单，模式单一，影响力较低，在我国酒店电子商务模式中并不具有代表意义。

四、多功能综合的高级模式

有些酒店电子商务是以在线预订为主体、多种功能融合的高级模式。这些高级模式以向顾客提供大量的酒店预订信息和交易为核心，并通过商业模式设计创造不同的顾客价值，从而实现盈利，这是我国酒店电子商务中的主流模式和主要收益来源，主要包括连锁酒店官网、在线代理商、平台运营商、团购等。连锁酒店官网往往以酒店预订为核心，同时有信息介绍、网络营销、会员管理、酒店论坛等多个功能，利用完善的网站建设实现网络低价直销是这些酒店的主要销售模式。代表性网站比如7天连锁酒店（Plateno.com），它是业内少数能实现企业门户网站和数据库实时对接的电子商务平台，通过电子商务和会员制的"IT思维"的运营模式实现网络直销，大大减少对第三方的依赖，从而让利于顾客。以携程（ctrip.com）和艺龙（elong.com）为代表的酒店在线代理商具有庞大的酒店会员数量，利用精准搜索、低价、团购、秒杀、特惠等多种营销及定价方式进行在线销售，长期占据了酒店在线分销市场60%以上的市场份额，是酒店电子商务模式的领头羊，代理佣金是其主要收入来源。酒店平台运营商，即利用自身的技术和资源为酒店提供交易平台,广告费和管理费是其主要收益来源,比如阿里旅行(alitrip.com)。团购网站,是一种新型电子商务模式,它通过将消费者联合起来提高与商家的议价能力,从而使消费者能够以较低的价格购得所需商品,携程、艺龙等都开辟了专门的酒店团购模式,美团(meituan.com)、拉手网(lashou.com)也有专门的酒店团购频道,销售返点是其主要收入方式。

第四节　酒店电子商务网络营销

网络营销是以互联网为平台,利用网络交互技术和数字化信息,实现营销目标的市场营销方式。酒店网络营销是酒店依托网络技术和信息,在追求利润最大化的前提下,满足顾客需求的营销过程。互联网技术的飞速发展使酒店网络营销成为一个不可忽视的新兴营销形式。不管是单体酒店还是知名品牌酒店;大型连锁集团酒店还是酒店管理公司,在当前的经济发展环境下,如要在激烈的市场竞争中胜出,都需要采取有效的网络营销策略。如果运用得当,不仅可以减少大量的人力、物力、财力,而且可以直接与客人交流,迅速交易,还能及时收集顾客的网络评价,调整自己的产品和销售方式。因此,酒店网络营销的开展具有极大的市场开拓价值。

一、网络营销在酒店业中的应用现状

(一)酒店网络营销在国外的应用状况

来自美国《商业周刊》资料显示,2003年美国网上酒店预订收益为58亿美元,2006年这一数据达到133亿美元。根据Max Starkov and Jason Price的数据,2009年北美旅行预订中,网上预订率达到55%,在酒店预订中,网上预订率也高达40%,网络营销已成为国外酒店采用的主要营销方式之一。

(二)中国酒店业网络营销产业链模式

据艾瑞统计分析,中国酒店网络营销产业链结构中,处于上游的酒店产品供应商如国内的7天、汉庭、国际品牌希尔顿酒店集团、万豪酒店集团、包括布丁等特色酒店通过渠道代理商,如同程网等渠道商,在新的预订模式和新营销方式的推动下,为最终预订在线酒店的用户提供产品(图3-2)。作为新兴的酒店营销模式,营销网络平台和方式对最终用户的浏览起到了决定性作用。因此充分利用电商平台、搜索引擎、旅游媒

体，结合移动应用、团购等载体，节省了消费搜索时间，提高信息检索效率，准确定位，更大程度上赢得了消费市场。

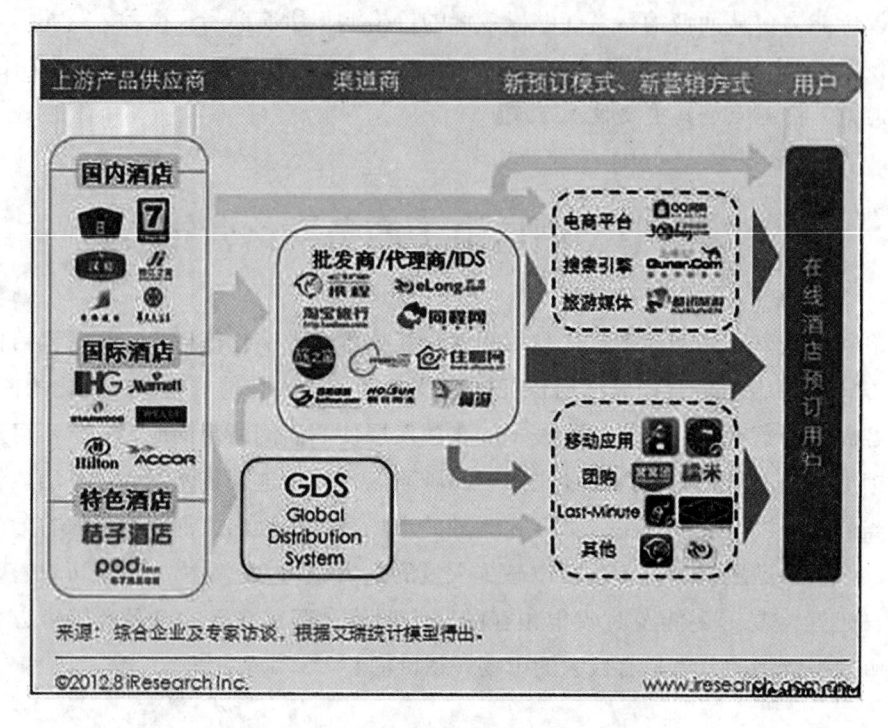

图 3-2 中国在线酒店销售产业链示意图

以携程为代表的第三方在线旅游服务代理商和以去哪儿网为代表的在线旅游搜索平台，无论是在商业模式还是在经营服务上都存在差异化。第三方在线旅游服务代理商对产品和服务质量有较好的把控，对渠道的把控能力强，能够掌握用户的核心数据，但同时也面临需要建立强大的地推团队，提高利润空间的问题；而平台类的企业如阿里旅行则强调产品类型丰富，投入成本小，使中小商户形成依赖性，直接获取用户核心信息，困境则是产品和服务质量把控难度较大。

（三）在线酒店产业链特点分析

整个酒店产业链条上的四个利益相关体——批发商、代理商、酒店以及其他平台，分别具有如下特征：

大型批发商和代理商通过信息伙伴、信息手段对全国主要的核心酒店都有覆盖，订单量相对较大，此外区域性、小规模的批发商掌握着部分有价格优势的酒店资源或渠道；而中小规模在地理上通过介入前两者代理商或者进行酒店的分销，与此同时大型代理商除通过互联网、呼叫中心、移动电子商务进行常规的酒店现付预订外，还通过团购等模式进行预付产品的预订。

位于上游产品的供应商酒店，具有数量众多、分散程度高、信息化程度低、CRS管理水平较为初级的特征。

全球分销渠道 GDS 则通过与少数管理水平和信息化水平较高的酒店的系统直连，提高酒店分销效率；其他平台如第三方营销平台（去哪儿、淘宝旅行等）帮助部分酒店及代理商完成酒店的线上销售，电商企业则通过介入大型批发商和代理商的酒店数据库，完成向综合性平台的扩展；中小型创业型公司通过计入大型批发商和代理商等地酒店库存，开发创新性的移动预订应用。

二、酒店实施网络营销的必要性

（一）可持续发展的战略选择

开展网络营销，是对未来客源市场的战略考虑，是酒店参与激烈的市场竞争、实现可持续发展的战略需要，也是树立品牌意识的需求。在信息化时代，网络作为无限的空间舞台，对酒店展示形象、开通与顾客更广泛联络的桥梁发挥着越来越重要的作用。目前，对酒店行业而言，无论作为何种经营模式的酒店，在当前酒店市场激烈竞争的形势下，都应实施有效的营销策略，积极开拓客源，在提高酒店影响与品牌的基础上，为顾客提供细致、周到、贴心的服务。

（二）拓宽销售渠道的需要

酒香也怕巷子深，随着市场经济的深入发展，商家们已经早就认识到"渠道为王"的硬道理。即使再优秀的产品，没用良好的销售渠道，也将淹没在浩瀚的市场竞争当中。

互联网的发达，为酒店业提供了多种销售渠道，与传统销售渠道相比，具有鲜明的网络特征：一是传播符号多样化。网络具有多媒体特征，图片、文字、声音、视频等多种传播符号，可以同时展示酒店的设施、服务、价格、特色套餐等，能更好地吸引顾客的眼球，达到良好的传播效果。二是表现方式灵活。主页、论坛、博客、微博、社区等多种网络手段都可以为我所用。尤其令酒店商家高兴的是，一些网络渠道是免费的自由发布信息平台，可以节省很大一笔宣传费用。

（三）满足顾客个性化的消费需求

当今，酒店种类众多，高中低档次齐全，这些酒店都有自己的目标消费群体，为不同层次、不同需求的顾客提供不同的服务，酒店行业市场的受众逐步细化。而作为消费者，也会根据个体需求来寻找适合自己的酒店类型和服务内容，也就是说消费市场也逐步细化、个性化。通过网上酒店，顾客可以根据自己所需要酒店的位置、价格与类型等各种需求在网上进行查询、比对、剔选，方便快捷地找到自己的目标酒店。网络营销一方面为消费者做好计划安排，节省大量时间、精力提供了可能；另一方面满足了客户在消费各个环节提出的要求或者预期。因此，酒店需要利用信息化系统从基础设施、服务内容、公开信息等各方面提高酒店整体的服务质量。顾客还可以就某些不清楚的问题，及时就网络上提供的电话咨询、网络在线咨询进行沟通交流，为酒店和顾客建立起了互通平台。为顾客提供个性化服务，满足其个性化需求的同时，酒店也可以从网上信息平台获取顾客的兴趣与偏好，掌握消费者对自身产品的评价和建议，进而对自己的产品进行改进、整合、设计，全面提升酒店管理和服务内容，最大限度地满足顾客的个性化需求。

三、网络营销在我国酒店业应用中存在的问题

目前，网络营销越来越多地渗透进酒店行业的方方面面，我国星级酒店、品牌酒店、连锁酒店等都已使用网络营销模式，并在实际应用中推动网络营销进一步深入，无论从形式上还是内涵上都有所拓展和创新，一些高星级大酒店已经与国际接轨，走在了行业的前端。但就我国整个酒店行业来说，酒店参差不齐，尤其是处于中低端的、小规模经营的单体酒店，网络营销还处于非常简单意义上、模糊概念上的意识和行为，甚至从未进行过网络营销，所以，总的来说，我国酒店行业网络营销的总体发展水平较低，网络营销效益不明显，这主要有以下几个方面的原因：

（一）观念和意识的淡薄

酒店业对自主网络营销平台的重视不够，网络营销观念意识的淡薄是制约酒店发展的重要因素。由于对网络营销的认识、理念和思路很模糊、不到位，许多酒店对网络营销并没有引起真正的重视，甚至不知道网络营销是什么，更不知道该怎么做。

已经利用网络进行营销的酒店多采用与第三方网络平台合作的方式开展业务，也存在弊端和隐患。最明显的表现就是酒店自主网络营销整体观念缺失。尽管第三方网络平台走向了越来越专业化的道路，很多时候会为酒店提供量身定做的网络营销计划和手段，但毕竟不能及时、准确、深入地了解酒店的经营管理情况，因此在整个网络营销策划中容易与酒店实际销售目标相脱节。

（二）信息化力度不够

大多数酒店简单地把网络当成介绍酒店服务的工具，或者把建立网站，发布信息当作酒店网络营销的方式。很多已开展网络营销的酒店包括高星级酒店和经济型酒店，目前采用的网上营销手段多是提供单纯的酒店信息和第三方平台网络预订，这只是网络营销的一小部分内容，并未实质意义上地把自身的核心业务、产品、客户关系管理、客户服务等与互联网的运用相结合，没有再深度地开发论坛、在线咨询与交流、客户留言板、调查问卷等与客户形成互动交流的功能，所谓的网络营销也就是一个形式上的概念。

酒店建立自己的网站，就相当于在互联网上为酒店打开了又一个推介渠道。但多数酒店网站内容简单，信息化开展的力度不大，主页内容以图片和文字为主，图片也多是酒店的基本外貌，如酒店大门的环境、大堂状况、客房摆设和餐厅环境等照片，再无其他新颖内容，包括酒店的各种新产品、套餐、做促销活动等动态新闻也不及时更新，没有太多对消费者有更大价值意义的信息，这些和酒店传统的销售方式其实没有太大差异，对访问者没有吸引力，第一次浏览后就不想再次访问，所以不能及时、有效地套牢消费者，进而形成一个稳定的客户群。

（三）遭遇技术瓶颈

首先是网站建设的技术问题，很多单体酒店，本身不具备网页设计等这方面的专业知识，或者找不到合适的网络营销、管理、维护、更新人员，不知道怎样建设有自身特色的网站，即使勉强建立网页，也多属于静态页面制作，甚至粗制滥造，页面链接慢，风格单一，板块设置不合理，酒店的优秀元素不能很好凸显。这样不仅没有充分发挥互联网资源的特点和优势，更严重的是导致这批酒店在网络时代的竞争中处于十分不利的地位。

网上支付、安全认证也成为制约我国酒店网络营销发展的技术瓶颈问题。目前，网上支付主要有支付宝、财付通等第三方中介方式和网络银行直接支付两种主要方式，两种方式各有优势，但共同的缺点是不能完全保障资金安全，犯罪分子和网络黑客常常通过电子邮件、木马、病毒等方式进入支付系统，或盗取消费者的个人安全信息，或直接进行转账等犯罪行为，支付安全问题影响了酒店客人网上交易的积极性，而超过一半的消费者认为安全保障是最重要的问题。

（四）投入高回馈低

刚刚涉入网络营销的酒店，肯定会计算成本与利润的比例关系，这种形势下，尤其是初期，网络营销从无到有、从一点不懂到慢慢摸索的前期阶段，网络营销是非常不成熟的，酒店的开支成本在提高，而客源比例却未大幅提升，相应地由网络营销带来的利润回馈也并不会太明显，也导致了中低档酒店、单体酒店使用网络营销的惰性。

（五）网络营销人才匮乏

网络营销不是一朝一夕的事情。与传统营销一样，队伍的建设和人才的培养是网络营销长远、稳定发展的关键。目前，我国酒店业的网络营销人才非常稀缺，这是因为酒店行业本身有其行业特点，决定了酒店高级网络营销人才要至少形成三个方面的知识架构：一是要熟悉酒店行业的相关业务，对服务行业有着深刻的理解；二是要熟悉营销、管理理论和实践的相关知识，懂得经济管理；三是要对互联网知识、网络营销方法和策略娴熟，具有一定的网络技术。只有融合这三个行业的知识和经验才能够成为一名合格的酒店高级网络营销人才。

四、网络营销在我国酒店业应用的解决对策

（一）加强网络营销意识

要从意识上重视互联网的作用，认识互联网的众多优点，因为互联网是酒店开展网络营销的平台与载体。对酒店的信息发布、宣传以及与客户的沟通来说，这是一种非常便捷的互动渠道，是由网络的特点所决定的。一是传播范围广：网络信息不受时空限制，没有边界可言，信息可以随时更新，并不间断地传播到世界各地的各个角落。二是交互性强：在网络平台上，消费者可以查找自己所需的信息和产品服务，而酒店也可以随时得到用户反馈的宝贵信息。三是针对性强：酒店网络营销的目标受众一般来说比较具体和明确，而查阅信息者的目标也很明确，就是查找自己所需要的或者感兴趣的，针对性很强而不是随机浏览。四是灵活度高成本低：在传统媒体上做宣传广告、推介信息，或者通过分销系统的预订平台，都需要付出很大的经济代价，而且宣传效果不够持久，宣传内容也不能随时随地更新，服务内容也不能随时灵活地调整。而在互联网上不存在这些问题，网络上信息只需要通过后台管理系统发布，随时随地向广大客户推送有价值的信息，及时把握酒店的产品服务动向。五是感官性强：网络信息载体可以有多种表现方式，如视频播放、图片浏览、动画等多种形式，给网络查阅者以更多的感官享受，图文并茂、声像结合，让顾客犹如身临其境。

（二）充分利用信息技术，打造智慧酒店

随着旅游信息化的升级和智慧城市建设的兴起，智慧旅游的概念逐渐成为现在旅游

业的热点问题。而作为旅游业的重要组成部分，酒店行业特别是与电子商务联系比较紧密的经济型酒店更需要充分利用信息技术，迎接"智慧旅游"时代的到来。智慧旅游是旅游信息化的高级阶段，因此智慧酒店是要求酒店从酒店信息的发布、服务的提供到顾客对服务的评价分享等整个过程的信息化。而现阶段，智慧酒店的打造还仅仅停留在酒店服务设施的信息化和智能化。

在此背景下，酒店业目前需要做好网络营销工作和加快服务设施信息化进程。可操作性强的中介渠道如微信、微博和人人网等SNS网站进行"病毒式"传播，来提升酒店官方网站的口碑和可信度，同时也为顾客提供服务评价和经验分享等的交流平台。酒店在提供服务时，要充分地考虑客户的个人隐私、个性化的需求，以及感受到高科技带来的舒适和便利，如智能门禁系统、智能取电开关、交互视频体系、电脑网络体系、展示体系、互动体系、信息查看体系等进一步提高信息化、智能化、安全快捷程度和顾客体验。

（三）培养网络技术攻关

网络安全对任何一个行业而言都至关重要，如果网络支付、用户注册等过程存在安全漏洞，那么酒店将会失去一部分乃至一大批客源市场。网络安全是否有保障将决定着消费者网络预订客房的消费热情和行为习惯，将决定着酒店网络营销生命力的长短。所以，酒店行业要走网络营销之路，一定要加强网络技术攻关。对酒店一方而言，要加强酒店网络信息库、数据库的管理与建设，信息库、数据库里储备了酒店的商业机密和大量的客户资料，如一些经常消费的会员、贵宾等，一般会留有这些客户的姓名、电话、年龄等私人信息资料，商业机密和私人信息一旦外泄，酒店不但要承担经济损失，甚至还要承担法律责任。对消费者一方而言，酒店要建立一套有安全保障的网上交易、退款系统，保证网络支付零风险，只有这样，酒店才能给消费者以安全感，值得客户信赖。建议有关酒店行业协会、网络营销领域的专家学者尽快地探讨出、建立起一个安全、可靠的网络交易系统，把风险降到最低。

（四）策划有效的营销方案

酒店网络营销是一个系统的、复杂的工程。从方案的策划实施，再到实效效果的取得，每一个环节都要认真精细地策划和一丝不苟、科学规范的执行，才能真正达到预期的目标和良好的效果。策划、构建一个系统的、完善的网络营销方案主要分三个方面进行：

一是做好前期调研分析工作。找准酒店的市场定位，做好酒店客户人群分析，把握酒店与众不同的优势资源，设计酒店特色的产品与服务，是策划、构建一套完整有效的网络营销方案的关键。

二是打造全方位的有效网络营销通道,这是网络营销方案的重点内容所在。通过建立酒店独立的官方网站、与携程旅行网等专业预订网站合作、与百度搜索引擎合作、在淘宝网上开店、借助微信和微博、参与美团网等各团购网站的团购等诸多方式,构建多位一体的网络营销模式。对于不同级别、不同主题的酒店,可根据酒店的实际情况,选择所有的网络营销通道,或者选择其中的几种进行整合都是可行的。

三是制定规范的管理机制,确保网络营销方案的有效实施。网络营销管理制度实质上就是"规矩",它是在酒店网络营销业务流程、业务范围、业务内容、业务效果等方面做出规定和要求的规章制度,从而保证酒店网络营销方案的实施效果。

(五)培养网络营销人才

我国酒店业要注重培养人才并且充分利用人才,最重要的是要培养多层次的人才。我国酒店可以从内部员工入手,通过实际操作,对员工进行网络营销知识、技能的培训,让员工熟练应用网络营销技术,懂得计算机的基本操作,同时提高其经营管理等方面的知识。也可以酒店出资让员工去深造,在一些大型的培训机构去学习,让一些有实战经验的老师去给员工培训,让员工的能力得到很大的提高,再回到酒店,为酒店做贡献。酒店业可以对员工的工作进行明确分工,根据员工的能力来安排工作,让有能力的员工在酒店得到充分的展示,通过多劳者多得的鼓励措施,鼓励员工好好工作,带动员工的积极性,搞活酒店的气氛,这样良性循环,员工得到了自己想要的,酒店管理者也得到了自己想要的,这样酒店一定会发展得越来越好,制度会越来越健全,最终这种良性的发展也会使网络营销得到广泛的应用。

五、酒店电子商务网络营销未来发展趋势

首先,随着互联网经济的进一步深入,酒店在线预订加速发展,在在线旅游市场中的比重将得到进一步提升,酒店信息化和收益管理水平提升,市场需求的爆发,促使在线酒店预订快速提升,其中基于 LBS(Local Based Service,基于位置的服务)和 Mobile 的酒店移动客户端发展潜力巨大,另外点评对用户酒店预订的决策影响也逐步增大;其次,社交、点评及攻略等旅游媒体在市场中的地位必将凸显,伴随着消费者需求的升级,酒店自助预订等在线预订将进入快速成长期;最后,各种在线旅游平台将进一步规模化,OTA 分销、旅游平台、在线直销将呈现出三足鼎立的局面,开放和合作逐步加深,将使在线旅游整个产业更加高效和完善。

第五节 酒店电子商务的应用与发展

一、电子商务在酒店业中的应用

（一）酒店业应用电子商务的驱动力分析

由于酒店业具有服务的开放性、时效性和物品资金管理的复杂性等行业特点，使得它对信息技术的依赖程度相当高，因而信息技术在酒店中占有十分重要的地位。随着经济的快速发展，消费者经济实力的增强，社会的信息化进程加快，使得消费者能够获取的信息量增多，因而消费者开始追求高品质、更特殊复杂的旅游产品。而随着消费者阅历的增加，前往不同的旅游目的地游览，获得了许多不同的旅游体验，其对新的旅游地的心理预期也相应地提高了。这使得各酒店必须能及时掌握消费者、竞争对手、最先进管理理念的相关信息，以引进最先进的或寻找最适合各酒店或中国酒店业的管理模式，并不断更新完善相应的酒店客房及其他服务等产品，为消费者提供细致、个性化、有针对性、最符合消费者需求的产品，以期在行业竞争中立于不败之地。电子商务在酒店业的应用实际上应包括针对酒店内部的Intranet系统和针对外部的Internet系统两个部分。对内的Intranet系统可以用于为客人提供自助服务，如自助结账、自助预订商务娱乐消费项目。对外的Internet系统，可以用于寻找上游的供应商，通过进行价格和相关服务的对比达到降低成本的目的。同时对外的Internet系统可以用于进行客房相关信息的发布、对酒店的客房产品进行宣传和网络营销以及接受在线预订。因此酒店需要形成一个广泛、及时、迅速、互动且直接面向整个社会的营销网络，以有效宣传酒店的产品、服务，增强酒店的品牌形象力，从而极大提高客房入住率。

（二）酒店电子商务应用现状

我国酒店电子商务应用主要有针对消费者的电子商务以及针对企业的电子商务两种形式，企业对消费者的电子商务（B2C）即顾客与酒店之间的电子商务，是酒店利用网络实现与客户的双向交流，酒店了解客户所需，在线对客户进行如客房、餐饮娱乐等的宣传并完成预订等。而企业对企业的电子商务（B2B）即酒店利用互联网建立起的与旅行社、旅游代理商、银行系统、交通运输等相关部门的电子商务。

目前，我国酒店电子商务应用已初具规模，尤其是高星级酒店的信息化程度较高，普遍已建立起酒店电子商务系统，一些酒店还建立起与国际同行之间的高速信息通道，一般都拥有自己的网站，且开通了网上订房或加入了酒店中央预订系统（CRS）和全球分销系统（GDS）。而比率较大的低星级酒店和其他类型酒店信息化建设、利用电子商务的程度较低；经济发达地区酒店信息化及电子商务应用水平明显高于经济欠发达地区；国际酒店管理集团所属的外资和合资酒店信息化、电子商务应用水平比国内酒店高，多数连锁酒店成员采取既独立建立网站，又在连锁集团的总网页下建网页的做法。虽然酒店电子商务模式有着巨大的市场潜力，但其发展成熟还需要很长时间的探索。

二、电子商务在酒店行业应用中存在的问题

（一）酒店网络运行意识有待提高

长期以来，我国酒店电子商务的运用范围日益广阔，不仅体现在酒店管理者对电子商务认识的提高，而且表现在网络的社会普及化，运用电子商务管理酒店运营更是社会长足进步的一种体现。以当前的情况来看，大部分酒店的电子商务管理平台还不够完善，电子商务还未能充分融入酒店的实际运营管理中，难以体现出电子商务的优势，导致酒店管理中的电子商务流于形式，很难达到预期的效果，有时甚至会给酒店管理工作带来不利影响。

（二）多数酒店没有足够的技术支持力量

在酒店管理中正常运行电子商务需要先进设备和技术的支持，否则电子商务应用只能收到短期效应，无法实现长远的管理目标。但是，酒店方迫于运营成本的压力而无法加大网络运行的技术支持，如引入技术型人才和先进网络设备、后续管理与维护工作等，这些因素对酒店的正常运营发挥着至关重要的作用。就当前的情况来讲，许多酒店为了实现短期收益直接屏蔽了电子商务运营管理，以达到节约成本的目的，直接导致酒店电子商务管理缺乏系统的技术支持，使得酒店始终处于停滞不前的状态。

（三）酒店电子商务利用率低

旅游酒店的电子商务不只是网上销售以及展示，需要包括旅游信息采集、加工、筛选，以及酒店产品包装、设计、客户管理、营销策划以及资金流控制，从而构造完整健

全的商务链。目前旅游酒店在电子商务利用水平方面远远不够，大多是停留在建立网站以及广告宣传的层面，虽然部分旅游酒店推出网上订房服务，不过只是简单地进行查询以及预订。少数酒店提供旅游线路检索以及预订的功能，但是功能简单并且操作性比较差，同时存在着信息匮乏以及更新速度慢的问题，数据内容缺乏专门的工作人员进行维护与修改。游客获得的信息往往是之前的数据，缺乏参考价值。

（四）酒店电子商务人才的缺乏

众所周知，酒店是人员流动率很高的行业，虽然现在很多高校和专科院校都设有酒店管理和旅游管理专业，但是这些专业的人才毕业后大多选择了其他行业，这主要是因为这些具备一定专科知识的人才，进入酒店后，依旧需要从底层做起，相比于其他员工没有任何就业优势，再加上酒店为了减少成本，也没有在工资上给予任何的特殊待遇，因此酒店业拥有专业知识的人才很少，也就造成了酒店业员工的整体素质不高。而酒店对于这些素质较低的员工，一般也没有进行相关技术应用的培训，这就使得即使酒店有实力和能力开发出相关的电子商务软件，但是由于缺乏有能力的人员进行相应的操作和维护及日常的运营，也无法维持下去，酒店也就无法从中获利。

三、电子商务在酒店行业中的应用策略及发展

（一）改变酒店业传统观念

作为现代化的酒店经营，要推广一个品牌少不了信息技术和网络的支持，缺乏网络技术就无法开展全球性经营，也缺乏市场竞争力，当然就无法树立良好的品牌形象。酒店在自己主页上的信息要及时更新。酒店的网站要具有可操作性，客人可以通过网站查询到房价、酒店设施及实拍图片。酒店发布到互联网上的信息一定要及时、准确，特别是对消费者最关注的价格问题要有详细的说明，以免造成不必要的麻烦，降低酒店在客人心目中的友好度。

（二）提高电子商务平台技术含量，充分满足客户需求

可采取以下几点措施，完善功能，提高平台技术含量。其一，利用客户满意度评价，来与消费者进行有效互动，并不断优化酒店服务，促使酒店提高服务质量。其二，定期或不定期地对电子商务平台进行技术更新和维护，根据客户意见新增服务项目。其三，所发布的信息一定要有事实依据，以尽量满足客户的需求，提升酒店的信誉和可信任度。

(三)整合酒店资源改善电子商务利用率

电子商务并非简单地建立网站，而是需要整合酒店内部各个部门作为一个统一的有机体，尽可能发挥出酒店潜能。旅游酒店在开展电子商务的过程当中，需要根据自身特点来建立外部网、内部网并连接到互联网当中，将旅游酒店的业务根据流程整合组织，也就是要整合管理部门、采购部门、公关部门、服务部门以及餐饮部门等在旅游酒店的内部网，然后实现按具体业务的信息化，并借助于互联网的便捷性以及即时性，第一时间处理各项业务，确保各个部门的系统能够独立运行并且联合运行，节约费用并提高运行的效率。这可以说是旅游酒店深化电子商务发展的核心举措，要是无法建立完善管理系统，即便旅游酒店建立网站，也只能作为一个信息的发布平台，供游客浏览网页，无法充分发挥电子商务的各项功能。

(四)培养旅游酒店电子商务的专业人才

目前我国旅游酒店在发展电子商务的过程当中，一个重要的桎梏就是缺乏专业人才，而实现电子商务化的关键步骤就在于充分发挥专业技术人员的作用。通常计算机专业的技术员工占旅游酒店员工总数的5%左右，并且其中还涉及不同专业领域的技术人员。这就要求旅游酒店通过招募或者培训等途径，来充实自身的电子商务人才。除此之外，酒店员工的计算机操作水平也会影响到电子商务系统效果的发挥，因此应当对操作人员明确分工，并且为他们提供针对性的培训。

(五)完善旅游酒店数据库和网络支付平台的建设

一方面是要建立全国性的旅游酒店数据库，这是推动我国旅游酒店发展电子商务的重要基础。互联网为旅游酒店数据库提供便利，确保旅游酒店的信息可以得到及时的传递与更新，各地的旅游酒店行业要配合政府的电子商务网以及旅游数据库建设，从而实现电子商务平台的数据共享。另一方面是要加强通过银行之间的合作，从而解决网上支付的安全问题。虽然目前我国银行已经推广普及网上银行业务，不过网上支付安全问题一直未能得到彻底的解决。各大银行需要高度重视旅游酒店电子商务市场的发展趋势以及潜在市场，主动为旅游酒店网上交易提供信用担保。同时旅游酒店也需要积极同银行展开合作，完善第三方支付、网银支付以及信用卡支付等方式，提高网上付款的安全性与便捷性。

(六)建立旅游联盟集团，实现资源共享

旅游资源数据库是酒店电子商务发展的基础和依据。互联网为这些旅游酒店资源数据库架起了桥梁，使整个旅游酒店信息能迅速得到更新与传递，各地酒店行业配合国家

级电子商务网和旅游资源数据库建设，实现酒店电子商务平台和旅游数据共享，来抗衡国际酒店集团分割市场。

首先是"横向一体化战略"（即酒店主业的规模扩张战略），如为了形成"规模经济"而有计划地对酒店、度假村或其替代品进行翻版复制与连锁经营，并在此基础上组建成专业化与一体化的管理公司或酒店集团；其次是"纵向一体化战略"（即酒店上、中、下游之间的范围扩张战略），如为了降低交易成本并形成"范围经济"而有计划地整合酒店上游的资源供应商和下游的产品或服务分销商，并在此基础上组建成集上、中下游为一体的旅游集团；最后是"相关多元化战略"（即对与酒店主业相关的其他产业或行业进行跨业范围扩张的战略），如把房地产、交通运输、景区景点等相关产业或行业与酒店主业整合起来进行统一经营管理，以期实现资源共享、优势互补和产业互动，并进而发展成泛旅游集团。

综上所述，我国旅游酒店电子商务发展处于探索阶段，不过发展前景广阔。旅游酒店企业应用电子商务能显著改善自身的市场竞争力，并且顺应酒店行业信息化及电子商务化的发展趋势，同时实现旅游酒店同国际旅游业之间的接轨，只有这样，酒店行业的发展才能更加充分地满足社会发展的需求，从而为企业创造出更大的经济效益和社会效益，提高酒店的市场竞争力。

本章小结

本章主要介绍了酒店电子商务的概念和行业现状，重点分析了电子商务对传统酒店带来的在提高品牌形象，扩展营销渠道，增效降成本方面的作用，以及电子商务是如何完善酒店管理的。简要介绍了酒店电子商务的四种模式。对于网络营销在酒店电子商务中的应用和目前存在的一些问题进行了讨论，如技术限制和人才缺乏等问题。最后对酒店电子商务做了展望并对一些问题提出了解决办法。

复习与思考

一、名词解释

电子商务　酒店电子商务　网络营销

二、选择题

1. 酒店电子商务的内容不包括（　　）

A. 信息发布　　　　　　　　　　B. 网站交易服务

C. 现金预订　　　　　　　　　　D. 旅游社区的售后服务

2. 去哪儿旅行网的搜索策略是什么？（　　）

A. 水平搜索　　　　　B. 垂直搜索　　　　　C. 盲目搜索

3. 若客人点了 6 瓶啤酒，但只打开了 3 瓶，还要求退 3 瓶，服务员需输入（　　）

A. 3 瓶　　　　　　B. -3 瓶

三、简述题

1. 什么是酒店电子商务？对酒店而言，有什么作用？

2. 简述酒店电子商务模式。

3. 简述网络营销的优缺点。

四、运用能力训练

1. 结合一些酒店电子商务网站（如 7 天、艺龙），谈谈酒店电子商务如何从扩大客源和优化内部管理等方面帮助旅游企业做大做强。

2. 思考我国酒店业中，传统营销与网络营销之间的优缺点。

3. 作为新时代的青年人，谈谈你心中较完美的酒店电子商务网站的构成。

五、案例分析

7 天连锁酒店的酒店电子商务

自 2005 年成立以来，7 天连锁酒店凭借其锻造的低成本优势，晋身经济型酒店行业第一阵营。7 天酒店是唯一一家实现企业门户网站和数据库完全对接的商务平台，也是唯一一家能同时提供互联网络、呼叫中心、短信、手机 WAP 四种预订方式的经济型酒店。

——资料来源：李琪，胡亚光. 当前经济型酒店的竞争态势下七天连锁酒店的发展战略选择——以"波特五力分析模型"为视角 [J]. 旅游纵览（下半月），2014（12）：137[2017-09-05].

结合上述案例，思考回答以下问题：

1. 具体而言，7 天连锁酒店是如何通过酒店电子商务实现发展的？

2. 查询相关材料，思考 7 天连锁酒店是如何在低成本价格战中实现盈利的。

选择题参考答案：

1. A　2. A　3. A

第四章 酒店信息管理系统

> **本章导读**

本章主要介绍信息管理系统在酒店运营中的应用,通过一个成熟的Opera系统来阐述相关的概念,然后重点讲解用户数据的管理和档案建立及分类方法,客户资料管理模块,业务管理模块,客房管理模块和外围设备接口管理,以及虚拟现实技术的使用。

【学习内容】Opera酒店管理信息系统的使用和架构,客户资料管理和客户档案的建立,客房管理模块,客户的酒店入住流程,客房管理和外围设备接口管理,重点是其中的硬件设施管理和公共安全要求,虚拟现实技术在酒店信息化中的应用。

【知识目标】掌握Opera酒店管理信息系统的架构,理解信息管理系统在酒店信息化中的地位和作用,掌握客户资料管理模块和用户档案的建立方法,熟悉用户入住酒店的流程和相关业务的信息化方法,熟悉业务管理模块和外围设备接口管理。理解虚拟现实技术在信息化酒店中的重要性。

【能力目标】熟悉Opera酒店管理信息系统,能够实际操作Opera管理系统,包括系统的部署和使用,熟悉信息化管理下用户入住流程,建立合适的用户档案模板,能够使用Opera管理系统管理用户档案,监控客房数据,与公共安全接口对接等功能。并对部署和使用中常见的问题整理归纳,并建立相关的应对策略。模拟完成一张酒店的相关虚拟现实技术的需求表。分析两个对用户档案进行私人化服务的案例。

案例导入与分析

信息化管理导读

维斯·南德拉尔,澳大利亚电信首席技术官、爱立信北美首席技术官,发表了未来全球信息技术发展趋势的预测。大数据、云计算将成为理论的基础,支撑着移动互联、物联网快速发展。

(1)机器视觉将重新迸发活力,通过智能手机的机器视觉捕捉事物的图像,然后通过视觉搜索就能够得到其所有的信息,该技术高于文本搜索准确率以及人类感官识别正确率。

(2)语音将再度流行,语音是人类与人类进行信息交流互动的最完美途径。维斯说:"你想象有一个场景,出门前犹豫今天会不会下雨,望着雨伞喃喃自语应不应该带伞时,雨伞突然回答道,'当然应该带上我,今天有雨!'"这是一件令人惊奇的事情。

(3)可以相互交流沟通的云,当今的云像是存储信息的一座座孤岛,而人们更希望将这些信息数据共享起来,成为可以相互交流沟通的云,或者放到一个更大的平台上,把这些信息汇集到一起实现共享。

(4)成为自己数据的主人,安全和隐私成为大数据时代下的新议题,人们想成为数据的主人则需要在数据上覆盖一层保护膜,需要曝光的数据通过授权才能够被使用。

第一节 酒店信息管理系统概述

一、酒店信息化

信息化的概念最早源于日本,日本学者梅棹忠夫在1963年发表的《论信息产业》一文中提出,"信息化是指社会计算机化、通信现代化和行为合理化的总称",而后"信息化"逐渐被西方社会所接受,20世纪70年代后期,"信息社会"和"信息化"的概念被西方社会普遍使用。

《2006~2020年国家信息化发展战略》中提到,"信息化是当今世界发展的大趋势,是推动经济社会变革的重要力量。大力推进信息化,是覆盖我国现代化建设全局的战略举措,是贯彻落实科学发展观、全面建设小康社会、构建社会主义和谐社会和建设创新型国家的迫切需要和必然选择"。完整的信息化主要包括四个方面:(1)信息化网络体系,指信息资源、公共通信网络平台和专用信息系统的总称;(2)社会认可程度,指现在管理体制、政策法规、道德观念及文化教育和现代化生产力基础;(3)信息产业基础,指信息产业的基础建设,信息科学研究的投入,开发和制造,信息服务的普及;(4)积累效应,信息化的发展与国家的生产力发展水平、劳动者的素质、物质文明和精神文明的提高息息相关,是不断进步的过程。信息化网络体系、社会认可程度和信息产业基础是一个有机的的整体,反映了社会生产力和生产关系的变革。

2008年,我国发布了《信息产业科技发展"十一五"规划和2020年中长期规划纲要》,明确提出了信息化建设要面向重大应用,通过技术创新带动核心技术与产品的研发,在信息技术应用、无线移动通信、智能终端、传感网络、网络与信息安全、数字媒体技术等重点领域实现突破,形成具有自主知识产权的创新产品,在满足国内外技术需求基础上形成较完整的产业链。

(一)酒店信息化定义

酒店信息化是一个集计算机技术、网络技术、通信技术、数字媒体技术和酒店科学管理为一体的,以达到节省运营成本、提高运营质量的技术手段。酒店信息化发展主要分为三大应用领域:(1)为酒店管理者、决策者提供及时、准确地掌握酒店经营各个环节情况的信息技术;(2)针对酒店的经营,为节省运营成本、提高运营质量和管理效率的信息化管理和控制技术;(3)直接面对顾客所提供的信息化服务,如餐饮结算系统,手机点菜系统。

2008年全国旅游信息化工作会议上提出:"信息化建设必须遵循科学发展观的要求,围绕中心,服务大局。要推进旅游业科学发展、科学管理和科学运营理念的形成,逐步在旅游业发展中建立起信息和知识相对密集的现代服务业框架。"随着信息化技术的发展,酒店管理者越来越意识到信息技术对酒店的重要性,它能有效地提高酒店的竞争优势,降低运营成本,提高员工的工作效率、服务水平,增加酒店利润。目前,越来越多的酒店使用信息技术,将现代化酒店管理技术与信息化相结合,是现代酒店业的发展趋势。

酒店信息化是时代的产物,与传统酒店相比,其主要特征可以概括为:

(1)具有先进的技术和设备。随着人们生活水平的提高,对物质生活的要求越来越高,酒店硬件设施和服务理念需要具有超前意识,采用先进的技术和设备,最大限度地满足顾客住宿舒适度和服务满意度。

(2)完善的信息管理系统。是面向特定的客户提供具有针对性的综合服务,业务范围专业,信息量庞大复杂。可以有效地、大量地收集原始信息,通过加工、处理、归类和传递输出给需要的用户,节省交易中间环节和费用,减少重复劳动,提高服务人员的工作效率,帮助经营者进行正确的决策,获取最大的经济效益。

(3)现代的服务模式。互联网+创新下的互联网发展新形态,推动着经济社会发展的新形态。互联网思维代表着先进的生产力,是利用信息通信技术及互联网平台让互联网与传统行业进行深度融合,不断地影响管理者的经营理念和消费者的消费方式,如电子商务、移动互联网客户端APP,可以为用户提供网上查询、预订、点菜、结算等在线功能，服务内容广，辐射面积大，交易成本低，受到了广大消费者的欢迎。

（4）社会化经营与服务。酒店信息化与现代通信技术的发展息息相关，光纤宽带具有传输容量大、传输质量好、损耗小等特点，提高了网络用户的上网质量。同时，移动信息化业务也蓬勃发展，已渗透到各行各业，国内运营商中国电信、中国移动和中国联通纷纷抢占移动互联网市场。移动4G成为智能手机的主流，运营商为酒店搭建统一的网络商务平台，包括酒店移动信息化，通过网络为顾客提供个性化服务。

（5）先进的管理模式。酒店的金字塔式管理模式缺乏灵活性，影响酒店各个部门的协调性与合作性。而酒店的信息化使得各方面信息具有公开化和共享性，在规范化服务的基础上，更具有人性化、创造性，拉近了管理者与员工的距离，极大地提高了其工作积极性，有利于将酒店建设成具有特色文化的企业。

（二）酒店信息化发展趋势

以计算机技术、网络技术、现代通信技术以及移动智能终端技术为基础的酒店信息化已经渗入到酒店管理的方方面面。大数据时代、云计算平台，使得酒店信息化呈多样化发展，现今酒店业竞争不仅仅是酒店基础设施、服务质量、营销手段的竞争，而是信息多样化的竞争。管理者必须充分利用新技术、新手段，及时地、有效地开展信息化建设，增强酒店竞争力。酒店信息化发展趋势包括：

（1）电子商务进一步完善。电脑、智能手机、平板电脑等智能终端的发展促使了支付宝、微信、微博等预订功能、网络和移动平台营销的发展。快速、高效、低成本的电子商务能为酒店作为营销策略的主要手段之一，旅游团队、会议团队或散客均可以通过网络访问酒店的中央预订系统进行浏览和预订。酒店管理者也能通过客户关系管理，进一步完善营销策略。

（2）智能化管理成为主流。智能化管理是酒店经营的新理念，给酒店业带来了经营的重大变革。以数据库、云端为数据存储的基础，为客户提供网络预订、入住登记、电子消费、自助结账等智能服务；酒店方实现办公自动化、人事、采购、仓库管理、门禁系统等智能管理，形成一套完整的酒店智能信息化体系。

（3）个性化服务成为趋势。酒店通过客户关系管理系统或网络交流，为客户定制个性化服务，如客房自动感应光线、智能窗帘、房内红外感应、电视亮度设置、浴室温度自动调节等功能，更好地服务于客户，增加客户的满意度。

二、酒店管理信息系统

酒店管理信息系统运用计算机技术，根据酒店的实际情况，按照一定的要求，进行技术的可行性分析及设计，开发出以数据库为后台的维护，前端应用程序操作的具有灵活性、可靠性的系统。系统主要包括客房预订、客房管理、前台收银、销售 POS、餐饮管理、娱乐管理、财务管理、电话计费管理、工程维修管理等功能模块。

  酒店管理信息系统有两种架构方式：一种为浏览器／服务器（B/S）模式，即酒店把服务器发在互联网上，客户通过浏览网页使用该系统。浏览器／服务器模式对安全性要求高，对应酒店的信息，包括客房信息、入住客人信息、财务信息均会保存在互联网上的服务器中，如果服务器遭遇攻击，数据有被窃取的风险；另一种为客户／服务器（C/S）模式，即酒店建立自己的服务器，其他机器分别安装对应的客户端，通过用户注册、登录连接服务器实现数据同步。

  1963 年，美国希尔顿酒店最早将现代信息技术运用到酒店领域，即安装了一台小型计算机管理客房。20 世纪 70 年代初期，美国 EECO 公司设计开发了酒店管理信息系统，主要利用计算机进行输入、存储、处理和输出功能，对酒店进行局部信息化。

  20 世纪 80 年代，酒店管理信息化逐渐成熟，功能较齐全，但是系统以局域网为主，采用文件服务器结构。进入到 90 年代，随着互联网发展、计算机技术不断发展、电脑普及，酒店管理信息系统发展到了客户／服务器模式，功能更加完善、稳定，系统管理领域更加全面。进入 21 世纪，互联网应用更加广泛，移动互联网异军突起，各种管理服务平台，浏览器／服务器模式，手机 APP 应用等运用在酒店各个环节，酒店管理信息系统更加高速有效。国外比较流行的系统有 Opera、Fidelio、Fidelio XPress 系列、HIS-Paragon、CLS、LogicTouch 等。

  相比国外，国内的酒店管理信息系统起步较晚，从 20 世纪 90 年代开始，国内自主开发的酒店管理信息系统结合我国酒店业的实际情况，与国外先进系统相结合，逐步发展成熟。国内主流的系统主要有杭州西软、北京泰能、千里马、中软好泰等。

三、Opera 系统简介

  Opera 系统主要包含六个子系统，分别是 Opera 物业管理系统、销售宴会系统、质量管理系统、中央预订系统、中央客户信息管理系统和外接接口系统。这六个子系统中以物业管理系统为核心，满足不同规模酒店的要求，并将其适用范围扩展到旅游业中。目前 Opera 系统进行升级，在原有六个子系统的基础上，又增加了渠道管理、商务智能、收益管理等系统。

  Opera 物业管理系统（PMS），可以根据不同酒店之间运营的需求多样性，合理地设置系统以贴合酒店的实际运作。而且除单体酒店模式外，Opera 系统还提供多酒店模式，即通过一个共享的数据库，为多个酒店进行数据存取甚至相互访问。Opera 物业管理系统主要包括客房预订功能、房价管理功能、客户资料管理功能、前台服务功能、收银功能、客房管理功能、应收账款功能、佣金管理功能、报表功能、地域支持功能、后台接口功能和系统接口功能。

第二节　客户资料管理模块

对酒店来说，对酒店经营状况起决定作用的是酒店的服务水平。如何利用先进的管理手段来提高酒店的管理水平成为酒店业务发展的当务之急。面对信息时代的机遇和挑战，利用科技手段提高酒店的管理无疑是一条行之有效的途径。虽然计算机管理不是酒店管理走向成功的关键元素，但是它可以最大限度地发挥准确、快捷、高效等作用，对酒店的业务管理提供强有力的支持。因此，采用全新的计算机网络和酒店业务管理系统，可以提高酒店的管理效率，使作业人员与管理系统之间灵活互动，实现流畅的工作流衔接，帮助酒店有效地进行业务管理，释放最大价值。酒店业务管理系统在达到节省人力资源成本的同时，可以提高业务效率，并能够及时、准确、迅速地满足顾客服务的需求。

2010年，我国酒店业发展迈上新台阶，全年零售额达到12352亿元，比上一年增加约2006.5亿元，同比增长19.4%，比上年同期增幅高出3个百分点，占社会消费品零售总额的13.8%，拉动社会消费品零售总额增长2.6个百分点，对社会消费品零售总额的增长贡献率为15.6%。2012年我国酒店市场运作基本平稳，酒店业继续成长壮大，连续18年保持两位数的高速增长。至2008年我国星级酒店已近15000家，全年酒店业零售额达到15404亿元，占社会消费品零售总额的14.2%，人均消费1158.5元，酒店消费继续成为推动经济增长的重要力量。2013年起，在扩大内需的大环境下，商务部提出在扩大内需、拉动消费方面，将大力发展酒店旅游业，以消费促发展，积极推进节能环保工作，推动行业节能减排纵深发展。

一、建立有效的客户资料档案的重要性

酒店无论规模大小，都应该迅速建立客户资料档案管理系统，也就是酒店所有对客服务部门，在客户住店期间，能够充分利用客户历史档案的相关信息，在及时有效地增加客户的满足感的同时，为他们提供全方位、持续性和细致的个性化服务，并努力超越宾客的愿望，而且酒店开业时就要建立和完善客户资料档案。

档案是描述某客户对象所有特征的数据集，主要分成两部分基本的静态信息和变化

的动态信息。基本的静态信息主要是指客户一段时期内或永久性相对固定的基本资料，如姓名、性别、国籍、护照或人像照片等；变化的动态信息主要包括客人住店的客史和已有的预订信息资料。

客户档案信息来源于日常对客户的服务细节，绝不是少量管理者在办公室就能得到的资源，它需要全体员工在对客人服务时有意识地去收集。酒店不但要学会建立客户档案，还应该科学管理客户档案，包括客户的基础资料、消费需求、消费能力、生活习惯等。通过客户资料档案，酒店能随时查询到客人的生日等纪念日的情况，并做出相应的服务和关怀。通过分析有的放矢地开展酒店对客服务和销售工作，获得顾客的好感，从而获得经济效益，产生事半功倍的效果。同时，酒店也可以通过客人的消费记录进行统计分析，为管理者提供有利的决策依据。

酒店各部分在服务的过程中需要搜集有关客人的各种有效信息，以便完善客户资料档案。例如，一家酒店的大堂经理和一个常住客人沟通聊天，得知他和他的太太结婚纪念日快到了，并获知具体日期。在客人与他太太结婚纪念日当天，酒店送给了这对夫妇一份特别的礼物：酒店礼宾小姐送来了一束祝福的鲜花，并跟他说今天是他们的结婚纪念日，一定要快乐，附赠了酒店员工的亲笔签名和祝福。当天晚上，这对夫妇还被邀请到酒店最高层的行政酒楼，参加专门为他们举办的一个小型聚会，夫妻俩非常感动。这位客人是一位技术谈判专家，从此以后无论是国外还是国内的客户，他都会安排到这家酒店。

著名的丽嘉酒店专门设有一个客户认知部，主要用来收集和满足客人喜好来帮助酒店"认识"客人，预见客人的需求，为客人带来意想不到的惊喜从而吸引客人再次光顾该酒店。酒店在记录客人的喜好时，丽嘉酒店要求员工记录 VIP 客人喜好。包括几个标准：准确的、可付诸行动的、个性化的、特殊的、详细的。同时，所有的散客也都要进行记录，而且每一个客服部门都要进行客人档案的反馈、获取、更改、存档。员工也可以通过与客户的交谈、聆听获取客户的喜好，及时地记录在客人的喜好卡上，或者投入前厅部后台办公室或者手动输入电脑中。

对于 Opera 系统使用者来说，了解档案的概念很重要，是操作数据的来源及 Opera 系统的工作基础。Opera 系统全面记录客户资料，包括客户、商务合作伙伴、联系人、集团、旅行社等信息。其中最重要的客户资料包括客户的住址、电话、住店历史、收入详情、喜好、VIP 会员申请、VIP 会员信息等相关数据。

在 Opera 系统中，按照酒店业技术集成标准，将档案划分为八大类：个人、公司、预订源、团体和旅行社、旅游代理商、联系人、旅游零售商、旅游批发商。档案信息的用途各有不同，可以根据客人入住历史统计进行有针对性的个性化服务，如根据客人固定住店时间统计进行入店优惠信息推送，对客人是否吸烟，对房价、楼层等要求进行个性化服务，提高客服部门的服务质量和客人的满意度。

二、个人档案

在客户个人档案中首先需要掌握新建档案、查询答案和修改档案。

（一）新建档案

在新建档案时，一位客人只需要一个档案，如一位客人首次入住酒店，酒店前台需要为客人新建一个档案，包括姓名、性别、联系方式、喜好等基本信息，在喜好信息里，客人要求安静房。若客人入住酒店5次以上，则应对应同一份档案，但若这些住宿信息分散到不同的档案中，部分有效信息会被忽略，不利于为客人提供个性化服务。例如，上述客人入住酒店5次，如果每次都需要客人重复要求安静房，客人会觉得很不耐烦，下次将不愿再入住这家酒店。而且档案的分散会生成过多的冗余档案资料，形成数据垃圾，影响运行速度，容易给客人留下不好的印象。

个人档案输入需要注意的事项有：输入客人名字时，要符合英文的输入习惯，姓和名的首字母需要大写。例如，输入欧美国家人的姓名：Adele Adkins，姓为 Adkins，名为 Adele。输入中国人的名字：Zhou Qing Qing，则姓为 Zhou，名为 Qing Qing。由于 Opera 系统是英文软件面向国际，输入数据均为英文，可以处理各国的客户，而且数据库处理英文速度快、可靠性高。

在客户档案输入中，国籍一定要输入，这样生产的报表可以根据客人的国籍而不是来源国进行分类。输入客人地址时，需要在首要地址栏打钩，打钩地址被设置为客人的第一联系地址，即首要地址。地址的格式是第一行输入街道、街区或邮政信箱。第二行输入具体地址，如楼宇名称或区域的名称，如苏州工业园区。一共有四行输入，剩下两行可以按照默认。而城市、省会、国家等信息有专门的输入栏输入。例如，在城市一栏输入"南京"，邮政编码"21000"，国家"中国"，省"江苏"。输入联系方式时，要输入国家代码或区号，如果是本地号码则不要输入区号。

客人住店信息档案，需要点击"统计信息"选项，该表记录着客人过往的入住记录以及给酒店带来的营收。虽然建立档案时一位客人只需要一个档案，但是不可避免地出现相同或重复档案，这样需要通过"合并"功能，把相同或重复的档案合并成一个档案，可以节省数据库空间。例如，某客人办理了该酒店的 VIP 会员卡，客人不慎将会员卡丢失，客人重新办理新 VIP 会员卡，如果再次输入客人信息会有重复信息，因此需要进行档案合并。具体做法是，选中资料详细的一个档案，提示是否将资料不全的档案合并到资料详细的档案中去，出现两个以上的档案时，不断重复上述方法合并。

Opera系统中，有专项记录客人喜好的功能界面，如楼层选择，喜欢"吸烟房"还是"非吸烟房"等。

（二）查询档案

在上述介绍中提到Opera系统中的"合并"功能，主要是新建档案过多引起，所以在新建档案之前，一定要查询现有的档案，查看客人是否有档案，确认每位客人只有一个档案。例如，酒店VIP会员卡的客人在办理新会员卡前，酒店可以先查询该客人是否有档案，如果有，仅需要补办即可，不用新建档案重新输入客人信息。档案查询有很多种，在档案查询界面，黄色区域为查询区域，可以通过客人的姓名、生日等多种方式进行查询。

（三）修改档案

客人的档案信息不是一成不变的，档案信息分为静态档案信息和动态档案信息，动态档案信息需要根据客人需要的服务进行修改，而部分信息会随着时间的推移有所变化或适当地增加。例如，丽嘉酒店记录客人的喜好包括个性信息、日常事务、大事记、爱好、员工的参与程度、分配房间、娱乐活动、特殊要求等。如大卫先生带新婚妻子来度蜜月，则需要将大卫先生的信息记录增加结婚纪念日。酒店要在这些特殊的日子里给客人惊喜，使客人在以后的每年都会回到丽嘉酒店，形成住店习惯。

三、公司档案和旅行社档案

公司档案输入界面，在输入公司名称时要遵循英文输入法的习惯，首字母要大写，如果需要输入公司的中文名称，可以点击"别名"按钮小地球标志进行输入。公司档案与个人档案最大的区别是一定要输入销售经理、企业编号、协议价等信息。

"销售经理"选项是必须输入的一栏，指公司和公司客户联系的酒店员工，方便酒店和公司保持联系。"企业编号"选项可以输入各种会员号，如国际航空运输协会（IATA）会员号等。"协议价"是在"选项卡"中打开，"选项卡"界面，协议价是建立公司或旅行社与酒店之间的协议价。公司档案选项还包括关键词、数据信息、关系项、合并、销售信息等输入选项。

旅行社档案输入界面，主要记录与酒店有经营往来的旅行社档案，更好地进行合作。

随着科技发展，"互联网+"、大数据、云计算渗入酒店业，现在的酒店客户资料档案管理已经以酒店业全数据平台为后盾，充分考虑个性化的需求以及通过科技手段提高服务舒适度及便捷性。当然，客人通过智能手机下载酒店APP、关注微信公众号等，注册新用户并及时更新用户信息，使得酒店能够在第一时间了解用户的习惯、懂得他们的需求，对老客户的消费习惯做下记录，通过大数据分析了解客户的需求，从而精准地推送信息，做出人性化的服务。例如，酒店通过酒店APP在第一时间知晓潜在客人的地理位置，客人下飞机就能收到酒店的推送信息。酒店之后根据客户信息档案提前为客人提供贴心服务，如客人喜欢明亮的房间，帮客人更换房间的灯泡，使房间更加明亮。客人喜欢喝普洱茶，酒店提前为客人准备好普洱茶叶；酒店还能够提前设置房间入住信息，客人甚至不需要房卡，只要扫描手机就能打开房门。试想，客人在明亮的客房里，品尝一杯平日最爱的普洱茶，酒店又何须为客源担忧呢？

第三节　业务管理模块

互联网正以前所未有的更新换代速度向传统行业发起一轮又一轮的挑战，就连统领电子行业半个世纪的摩尔定律也即将迎来终结。要在当前酒店行业日趋激烈的竞争中脱颖而出，必须努力发展自己在业务管理方面的特色，避免传统管理方法的失误，给管理者和普通的营业员带来操作上的方便，对整个酒店各个方面的业务带来快捷、方便、高效的服务，给客人更加便捷、人性化的服务。时代在变革，技术在进步，酒店行业当然也不例外，互联网的触角正伸向各行各业尤其是酒店业，撼动旧经济格局的根基，建立自上而下的互联网架构成了传统酒店业自救的必由之路。

业务管理模块主要是客人住店的流程，包括使用系统为客人办理预订手续，为客人办理登记入住手续和为客人办理付账离店手续三个部分。例如，一位英国籍贯的女士需要入住广州花园酒店三天，首先提前预订一间大床房，确定入住时间和结账离开时间，然后入住花园酒店当天到前台办理入住手续，最后，住店三天后办理结账手续离店。

一、预订

预订是客人接触酒店的第一关，至关重要，预订场景的设置成为客人选择酒店的关键。场景是在特定的空间、时间、事件和人物的交织下催生的情绪综合体，这种综合体会激发人们做出相应的行为或行为可能，而这种行为是自然的、直观的，也是酒店必须去把握的。

传统的酒店预订是电话预约，酒店询问客人的姓名、到店/离店时间、抵店时间、公司/旅行社名称、房型和其他特殊要求，最终确定预订信息。随着技术日益的变化更新，酒店行业竞争越来越激烈，传统的人工预订酒店管理，低效烦琐的过程已经不适应快节奏的社会，因此，当今互联网时代，传统营销模式的天下已经过去了，好比那逝去的青春，而网络营销才是王道。线上预订成了主流，包括在线预订、微信订房、OTA 平台预订等，顺应了市场的潮流。根据相关数据显示，2015 年第二季度中国在线住宿预订市场规模达到 195.2 亿元。酒店预定市场的兴起，归根到底都是为了满足市场的需求。随着消费者旅游经验的增多、消费能力的增长，住宿方式也在发生改变，越来越多的消费者选择多样化的预订酒店方式。

在线预订是进入到酒店官网，通过在线查询可选日期、房型、床型、是否含早餐、日均价、优惠房等信息。例如，上述介绍中一位英国籍贯的女士需要入住广州花园酒店三天，她登录到花园酒店网页，点击在线预订按钮，进入到在线预订界面，选择自己需要的房间，点击预订按钮进行预订操作，如图 4-1 所示。

图 4-1　酒店入住流程

微信订房是酒店自运营微信订房系统打造自己的营销体系。随着互联网社交不断深入到大众的生活中，微信正在改变着传统的预订方式，微信成为酒店品牌推广的新宠。在酒店行业，很多酒店都纷纷在微信平台构建预订系统。微信平台构建预订系统是以酒店信息系统为基础，在系统功能上添加为酒店量身打造的微信预订功能，为客人打造更加与时俱进的简便旅行体验，无论客人身处何地，只要关注该酒店的官方微信号就可以第一时间了解并预订酒店最新礼遇。例如，一位中国籍客人刘健先生，要预订南京市香格里拉酒店，他打开微信在公众号中查询到香格里拉酒店的微信公众号选择关注，进入到浏览界面进行酒店预订，申请会员或参与更多的品牌活动。在地点选项中选择亚洲和南京，如图4-2所示，可以进行在线预订了。

OTA平台预订是广大年轻游客群体的主要预订方式。据中国旅游研究院报告显示，近10年23~45岁人群已成为旅游出行的主体，针对目前日益年轻化的游客群体，酒店在进行预订入住的体验方面亦需顺应消费市场的需求而进行积极应变。根据相关数据显示，当下年轻人大多数是选择各大OTA平台进行预订酒店，这也对酒店在线上营销渠道方面有了更高的要求。阿里旅行、携程、去哪儿、艺龙、美团……目前市场上种类繁多的酒店预订平台，对消费者和酒店来说都有一种不可抗拒的"魅力"。

在酒店营销过程中，预订已经成为一个必不可少的环节，多渠道的预订方式往往能给酒店带来意外的惊喜。在线预订渠道多种多样，但是对于酒店而言，只有

图4-2 酒店微信公众号

把客户资源掌握在自己的手中才是最实际的。当前，整个酒店行业已建立起较为完善的酒店预订市场，在旅游消费回归服务的趋势下，酒店的发展重点将转移至前端客源的争夺上。

无论是电话预订、在线预订、微信订房还是OTA平台预订，客人所有相关的预订信息最终都要经过酒店预订管理系统输入相关信息。在Opera系统中，房间预订模块是结合在客户档案管理、收银、定金管理等模块中的。房间预订模块包括新建预订、查询预订、更新预订、生成报表等功能，同时也提供取消预订、房间分配、用房量控制、房间共享等功能。

在新建预订界面，需要确认客人的个人信息、抵达时间、预订类型、预订者信息、特殊要求等。其中，个人信息包括客人的姓名、地址、联系方式等；预订类型有多种方式，通常有担保预订和无担保预订。担保预订是指向客人保证酒店预留房间给客人，直至客人计划抵达当天的某个时间为止。对于有担保的预订房还需要提供信用卡信息、预付款或定金信息、公司或旅行社账务信息等。无担保预订是指酒店同意为来客保留客房至某个规定的时间，通常是18点。按照惯例，没有预付定金的预订只能保留到18点，超过时间就代表自动取消，因此，无担保预订不能保证酒店因客人未抵店又未取消预订而收取费用。

新建预订后，可以进行预订查询，查询客人所需房间类型、房间数、价格代码、抵达日期等。Opera有多种方式查询，如查询客人姓名、国籍、通过预订的旅行社等。若

客人需要修改预订的某些要求，可以进入修改界面进入修改。但是如果客人取消预订，则需要核实客人的姓名、抵达时间和日期、地址、保证金或预付费要求等。

此外，虚拟现实技术日渐成熟，3D 虚拟酒店，虚拟现实酒店也随之出现。未来，客人可以通过 3D 更加真实地看到酒店外观，客房内部结构，从而进行预订。香格里拉酒店集团宣布将率行业之先，首次把虚拟现实体验引入全球酒店销售渠道。香格里拉酒店集团已为全球销售办公室购置三星 Gear VR 虚拟现实设备，使得客人可以更直观地了解遍布全球的香格里拉酒店和它们所在的目的地，体验如临其境的真实感和动感，也能让体验者瞬间到达和更换各种目的地。体验者或者仿佛开车经过香格里拉的乡间小路，或者站在乌兰巴托的成吉思汗广场上，周遭的景物触手可及，声音清晰可辨，或者在东京香格里拉大酒店感受总统套房的奢华。虚拟现实正在成为时代的主流，改变了酒店的销售方式，虚拟现实体验令客户更真实地了解酒店，从而获得更多的客户。

二、登记入住

登记入住是酒店前厅工作中核心的内容，酒店需要为顾客安排合适的房间，确保押金的收讫、房间入住等工作。首先，客人需要到前台办理入住手续，前台根据客人信息在电脑中查找预订信息，与客人确认入住时间、房价、房型、付款方式等信息。其次，前台根据客人要求与当时供房情况为客人选择合适的客房。一般情况下客人实际入住的房型对应客人付款的房型，但是当实际因用房紧张不能满足客人要求的情况下可给予客房升级，即酒店为客人提供更好的客房但是房价依然保持原有的水平不变。再次，前台与客人确认支付方式，若以现金方式支付，押金比例按酒店规定收取。若使用信用卡，需要在压卡机上压卡，国外卡可以在 Opera 系统中直接刷卡。最后，前台填写房卡和准备钥匙，向新入住的客人介绍电子门锁的使用。

Opera 系统中入住登记界面如图所示，前台查找客人预订信息，当查询客人预订信息准确无误时点击"入住"按钮。然后再点击"选项"按钮进入"押金"对话框。最后，回到最初的界面再次点击"入住"按钮，为客人安排房间。如果住店客人入住客房后，对客房不满意，可以要求换房。前台的服务功能除了给客人提供入住服务，还提供房间分配、客人留言簿、叫醒服务等功能。

早期的酒店管理系统主要着眼于一些核心功能，如客人登记入住、财务会计、家政任务等基本功能。现在酒店管理系统操作范围则不断拓宽，几乎已经涵盖了酒店业务的方方面面，都包括了渠道管理功能，如网站预订引擎和全球分销系统，实现与预订代理方实现自动化交易。现在，许多酒店管理系统都与第三方技术相融合，如销售点（POS）软件、房卡和访问控制系统、自助服务亭、互联网和电话系统、室内茶点（小酒吧）、虚拟现实体验等其他的娱乐应用等。酒店管理系统的平台功能也变得越来越精细，越来越灵活。新一代酒店管理系统正向满足现代酒店住房的无缝连接需求出发，10 年前很难想象新一代的酒店 PMS 竟能如此强大。

当前，喜达屋酒店官方推出了 SPG keyless 服务，即虚拟钥匙，这个服务可以让客人使用他们的 iPhone 或 Apple Watch 来对房门进行开锁，从而不需经过前台办理手续。

人在喜达屋酒店支持免持钥匙系统的酒店进行预订后，SPG 的会员会被邀请选择加入 SPG Keyless 计划并通过 SGP 应用进行手机注册。大约在客人到达酒店的 24 小时之前，客人会通过应用收到对应酒店的房号和蓝牙钥匙。到达酒店之后，客人可以直接前往自己的房间而不需要通过前台办理入住手续。到达客房后，客人在确认蓝牙开启后打开 SPG 应用，点击门锁上的智能手机，绿灯亮起就可以进入房间。这项技术基于低功耗蓝牙，兼容 iPhone 4s 以上的手机（图 4-3）。

图 4-3　智能化酒店方案

虽然洲际酒店集团和万豪酒店集团目前没有测试手机虚拟钥匙，但是它们已经开始推广手机登记入住。万豪会员可以通过手机登记入住旗下万豪酒店，但是需要在酒店入住台拿取钥匙。万豪旗下 500 家酒店已经实现手机办理入住和离店手续，而且万豪其他酒店也会相继实现虚拟登记。洲际酒店集团旗下皇冠假日酒店，酒店客人也可以通过智能手机随时随地登记入住。客人来到酒店后，可以不经过酒店前台自行在入住台扫描登记入住码，获得酒店客房钥匙。

三、退房结账

客人入住酒店结束后，准备离开酒店，于是到前台办理结账离店手续。前台需要主动询问客人是否结账，并确定客人姓名、房号、收回房卡。然后致电服务中心要求查房并询问客人是否有其他消费，如饮料、客房小酒吧等，打印最新的账单给客人。最后，前台确认客人的付款方式，请客人确认账单并签字，将客人的付账方式和金额输入电脑，制作收银报告。

移动支付是一个增长迅猛的新兴市场，据权威机构调研显示，2016年全球移动支付金额达到6200亿美元，较2015年的4500亿美元显著增长，而2019年将达到1.08万亿美元。其实采取何种支付方式，对酒店影响并不大，重要的是酒店必须支持消费者想使用的支付方式。例如，在酒店管理系统开放的接口上，酒店支持微信、支付宝、Apple Pay等移动支付方式，客人只需要直接扫描且支付用时短、效率高，能够在满足不同顾客需求的同时节约等待时间。在移动支付的发展过程中，支付方式只是消费的载体，具备高度的客户黏度、最终促进消费行为产生，是个性化的消费场景，利用个性化的消费场景形成贯穿整个消费行为的闭环以获取可持续的竞争优势，这同样适用于体验至上的酒店业。

第四节　客房管理模块

客房是酒店运行与管理的重要组成部分，客房管理是酒店管理信息前台内部的一个重要的信息和通信分支，它主要用于加强前台与客房部的通信连接能力。酒店严格地管理着每一间客房，客房销售是酒店从事的最主要的业务，即出售具有各种客房类型、结构和标示的每一间客房。酒店业为每间房都标明一种状态，叫作客房状态，简称房态。最常用的客房状态代码是住客房、待售的空房、未清扫的住客房、未清扫的空房、已清扫的住客房和待修房。客房状态是客房的"生命周期"，因此，酒店必须知道客房当前的租用状态和清洁状态，如果确定了客房为待售的空房，就可以为该客房分配一个客房状态代码。

一、客房管理基本功能

在Opera系统中，客房管理功能能够有效地识别并监控房态，包括可用房、正在清洁房、维修房等，可以在系统中对客房打扫人员进行区域分配、用工统计、客房用品管理等。客房管理模块主要包括查询房间、修改房态和任务分配等基本功能。

查询房间是客房服务人员通过搜索查找到客房状态，包括客房的状态、楼层、客房类型等，或者简单输入房间号，房间的当前状态会立刻显示在终端屏幕上。

修改房态是客房部最常使用的功能，只需要在待修改的房间列表上双击就可以完成房态的循环转换。当客房服务人员进入客房进行清理时，要识别身份和房间号，系统会

125

自动记录下客房正在清扫的状态。当客房清理完毕后，要再次识别身份确定房间清扫完毕，并即时更新客房的状态，前台能够快速地获得客房状态，为办理登记入住的客人准确地分配房间。

任务分配是通过处理现有的客房数量和预计抵达客人数来预测需要清理的客房数。在确定需要清理的客房数后为每个客房服务员排班，分配合适的房间数目。例如，客房主管每天早上办公的第一件事就是了解酒店的客房状态，包括有多少间需要打扫的房间，当日有多少离店的客人及当日的工作量。当客房主管注意到前台的一位客人结账离开了，但是客房服务员仍认为客人在房间里，这就引起了"沉睡房"的状态，这时需要将客房改回到"住房"的状态。

二、客房智能系统

"互联网＋"时代，酒店客房管理系统结合无线和物联网技术建设客房智能系统是其转型升级的重要途径。客房管理是酒店工作量最大、最重要的工作环节，因此酒店建设智能系统是重中之重。客房智能系统主要包括智能电话、多媒体互动电视、顾客服务管理、智能化控制管理系统等，注重客房安全舒适环境的营造，核心功能为给客人便捷客房设施使用，提供高科技体验感，同时应具备综合客房信息管理能力，提高酒店服务和管理效率。客房虚拟现实，通过设备如头盔、眼镜、耳机为用户带来4D"感官体验"，客人可通过佩戴这些设备享受"客房虚拟现实旅游体验"。

（一）酒店客控系统

随着物联网技术的发展，酒店智能产品的开发和应用如雨后春笋，客房智能系统功能趋于移动端的服务管理一体化。能够实现移动端的酒店数字化服务，还能进行相关服务流信息收集和数据分析，构建线上线下融通的服务体系，从而实现客房整体的设施管理和控制，促进酒店经营管理优化，有效提高酒店服务和管理效率，促进酒店整体运营的智慧化。

例如，酒店客控系统能够对客房进行远程自动控制，客房中心电脑上可显示风速、冬夏转换状态和房间实测温度。当客人入住客房后，插入房卡，空调完全由客人操作控制，可执行的控制包括设定温度、调节风速、关闭空调等。当房间温度达到客人设定的温度时，风机和电动阀关闭；当客人住宿休息在凌晨1：00至上午8：00，空调自动进入设定的睡眠温度即设定温度；当客人拔卡暂时离开房间，酒店客户控制系统将进入"离房保温模式"，空调即自动运行于网络设定温度，风机低速运转。当客人退房，前台将房态改为"退租房态"时，房间空调自动关闭。插入其他房卡，空调即由人工操作。

酒店客房控制管理系统将客房门锁、空调、灯光、音响系统等进行统一管理控制，即时反映客房状态和顾客需求，能与酒店管理系统进行数据交换分析，是酒店智能化的重要模块。酒店客房控制管理系统包括门锁、灯光、空调、窗帘等客房设备控制，能源管理、勿扰、洗衣、清扫等服务功能预约，iPad 移动控制功能等，主要是客房控制管理与酒店在线服务的综合运用。国际连锁酒店如万豪、希尔顿、凯悦、洲际等均在客房里设置了酒店客房控制系统。

目前，酒店客房控制系统主要与无线物联网、云平台结合发展。客房控制系统在功能上具有酒店在线服务、设备智能控制、能耗实时监测分析、服务质量跟踪等，符合物联网和智慧酒店发展的趋势。而云平台是将客房控制系统服务器放置于公共的云计算服务平台，如阿里云、腾讯云等，可以免去数据库安全和运营管理问题，降低酒店智能化改造和系统升级成本，促进传统酒店的客房智能化改造。

（二）客房虚拟现实

目前，增强现实的技术已经提高了很多，生产成本也下降了，旅游理念纷纷投身回来，从消费者层面可能对某种行前旅游视频并不反感。酒店、旅游局和其他旅游从业人员，已经为了通过虚拟现实使人们对目的地和产品先睹为快赞不绝口。我们都还记得热潮开始的前几年，游客在目的地漫游略显笨拙，使得基于设备的增强现实一度发展、反反复复。虚拟现实，特别在酒店高端范围，涉及拉拢潜在客人的时候，每一个小小的点滴，都能产生极大的帮助。

虚拟现实不仅能以半写实的方式展示一种产品，也对游客在旅行或下榻酒店前提出了期望。香格里拉连锁酒店发布了一系列客房和目的地互动视频，也让 YouTube 有虚拟旅游的能力进行建设，使得客人对向往的旅游胜地提前观赏和体验。虚拟现实技术的使用，引起了市场营销者的兴趣，用户通过下载相关文件，并借助专用的虚拟现实设备，像头戴虚拟现实头盔一样进行探索。

万豪全球连锁酒店本身作为酒店业采用的多媒体和娱乐技术的先行者，其虚拟现实实验更多的是为了将其品牌定位于数字原生态旅行的首选目的地而不是其他地方。万豪酒店与 Netflix 合作，在用户选择的酒店中将视频服务升级到高清电视，并开发更多的娱乐内容来回馈客户。同时，酒店测试客房虚拟现实服务，为纽约和伦敦的游客提供在自己的客房内私下试用尖端虚拟现实技术的机会。除了室内虚拟现实服务，万豪通过三星虚拟头盔与 Facebook 的 Oculus VR 部门的间断开发，通过三星牛奶实现虚拟视频服务。万豪酒店曾与 Framestore 的虚拟现实研究室共同开发用于创建虚拟现实明信片的技术和方法。

万豪连锁酒店与三星电子合作推出 VRoom 测试。在纽约时代广场的万豪酒店和伦敦柏林万豪酒店为客人的客房提供一个三星 VR 耳眼镜，客人可以使用它 24 小时。但是，万豪酒店提供给客人的虚拟现实内容将限制漫游在3个"VR明信片"中，这些影片是通过360度3D拍摄的视频，每个都是展现旅客在不同旅途中真实的风景。这三个"VR明信片"分别取景于智利的安第斯山脉，卢旺达的冰淇淋店和北京的繁华街道。

第五节 外围设备接口管理

外围设备是酒店计算机管理信息系统和其他系统信息交换的基础性技术工作。酒店管理信息系统的外接接口附加可选功能，一般要针对酒店所采用的硬件系统的型号进行设计，并且要求酒店协助向硬件的供应商要求提供相关的技术资料。在众多的外围设备中，包括电子门锁卡制作系统、公安局户籍报送系统、电话交换机系统、语音卡系统等。酒店可以为客人制作电子门锁卡、通过PMS开通或关闭长途电话、设置留言灯等，向公安户籍报送系统发送数据，甚至通过身份证扫描器读入客人身份证上的资料。另外，需要强调，外围接口的功能并不是独立的功能模块，而是分散嵌入到预订、接待等工作视图中。

一、通信管理接口

随着酒店市场的高涨，与酒店相关的各种配套设施也被市场投以更多关注的目光。传统酒店大多采用程控电话交换机为客人提供话音业务，依靠酒店管理系统记录和传递客人的消费信息，但是，这两个系统却是相对独立的，联动性相对较差，很难满足市场多元化的需求。酒店管理系统接口（PMSI）是提供各类智能通信终端，将通信管理接口系统有机地结合起来，提供通信方面个性化服务，如语音信箱、话费结算、多媒体信息收发、通信监控等。

通信管理系统通过PMSI模块与酒店管理系统连接，能够自动获取酒店前台管理系统的信息，包括客人的登记入住、换房、设定分机权限、退房结账等信息。为入住客房的客人自动建立相应客房的语音信箱，并按客人的国籍设置信箱的语种；当客人离店后自动关闭该语音信箱，并删除信箱留言。

例如，当客人入住时，在前台办完入住手续，通过PMSI模块功能可以自动为客人开通语音信箱、传真信箱、短信收发信箱等功能；系统根据客人的登记级别，自动设定分机等级等。当客人呼叫前台时，前台通过话务台，可以直接看到客人姓名、国籍、使用语言、注意事项的信息，使用恰当的语言和客人交流。

在酒店客房，部署留言点灯电话机，确保客户不错过任何电话留言。当客人外出时，来访者可以留言到前台，也可以留言到客人的私人信箱。一旦客人回到房间，可以看到电话的留言的指示灯，表示有新的留言。客人可以通过电话提取，并根据客人登记的语言播放。当客人需要退房时，可根据 PMSI 模块提供的计费系统实时结算电话账单，并将自动关闭语音信箱、传真信箱、短信收发信箱等功能，降低分机服务级等。

同时，酒店管理系统预留了多媒体网络电话的端口，为未来酒店专用 APP 提供升级空间，通过多媒体终端，可以实现定制 APP、定制界面、视频扩展等功能。通信管理系统通过 PMSI 模块与酒店管理系统连接，增加更多的语音信箱功能。例如，将语音留言通过微信等方式进行即时推送，省去了客人留言信箱的环节，又确保了客户能够及时收取留言。见图 4-4。

图 4-4　智能酒店管理系统初步架构

二、制卡接口

酒店使用了电子锁系统，相对的就需要将房卡制卡系统与智能电子锁配合使用，当顾客需要开房的时候，酒店前台就需要使用到制房卡系统将制作好的房卡交给顾客，当客户多的时候，有时就会发生顾客手中房卡与房间不一致的情况。为了避免出现这种情况，酒店会将酒店管理系统与制房卡系统连接实现同时管理，这样需要管理系统的兼容和接口的开放。

通过提供酒店制房卡系统的接口数据，制房卡系统和酒店管理软件进行连接。当客人入住酒店，前台在为客人分配房间时，通过管理系统进行开单处理，开单的同时酒店管理软件连接到制房卡系统上，制房卡系统根据酒店管理系统中读取的房间房号信息，自动对对应的房卡生成数据，因此在分配房间开单的同时完成房卡的制作。当客人退房结账时，管理系统也会连接到制房卡系统中，通过制房卡系统对房卡进行数据的清空以便下次重新制作房卡数据。

通过接口将制房卡系统与酒店管理系统进行结合，通过软件实现一步操作，不仅减少了酒店前台的工作量，同时也减少了前台的工作时间，让前台可以在同一时间内接待更多的客户，也可以减少房卡制作错误或者房卡与房间不对应的情况发生。

未来制卡接口可以连接各种先进的设备进行管理操作，如制卡接口可以直接与微信预订端或手机APP端连接，通过确定客人的入住时间提前进行房卡的制作，节省客人的等待时间提高前台的工作效率。目前，虚拟钥匙已经逐渐被酒店采用，虚拟钥匙应用软件可以通过安全的云平台自主服务系统帮助酒店客人直接将房间钥匙下载到智能手机中，轻松完成入住。客人在入住酒店时就无须办理传统的入住手续。对酒店来说，虚拟钥匙是非常便利的，但是需要酒店管理系统接口、制房卡系统、虚拟钥匙系统、智能手机完全对接，实现门锁和虚拟钥匙之间的连接和验证。

三、公安接口

客人入住酒店时需要把客人证件信息和住店信息传输到公安旅业系统中，以备公安查询。在以服务为主的酒店业，作为一种更有效和准确度更高的服务依据，需要证件识别与公安接口。通过接口酒店可以在客人出示证件之后，只用轻轻地扫描一下，就可实现向公安旅业系统传输客人信息，还能连接酒店信息系统中的个人信息并自动存档。既有效地减少客人的等候时间，又节约了酒店内部资源、提高工作效率。

证件识别方式有读取芯片方式、证件条形码扫描方式、普通扫描方式。证件类型包括二代身份证、标准护照、港澳通行证、回乡证、台胞证等。其中，读取芯片方式可以通过读取二代身份证内嵌芯片获取证件信息。证件条形码扫描方式主要是针对护照、回乡证、台胞证，通过扫描码获取证件信息，获取的证件条形码信息转由扫描仪内置的公安部证件编译规范自动转换成个人信息。普通扫描方式是对一代身份证、军官证等证件的补充，通过此方式获取证件信息。三种扫描方式中，证件条形码扫描方式最准确，读取芯片方式、获取证件信息的速度最快，普通扫描方式可识别多种证件以满足不同客人的需求。

拓展知识

国内五星级酒店预订渠道

预订渠道主要是指不同细分市场的客源所采取的预订的途径和方式，通常某一细分市场的客源习惯于选择特定的预订渠道，作为其主要的订房方式和途径。不同细分市场客源在不同的预订渠道上所表现出的特征，将直接影响酒店在客源市场开发、渠道拓展和收益管理效果方面的表现。目前，五星级酒店主要的预订渠道可以分为以下几种。

（1）直接向酒店预订：主要通过电话、传真、邮件的方式向酒店预订或不经预订直接到酒店入住。

（2）酒店协议客户：主要指与酒店签有协议合约的公司通过电话、传真、邮件的方式向酒店预订。

（3）连锁酒店总部网站：通过酒店集团网站选择酒店预订。

（4）酒店自有订房系统/网站：通过酒店自有的网站或网上预订系统进行预订。

（5）独立订房系统（如Utell等）：主要是指基于GDS平台的国内、外网络订房系统。

（6）旅行社/旅游运营商：顾客通过国内、外旅行社、旅游运营批发商、旅游代理机构等向酒店预订。

（7）其他网络订房系统：基于自有网络技术平台的订房系统（IDS），如携程、艺龙。

（8）国际订房系统：基于GDS平台和自由网络技术的预订系统，如国外的Expedia, Travelocity。

国际客源预订渠道：

相对于国内顾客采用的、传统的直接向酒店电话、传真、邮件预订和通过国内旅行社、订房网站进行预订，国外游客出于对目的地及酒店的陌生，通常会选择登录国际品牌酒店网站或国际订房系统及境外网络预订系统订房。目前，国际上主要的网络分销渠道包括GDS和1DS两个系统。

（1）GDS发展简况

GDS包含Amadeus，Calileo/Apollo，Sabre，Worldspan四大系统。Sabre公司直属于美国航空公司，其于1960年创建的GDS系统最早是用来帮助旅行社预订空中旅行的。在Internet问世之前，GDS是全球最早通过电脑进行机票、酒店预订的。随着机票的预订带来住宿需求的增长，GDS同时完成酒店预订从而将旅游行业带入了一个新领域。Sabre是美国Airline Company的直属企业，全球员工约1万人，是全球旅游业和运输业信息技术的领导者，每年通过Sabre系统成交的旅游订单金额超过750亿美元。欧美及其他国家的旅行社均通过此平台预订机票、酒店，在欧美国家它是旅行社必备的工具之一，其重要性如同电话、传真、电脑一样。通过Sabre电子预订系统完成的预订约占全世界预订总额的40%。GDS的四大预订系统提供全球45个国家连线使用，全球50万家旅行社以及超过60000家酒店、旅馆成为该公司的会员（一直处于增加当中）。公司还提供450家航空公司航线，8家游艇航线，33条铁路运输，而且还拥有全球最大的旅游网站Travelocity.com，并与世界著名的yahoo，AOL，Expedia等网站拥有酒店预订、机票预订、游轮预订及租车等诸多服务。

目前，世界GDS四巨头Sabre、Worldspan、Amadeus和Cendant-Galileo都集中于北美和欧洲，它们连接着约50万家旅行代理和旅行服务供应商，占据了90%以上的预订市场份额。而占有全球运输量 1/4 强份额的亚洲航空公司虽然也像它们的欧洲同行一样，预见到美国、欧洲系统对它们的威胁，并试图建立以亚洲为基地的 GDS，但是由于地域分散、文化差异、发展水平悬殊及政治不睦等原因，没有形成合力，仅仅建立了国家或地区性的代理人分销系统。例如，东南亚的 Abacus，日本的 Axess、Infini，韩国的 Topas。运输市场含量有限，系统在规模上、市场上，尤其是技术上始终无法与 GDS 四巨头相匹敌。另外，印度两家骨干航空公司较早便拥有功能先进的订座系统，但未适时建立国家级的 GDS，在政府于 1995 年开放订座市场后的一年时间内，国内代理人被 Sabre、Amadeus 瓜分殆尽，从而严重弱化了印度国内航空公司的竞争力，加大了分销成本，制约了民航业发展。大洋洲、拉美、非洲也经历了与印度类似的过程。

（2）国际客源预订渠道的影响

现在，很多酒店已经开始建立自己的订房系统，但大都属于网络订房，其之所以能被广泛应用，主要是因为网络订房（投资）成本较低。然而，那些真正关注酒店长远发展的领导者、决策者以及国际连锁型的酒店管理集团更愿意加入到 GDS 系统中来提高自己的订房效率，因为一般网络订房大多数局限于国内旅客，且是酒店与一般散客通过 Internet 的随机接触或通过订房中心打电话预订，且这部分客人的消费能力相对较低。而 GDS 系统在一般网络订房的基础上，通过多年培育的全球 50 万家旅行社将酒店预订与机票、租车、游轮预订等业务联成一体。加入该系统的酒店将获得更大范围、更为紧密的客户群，特别是能够保证旅客的入住。当然，通过此平台游客也可以通过全球知名网站查找到酒店的所有信息，客人也可直接与酒店预订。其实，网络订房与 GDS 最主要的不同在于 GDS 平台全球性的推广作用，它能在无形中提高酒店在游客心目中的地位，与境外旅行社建立合作关系。

成为 GDS 的会员酒店，可选择的途径包括：加入国际连锁酒店品牌（如香格里拉、洲际、喜达屋等）、加入国际酒店联盟（如 Utell、WorldHotels 等），还可以直接与 GDS 链接服务商及其代理机构合作（如 Pegasus Solutions、易旅科技等）。除非加入国际集团酒店品牌，否则业主自行管理或国内管理公司管理的酒店，以自由品牌不论是直接与 GDS 链接服务商合作，还是加入国际酒店联盟，效果都不理想。主要原因是：境外旅行社及旅客对于非国际连锁管理酒店的认识程度极低，通常境外旅行社通过 GDS 平台获得酒店的地理位置、设施、服务、价格等信息，然后推荐给旅客。而多数的旅客会选择知名度较高的酒店入住，如果境外旅行社不知道该酒店，境外旅行社就无法向顾客推荐预订该酒店。而境外旅行社了解国内非国际品牌酒店的主要途径，是靠酒店在境外长期、持续的公关宣传，由此发生的费用也是大多数国内酒店不愿承担的。另外，国内酒店对于国际酒店趋势的认识较少，这与长期接待境内旅客，境外入住旅客人数少有极大的关系，境外旅客的需求与境内旅客需求不同，因此酒店没有迫切的需求感，如此的循环，也不利于国内管理五星级酒店海外市场的发展。

——资料来源：徐士铭. 国内五星级酒店的发展研究［D］. 天津：天津大学，2008.

未来的旅行

或许在未来，我们的旅行不再是时空上的变化，而是可以随时在虚拟现实场景中进行一番畅游。英国特效制作公司 Framestore 和万豪酒店正在致力于将这种想象变为现实，它们制作了一个提供虚拟旅游体验的装置 Teleporter。体验者站在类似电话亭的装置中，戴上头盔，就会发现自己置身于酒店内部，然后穿过隧道抵达伦敦 Tower 42 大楼楼顶，聆听风中传来的钟声，最后又回到酒店。

首先你会感觉到周围温度在升高，暖风吹着你的脸，接着又起了雾。随后，你会听到大海的声音。睁开眼之后，你将发现自己身处一片僻静的海滩，周围环绕的是明媚的阳光和优美的风光。没错，你现在看到的是夏威夷的一处实地风景，只不过你的"真身"还处在纽约马奎斯万豪酒店的一个"电话亭"造型的装置里。我们刚刚描述的是万豪酒店刚推出的虚拟现实旅游概念服务，该酒店通过 Oculus Rift VR 设备带给用户 4D"感官体验"，直接把用户"运送"到他们实际上不曾前往的地方。除了马奎斯万豪酒店之外，万豪还会把这些设备安放在美国的六个城市，其中一套会被安装在万豪的项目中，其余则会被安装在城市的其他位置，供酒店客人和公众体验。

如今万豪酒店几乎已经是"住宿"的同义词，那么它为什么还要踏足虚拟现实这项新业务呢？毕竟在大多数人看来，这个技术是科幻小说中才会存在的事物。万豪表示，未来虚拟现实技术将在人们的旅游中扮演重要角色，万豪将突破酒店管理集团的定位，成为旅游行业新的开创者。作为世界上最大的酒店管理集团之一，万豪一直在测试能够跟上现代旅游者需求的新概念，如调整房间家具的布局、在酒店周围设立电动汽车充电桩和移动手续办理服务。

"我们已经领先于行业，现在我们还在继续寻找创新的方式，"万豪集团品牌营销副总裁迈克尔·达依尔（Michael Dail）表示，"彻底革新酒店体验，是我们一直在做的一件事。"

"华丽旅行（Travel Brilliantly）"活动是万豪品牌建设措施的一部分，该公司正通过这项活动探索一些超越食宿之外的新想法。"'华丽旅行'就是我们所提到的'开创未来旅行'的一个方式。"达依尔说。

虚拟现实技术正是这些想法中的一个，万豪选择通过 Oculus Rift 让用户获得虚拟现实旅游体验。"当你把它从游戏和娱乐用途中分离出来，你可以用它来体验一下到达旅游目的地的感觉，它会给你远超观看酒店预订网站图片的体验。"达依尔说。由于此前消费级虚拟现实技术主要被用来玩游戏和观看电影，因此如何找到更多的内容是这个想法首先要解决的问题。万豪为此不得不从头开始创造内容。

为了解决这个难题,万豪找来了营销代理机构 Relevent 来帮助推进这个项目。万豪"旅行传送点"的名称叫作 Teleporter,这是一个类似电话亭的装置。它的功能已经超越了虚拟现实技术,能够将 3D 视觉与音频、物理体验结合起来,带给用户 4D 感受。要实现这个效果,需要不受干扰的划定空间(如电话亭、投票间等)和一些关联硬件。另外,万豪还需要准备一些自定义的影像画面。

把"游乐场"搬进"电话亭"

什么是 4D?假如你去过一些游乐场,或许你已经感受过 4D 体验。它把 3D 电影与一些人类的感官体验结合在一起(例如震动的座位、从送风机送出来的风和喷洒出来的水),将外部刺激和电影内容设置为同步发生。万豪虚拟现实技术的原理与之类似,只不过它更具有私密性,而且也不会像迪士尼乐园里的 4D 体验那样嘈杂。它用一种更复杂的方式带给用户 4G 体验。"在这之前,假如你想构建一个让用户身临夏威夷或伦敦的体验,那么最好找个仓库,搬来一堆沙子;或是花几个月时间模仿出伦敦的天际线。"克里利说道。

Relevent 选择与 Framestore 合作进行视频内容的拍摄,不过视频后期的处理往往要比视频拍摄还要复杂。为了实现良好的 4D 体验,其他元素需要根据视频播放进度进行调整。音效系统、加热系统、底部的气流机、香味制造机和振动器都需要在合理的时间开始运作。

这个系统最大的难题是如何通过 Oculus 捕获到图像。"这是非常困难的。因为它不仅要看起来'现实',而且过程中还需要模仿人类大脑和眼睛的工作模式,这远比我们想象中复杂。"Framestore 数码实践主管麦克·伍兹(Mike Woods)表示。

未来这项技术的前景广阔,除了旅行之外,它还有望被用于会议、婚礼等活动中。例如,你预订了一家酒店,想要举办一个大型会议或是一场婚礼,那么你可以通过这个"电话亭"事先进行"踩点",然后再来决定是否选择这家酒店。

本章小结

本章首要介绍了智慧酒店管理中的信息管理部分,以 Opera 信息管理系统为例,介绍了酒店管理系统所必需的各个部分和架构设计。酒店信息管理的另一个关键便是用户信息档案的建立,有效合理的档案和针对客户情况的特殊定制是信息化的一个重点。在信息化管理的末端,是业务模式的转变,重点谈了网络门户的建设。最后介绍了客房硬件和外围设备的管理模式和一些注意细节。

复习与思考

一、名词解释

客户资料管理模块　业务管理模块　客房管理模块　外围设备接口管理

二、选择题

1. 描述某客户对象所有特征的数据集称为（　　）

   A. 档案　　　　　　B. 个人信息库　　　　C. 个人资料

2. 酒店行业中，工作量最大、最重要的工作环节是（　　）

   A. 前厅　　　　　　B. 客房　　　　　　　C. 餐饮

3. 酒店计算机管理信息系统和其他系统信息交换的基础性技术工作是（　　）

   A. 外围设备　　　　B. 网络安全　　　　　C. 操作系统

三、简答题

1. 客户资料档案的获取方式有哪些？具体包括哪些部分？
2. 业务管理模块包含哪些内容？
3. 什么是客房智能系统？

四、运用能力训练

1. 简述几个你认为有趣的外围设备。
2. 在建立客户资料时，需要注意的内容有哪些？

五、案例分析

银座酒店业信息化公共服务平台需求

酒店是最传统的服务业，也是最为开放、市场化程度最高的行业。经过百年的发展，现代酒店的服务功能越来越多、规模越来越大、组织运行也越来越复杂，传统的经验管理早已不能满足需要。而随着全球经济一体化，酒店业的客源更加丰富多样化、市场更加广阔多渠道，但同时也面临着日益激烈的竞争环境和不断攀升的客户期望，迫使酒店业不遗余力探索扩大销售、改进服务质量、降低管理成本和提升客户满意度的新方法。酒店消费的异地性决定了向客户传递品牌信息和服务信息对于营销的重要性，而互联网无疑是最大众化、最经济的信息传播手段。因此，采用先进信息化技术提升改造传统的管理模式和商务模式，已经成为酒店业现在和未来赢得竞争优势的重要手段之一。

银座酒店管理公司以高星级酒店和经济型酒店为发展重点。目前在山东省内在建和运营的五星级酒店5家——济南的索菲特银座大饭店、齐鲁宾馆和万豪大酒店，青岛的银座凯悦酒店，临沂的银座铂尔曼大饭店；四星级酒店7家——济南的银座泉城大酒店、名仕轩酒店、济南银座佳悦酒店，济宁银座佳悦酒店，莱芜银座佳悦酒店，青州银座佳悦酒店，章丘银座佳悦酒店；银座佳驿经济连锁酒店 20 家。2008 年，银座酒店管理公司实现销售收入 3.5 亿元，利润 0.5 亿元，已成为山东省大型酒店集团。

特别是自 2007 年山东省商业集团总公司实施了"三、四、五"发展战略，对银座酒店业未来 13 年的发展做出新的规划。按照新的战略定位，将充分发挥集团产业的综合优势，努力完善"食、住、行、游、购、娱"旅游产业链，整合各类资源，上下游一体化连锁发展。到 2010 年，有各类酒店 50 家营业。

因此，银座酒店管理公司迫切需要建立一个开放的、功能强大的公共信息平台，整合内外部资源，扩大销售，加强对客户的管理以提升客户满意度，降低运营管理成本，改造传统管理模式。

根据银座现有酒店运营状况和信息化程度，银座酒店管理公司若实现 2010 年管理 50 家连锁酒店，在信息化方面必须达到如下目标：

（1）在 Internet 环境下，把各种应用系统、数据资源和互联网资源统一集成到企业信息门户之下，根据每个用户使用特点和角色的不同，形成个性化的应用界面，并通过对事件和消息的处理传输把用户有机地联系在一起。它不局限于建立一个企业网站，提供一些企业、产品、服务信息，更重要的是要求企业能实现多业务系统的集成、能对客户的各种要求做出快速响应、并且能对整个供应链进行统一管理。特别是为企业客户的投资增值创建最高效的业务模式，其功能和特性都围绕着企业间竞争所需的一切高效率而生成，其最突出的特性就是对信息交流的实时双向性的要求。

企业信息门户平台通过数据与应用的集成及个性化的控制，为管理者、雇员、供应商、用户、分销商等提供一个唯一的企业接入点，通过该接入点，提供全面的企业信息和应用。企业门户是企业 e 化转型的一个战略方向。企业 e 化转型后展现给企业一个理想的未来：规范管理购销过程，降低运营成本，压缩供应链，提高效率，科学决策，快速反应，企业全球化等。

（2）建立集团预订中心，酒店集团可以对客户提供统一的对外服务电话或网站，客户可以通过服务电话或网站向集团成员酒店做预订，订单可以通过无缝连接直接下达至成员酒店 PMS 系统。根据各成员酒店的相关设置，自动获取成员酒店分配给集团预订中心的房类资源以及相关房价提供与其他预订网络的接口，为酒店带来更多的预订渠道。通过实现以上目标，最终实现集团统一的预订服务以及房类资源管理，更有效地利用集团管理的品牌，提升集团的服务质量。

（3）建立一个基于集团中心数据库，覆盖所有成员酒店，包含折扣、积分奖励、储值消费功能的常客计划平台，是吸引更多的客源、提供对客户的一对一的服务、提高客户的品牌忠诚度的有力手段。

（4）提供面向不同品牌客户的服务窗口，通过电话、传真、短消息、Web 等多种服务手段建立门店与客户的连接纽带，从而实现企业的价值，最大限度地保证客户的忠诚度。

（5）建立一套在线招投标管理系统，提供完备的招投标信息发布平台，提供功能强大的产品信息搜索引擎，方便采购方及供应商资料查询，实现了招投标的全过程网络化和电子化。快速提高招投标的工作效率，直接降低运营成本。

（6）建立易操作、灵活、实用的人事管理、工资和绩效管理工作过程，并且员工可以使用员工卡在线收听、观看音视频资料，参加集团培训，提高全员素质和工作技能，实现运营、管理统一化。

框架设计

该服务平台以面向中小型和经济型酒店的 B/S 在线服务管理系统位为基础，采用 SAAS 软件服务模式，通过互联网向用户提供全方位的酒店信息化服务。

（1）架设酒店服务中心系统平台，提供在线酒店预订、旅游景点、餐饮、车票在线查询预订及购买等一条龙服务。

（2）组建酒店采购联盟，架设酒店系统集中采购系统平台，提供在线集中采购、统一物流配送、统一虚拟仓库管理、统一供应链管理、在线招标管理等一条龙服务。

（3）架设酒店业务培训中心系统平台，提供在线音、视频培训，包括常用的酒店管理软件，如 Micros Fidelio 系统、西软的 Smart，X 系列系统，酒店标准操作流程，酒店礼仪等培训。

（4）架设数字化酒店系统平台，提供网上商务功能——网络电话会议、视频会议、会议纪要及会议录像、网络传真、电子商务等，提供丰富多彩的娱乐——在线电影、VOD 点播、自助电视节目录像、比较流行的游戏、各种在线音视频聊天等，提供在线票务功能——在线查询、预订、购买车票，提供在线服务功能——秘书服务、在线景点导游服务、在线餐饮导游服务、在线酒店导游服务等，提供电子阅览室功能——各种电子图书、各种视频等。

——资料来源：刘冬梅. 银座酒店业信息化公共服务平台建设与实施 [D]. 山东大学，2009.

案例分析：

请结合上述案例，思考如下问题：

1. 结合实际环境，试分析银座酒店是如何结合自身特点做到信息化改革的。
2. 分析银座酒店信息化管理架构并手绘示意图。

选择题参考答案：

1. A 2. A 3. A

第五章　酒店餐饮服务信息管理

本章导读

　　本章介绍酒店餐饮服务系统的体系和具体方法，包括新型点菜系统，餐饮管理的三大模块，智能预排号系统，自助点餐系统和信息化餐饮结算系统。

　　【学习内容】酒店餐饮的点菜系统，餐饮系统中的菜品管理模块，销售管理和成本管理模块，以及建模计算分支；智能预订排叫号系统，包括架构设计和基本流程；自助点餐系统和餐饮结算系统的要求。

　　【知识目标】理解酒店餐饮的运营流程，理解酒店餐饮的变革，理解酒店餐饮在酒店管理中的重要地位。明白智慧酒店中的智能预订系统和智能预排号系统的工作流程，理解自助点餐系统和餐饮结算系统的架构，理解餐饮过程中的菜品信息，销售管理和成本管理，理解收支模型。

　　【能力目标】掌握自主架构酒店餐饮管理中的智能预订派号系统和派号系统的流程，能够对酒店餐饮的结算系统进行收支建模。提出至少两个智能点单和排号的方案。实地考察一个餐饮门店的工作流程，撰写考察报告。

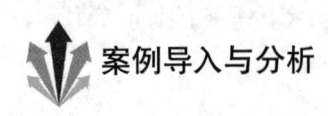

案例导入与分析

酒店餐饮管理困境分析与变革创新

　　2011 年 10 月 29 日，中国酒店新视角高峰论坛在杭州盛大启动，北京第二外国语学院中瑞酒店管理学院副教授付钢业作为嘉宾发表演讲。他表示，酒店餐饮面临的最大困境是来自社会餐饮的挑战。社会餐饮的优势在于它本身就是一个独立的产品体系，本身就是一个完整的企业建制，本身就有一套高效灵活的经营决策机制。

酒店餐饮业顾客难搞定原因：

1. 对象变了

（1）客源构成变了；（2）消费行为变了；（3）员工构成变了。

2. 环境变了

（1）竞争环境。既要应对国际品牌，又要应对一些没有牌子的社会餐饮。

（2）用工环境。2008年，国家颁布新的劳动合同法，很多规定使酒店的用工做法成为过去式。

（3）规制环境。政府对酒店餐饮的管理都改变了。随着现在各种餐饮行业的事件，国家的规定会越来越多。

3. 玩法也变了

（1）酒店网站、集团网站、酒店博客；（2）人人网账号、开心网账号；（3）QQ、微博；（4）拉手网、口碑网。

酒店餐饮竞争不过社会餐饮的原因：

1. 经营管理受母体企业市场定位和管理模式制约；

2. 员工激励、市场营销、经营决策等方面始终难以放得开。

酒店餐饮的红旗打多久？如果你在游戏当中玩得很痛苦，说明玩法玩错了。（马云的话）理性看待来自社会餐饮挑战：

1. 虽然受母体制约但有人才、资本、管理、服务优势；

2. 下属餐厅多，产品线全，每个餐厅内部有特色化经营；

3. 生存空间大；

4. 社会餐饮小时候好养大难办，龙门难跳，面临发展的瓶颈太大。

结论：酒店餐饮虽然面临问题，但是有出路的。根本出路是有效把握自身的结构特征，扬长避短。

社会餐饮符合大众消费，酒店餐饮代表当地顶级餐饮体验和精英范儿，适合重大宴请和公馆消费。中低星级酒店餐饮面临的问题最大，无力高端低端不好意思。

酒店餐饮第二大挑战来自人力资源。需要社会企业一起想办法，可以改变招人的标准和方式，把标准降低一点。重要的是态度、兴趣、沟通能力、职业道德水平、职业素养。

如何在力所能及的范围内解决招人难的问题？

（1）内部选拔或晋升；（2）内部换岗；（3）现有员工推荐；（4）校园招聘；（5）第三方机构外包；（6）节前雇用在校学生；（7）给服务员学历补助；（8）掌握应急名单：曾经来求过职的，从酒店离职的，其他酒店的员工；（9）改变过时的用人理念和做法。

还有一个问题：员工对酒店越满意，干活就越起劲，工作表现也就越好吗？要多关

139

心员工，要给他空间，用空间留人。重视员工的基本工作生活条件。开展有效的薪酬设计与管理。重视对员工的有效培训、重视员工队伍的相对稳定，尤其要重视核心员工与一线优秀员工。

第三个大困境是来自业务管理的挑战。由价格竞争到服务竞争到文化竞争的转变。这就需要改进传统酒店餐饮业务管理方式。比如：自助餐到底赚不赚钱？回答是不赚的，那么建议准备10~20个不同方案，对标准菜位进行核算，减少不赚钱的菜系。

有困境，但同时也是机遇，社会餐饮和酒店餐饮在我国都没有出现过百年老店，怎么做？（1）抓住新技术。（2）提升核心竞争力。（3）创新商务模式。

——职业餐饮网2011年11月。

第一节 酒店餐饮管理系统概述

餐饮业在酒店中占有越来越重要的地位，经过多年发展餐饮管理已经逐渐由定性管理进入到重视定量管理的科学阶段。成熟的餐饮管理系统除了菜品信息、点餐信息、收银操作，还包括销售信息、劳动力成本信息等，可以帮助酒店餐饮管理者实施成本核算和控制，以及提高不变成本的使用效率。

随着信息化时代的日益成熟，科技的不断进步以及经营理念的发展，越来越多的酒店餐饮业开始思考跳出传统框架，以改善客户体验，增强自身竞争力，并对餐厅风格、装修，菜式的多样化，点餐方式的便利性，高科技程度越来越注重。

传统的点餐方式都有一套流程，就是由服务员手拿纸质菜单，由顾客报出所选菜名，服务员记录的形式。但是这样的传统方式容易造成客人经常抱怨上菜速度慢、结账慢，有时甚至出现错上、漏上菜的现象。而服务员为点菜、送单、催菜来回奔走影响客人的用餐情绪。渐渐地，店家将手持终端或者平板来替代已有的手写账单，如此一来，服务员的工作效率得到了很大的提高，同时也提升了餐厅的档次。现如今，顾客也可以直接通过下载手机、平板客户端，通过线上团购来预订自己所需要的菜品。线上线下都可以实现的智能点餐系统，可以满足消费者日益增长的饮食文化需求，并且也能够帮助商家从容应对互联网商圈所带来的挑战，获取更多的商机，创造更多的商业价值。

例如，银座酒店餐饮部是酒店内最重要一个部门，它具备对外为客户提供餐饮服务的能力。是一家高档的商务型餐饮店。目前餐饮部有员工上百人，其中高层管理人员10人，中层20余人，厨师20余人。提供菜品多达300余种，日营业额超过13万元，最高销售额达到40万余元。其可提供给信息化升级金额为3万~5万元。因此，有一套完善的餐饮管理系统是十分必要的（图 5-1）。

图 5-1　餐饮管理系统三要素

一、菜品信息管理

菜品管理是餐饮管理系统最基本的信息，主要包括菜品基本信息，菜品编码信息、菜品部门信息，套餐信息等。

菜品基本信息包括菜品的类别（如主菜、汤品、甜品等）、价格、折扣等级等。除了基本信息，菜品还可以设置"自定义"对菜品进行编码和改码，如菜品的配料等。菜品部门是菜品与各部门间的对应关系，如有的酒店中餐厅只提供中餐菜品，西餐厅只提供西餐菜品。套餐信息是酒店为了取得长期用户并实现利益最大化采用的一种销售形式，便于实现销售统计和成本核算（图 5-2）。

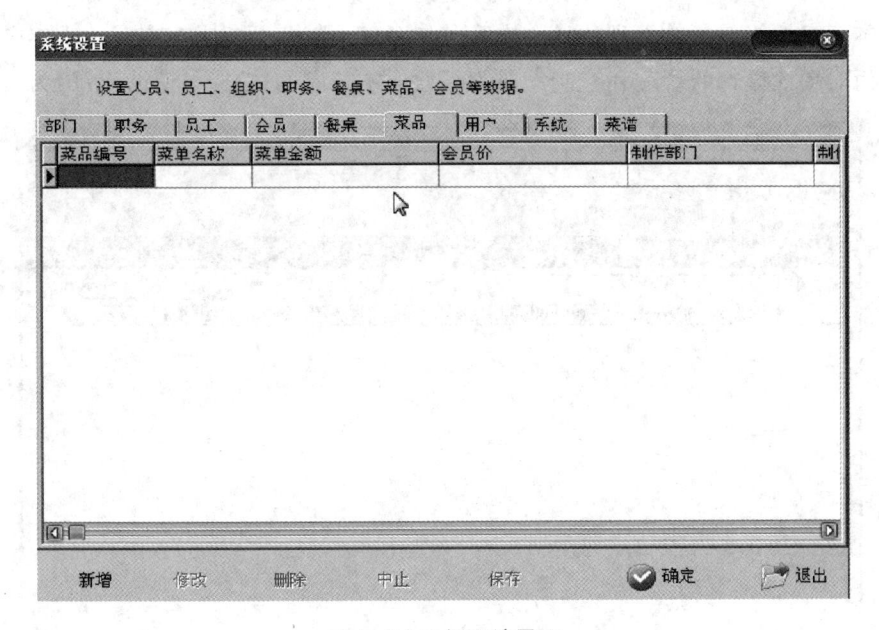

图 5-2　示例系统界面

二、销售信息管理

餐饮销售信息系统存储和维护餐厅业务相关的数据，是将菜品信息与菜品销售进行关联。销售信息管理是以日结作为经营结束的标志，日志生成后，生成并打印日经营报表，包括日营业额、开桌数、用餐人数、人均消费等信息。销售信息管理可以从多个角度统计和分析销售数据，包括消费时段、营业区域等。例如，按照时间段销售数据分析可以分为早餐、午餐、晚餐、夜宵等。

某酒店餐饮部营业面积 300 平方米，拥有 4 个普通包厢、2 个套间包厢、1 个豪华大包厢和 1 个大餐厅，共计 160 个餐位。近几年来，由于酒店周围开了多家餐馆，再加上餐饮部的菜肴品种较少、口味欠佳、价格偏高、服务不太好，结果餐饮部生意越做越差。当年 1~10 月份除 5 月盈利 2793.12 元、9 月盈利 7719.22 元外，其他各月均为亏损。其中，10 月亏损 919.93 元，1~10 月累计亏损 40455.25 元。根据该酒店餐饮部的销售报表需要对菜品进行价格调整和改良，餐饮部要扭亏为盈，就必须加强经营管理，增加花色品种，推出特色菜肴，提供优质服务，有效促进销售，以提高营业额。此外，餐饮部要采取切实可行的措施，加强采购、库存、粗加工和烹饪等各环节的成本控制，降低产品成本，增加企业利润。

三、成本信息管理

成本信息始终是餐饮管理的核心内容，与客房不同，可变成本在餐饮成本中占主要部分，而对餐饮原料的管理和控制就成为餐饮成本控制的核心。例如，后厨为每道菜品

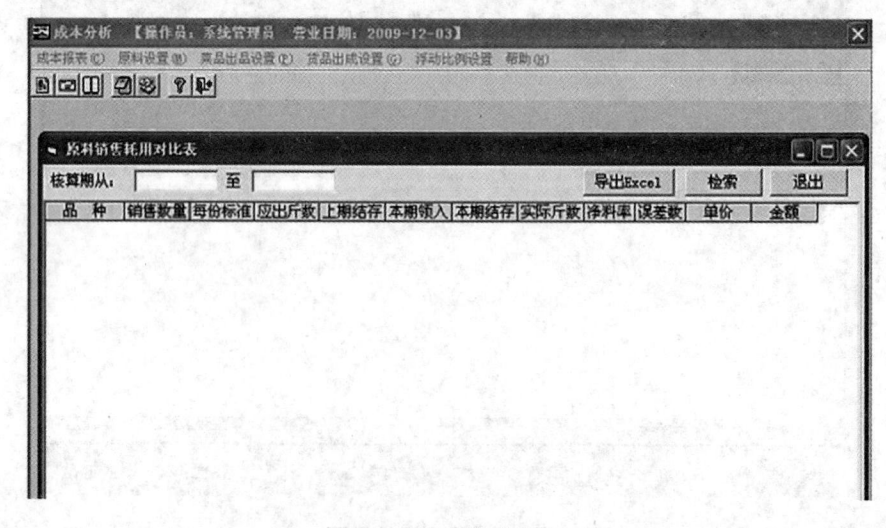

图 5-3　成本分析

制定主要原料的标准用量（如一盘青椒炒肉，250克青椒，150克瘦猪肉），在菜谱设置时把每道菜品的主要原料按标准用量进行登记，这样，系统就能根据每天销售的菜品，对消耗的原料按标准用量进行统计，虽然这个统计是标准用量，与实际消耗可能有出入，但管理人员却能根据这个数字来衡量、约束厨房（或采购）的工作，从而能达到控制成本的目的，与未使用软件前比，至少能降低原料消耗5%，多数能达到10%~15%（图5-3）。

第二节　智能预订排叫号系统

餐饮企业的连锁化、集团化是我国餐饮业发展的主流，同时，大众消费逐渐成为餐饮消费的主要力量。在激烈的餐饮竞争中尤其是酒店餐饮业，科学化、营养化成为餐饮业的重要指向标。酒店餐饮业的发展趋势逐渐趋向高端、品牌、规模、连锁和信息化方向发展。

一、智能预订系统

我国餐饮业市场巨大，被称为中国的黄金产业。酒店的连锁化、集团化是我国酒店餐饮业发展的主流，与此同时餐饮管理软件也逐步形成标准化、易用性强、功能更强大的趋势。目前，酒店餐饮订餐系统能够实现线上预订、线下交易的模式。将酒店餐饮预订与点菜服务平台移动端系统相结合，支持用户使用移动智能设备预订房间和点菜等，实现客户自主预订、现场消费一体化。

基于餐饮业的发展趋势，酒店餐饮预订与服务平台面向酒店，针对酒店的消费人群的特点，移动端系统的开发就是为了便于酒店消费人士随时方便地使用手机、平板电脑等智能移动设备。酒店餐饮强调品质优良，提供精品化服务，具有趋向专业性的特点，如商业套餐、工作套餐的高端化。酒店餐饮业发展迅猛、势头强劲，像雨后春笋般不断涌现，是一个拥有巨大开发潜力的行业。

面向消费会员提供移动Web应用、桌面Web应用，以及未来考虑提供手机应用，多种形式的应用基于相同的内核（数据库、数据访问/日志等基础功能、预订业务逻辑）实现。见图5-4。

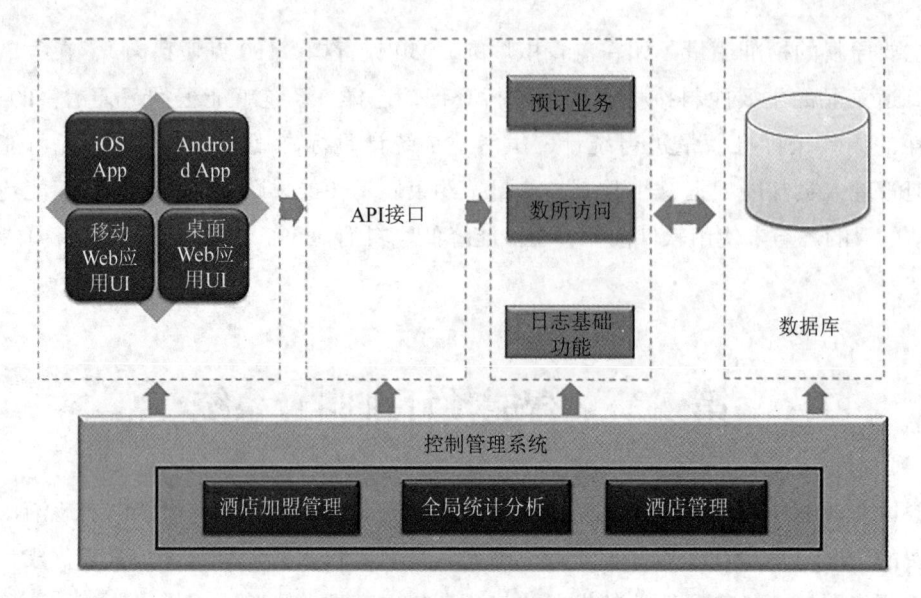

图 5-4　酒店信息化管理架构

　　面向酒店端的预订管理，提供两种方式实现：（1）平台提供酒店端预订管理 SaaS 应用，供酒店租用、定制面向自己酒店的虚拟化系统；（2）酒店仍然使用自己的餐饮管理系统，但需要做一些改造以便实现与消息中间件的通信，可使用平台提供的消息适配器组件来简化对餐饮管理系统的改造；对于某些预订服务平台需要、但餐饮管理系统不具备的数据和功能（如酒店、房间及菜品图片管理），需要对餐饮管理系统做一些功能扩展。

　　通过消息中间件，实现预订与点菜服务系统和酒店端预订管理的交互，包括预订信息交换、基础数据同步等。

　　为了避免消息队列中消费消息的混乱，一个酒店只能选择一种方式，租用酒店端预订管理 SaaS 应用，或者使用适配组件改造酒店已有的餐饮管理系统。

二、智能排叫号系统

　　传统点单流程在移动互联网的加持下，出现了新的形态，结合微信公众号和手机

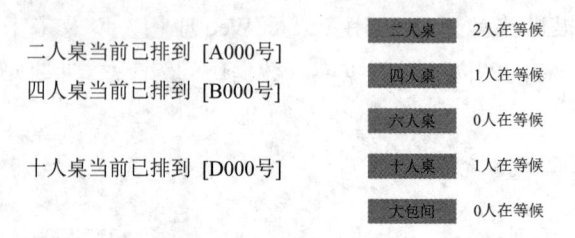

二人桌当前已排到　[A000号]　　二人桌　2人在等候
四人桌当前已排到　[B000号]　　四人桌　1人在等候
　　　　　　　　　　　　　　　　六人桌　0人在等候
十人桌当前已排到　[D000号]　　十人桌　1人在等候
　　　　　　　　　　　　　　　　大包间　0人在等候

图 5-5　智能排叫号系统

APP 之类的应用，可以配合餐厅的自带系统，启用智能排叫号系统，留住没耐性的顾客，增加餐厅盈收和评价。见图 5-5。

第三节 自助点餐系统

互联网正以前所未有的更新换代速度向传统行业发起一轮又一轮的挑战，就连统领电子行业半个世纪的摩尔定律也即将迎来终结。要在当前酒店行业日趋激烈的竞争中脱颖而出，必须努力发展自己在业务管理方面的特色，避免传统管理方法的失误，给管理者和普通的营业员带来操作上的方便，对整个酒店各个方面的业务带来快捷、方便、高效的服务，给客人更加便捷、人性化的服务。时代在变革，技术在进步，酒店行业当然也不例外，互联网的触角正伸向各行各业尤其是酒店业，撼动旧经济格局的根基，建立自上而下的互联网架构成了传统酒店业自救的必由之路。

酒店电视系统在结构的设计上，还可以体现出酒店管理的独到之处。现代电视系统其实是一个自完善的计算机系统，随着网络电视的普及，传统的广播电视已不是唯一收看电视的手段了，随着各种电视盒子的出现，现代电视产业正在转型。前文提到的电视系统的计算机网络本质，其实就是酒店管理的要道之处。电视系统不仅仅可以是提供电视功能，甚至是和前台服务对接，对于长期入住的客户，其中也可以自带有行程安排笔记本之类的功能，这其中也并不涉及过多的成本问题，但是可以在用户体验上有很大的改善。

酒店餐饮系统也可以并入这一电视网络，使酒店各个部分的关系更加紧密（见图 5-6）。

图 5-6 数字化酒店中的电视系统

一、基于O2O的餐饮模式

智能手机普及的现代，移动互联快速发展，传统餐饮运营模式受到挑战，必须改革，顺应新的时代潮流。

以微盟智慧餐厅为例，这个平台基于微信公众号建立统一的餐饮服务管理平台，提供快速点单和会员制，采用当下比较流行的微信支付平台，通过二维码和微信公众号来和用户建立交互，快捷有效，而且微信钱包较为可靠，减少了在收钱过程中的人为失误，其中所产生的支付数据和食品记录，也可以作为可查依据，进入系统数据库，方便收支建模和核实账目。

建立在移动支付平台上的另一个优势就是迅捷，部署这一类的系统不需要太多的人力，成本也不高，通过数据库接口，可以快速作为一个模块并入酒店管理信息系统。移动互联网的一个特点就是服务提供商会提供包括运营在内的服务打包，使使用者可以不用顾及具体实现，而使用提供方提供的大量的已经优化的系统服务，其中，比较值得一提的便是 Web 2.0 的兴起，酒店管理甚至可以部署在云台之上，通过 Web 界面即可完成相关的所有操作，服务提供方会直接提供一个 CMS。移动互联时代，单纯卖产品是不行的，附加服务通常可以起到很多作用，这不仅仅是互联网公司的思维，也是现代酒店管理中需要注意和学习的。

二、酒店餐饮中的自助模式

自助模式一直是智慧酒店建设中的重点讨论对象，在当代，随着移动互联技术和智能设备的普及，自助模式得到了很大的发展。见图 5-7 和图 5-8。

提高餐厅营收五大神器
国内领先餐厅O2O解决方案

丰富的营销推广方案	一体化会员管理系统	搭建微信公众号	小程序	运营服务
实现以老客带新客	提高会员复购 唤醒沉睡客户	帮助商家提升到店转化	畅享微信流量红利	提供专业的运营服务

图 5-7　微盟智慧餐饮功能示例

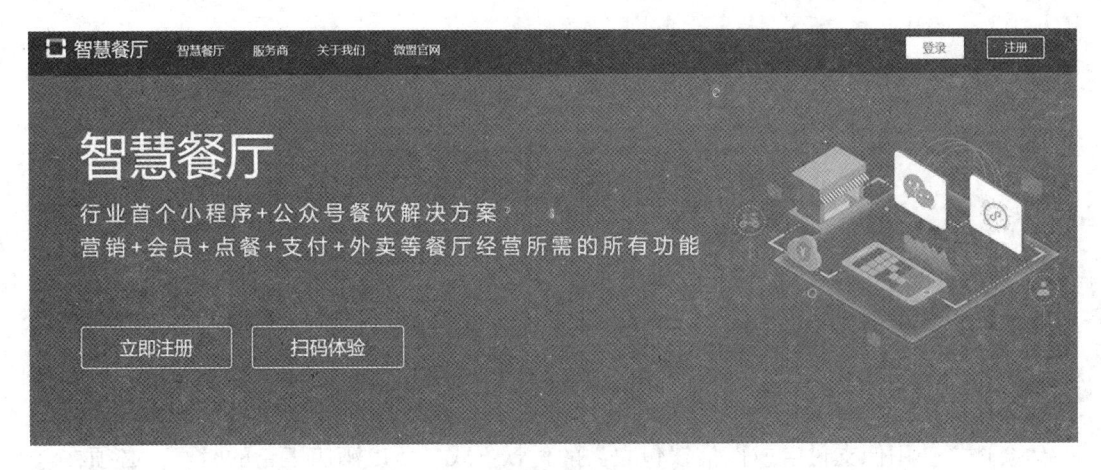

图 5-8　微盟智慧餐饮简介

一些自助终端也可以在酒店餐厅的自主系统中发挥重大的作用，以麦当劳为例，麦当劳的门店几乎全部使用了"柜台+自主点单终端"的点菜模式，客户可以直接在点单终端上扫码进行点单，终端机器所获得的订单同时也是一个完备的叫号排号系统，客户的点单和柜台的点单是一体的，不仅仅避免了排队带来的时间浪费，有效地缓解了人流压力，也减少了人力需求，这样餐厅就能以更少的人力处理更多的订单，从而获得更优的收支模型。

不仅仅是可以使用点单终端，基于微信的强大功能和广泛的普及度，越来越多的餐厅在其餐桌之上展示餐厅的点单二维码，客户扫描二维码，在线下单，当场生成账单和收费，甚至比自助终端更加方便（图 5-9 和图 5-10）。

图 5-9　通过微信点单　　　　　　图 5-10　一个实例的自助点单终端

第四节　餐饮结算系统

一、移动互联网支付

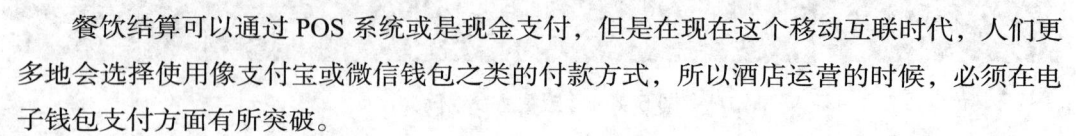

餐饮结算可以通过 POS 系统或是现金支付，但是在现在这个移动互联时代，人们更多地会选择使用像支付宝或微信钱包之类的付款方式，所以酒店运营的时候，必须在电子钱包支付方面有所突破。

电子钱包的一个特点就是其与二维码结合得特别好，比如，在客房的入门处张贴二维码，利用微信的商家功能，可以直接把一些服务，像是餐饮提供之类的选项置于其上，而且也方便收款。

通过在线收支的方式，不仅仅可以节省人力，方便更新餐单信息，通过调用历史数据库，也可以快捷计算收支模型，对于智慧酒店的信息化管理来说，有着很重要的地位。

二、酒店餐饮结算模式

传统的常规收支流程：

（1）餐厅结账单一式两联：第一联为财务联，第二联为客人联。

（2）客人要求结账时，收银员根据厅面工作人员报结的台号打印出暂结单，厅面工作人员应先将账单核对后签上姓名，然后凭账单与客人结账。如果厅面工作人员没签名，收银员应提醒其签名。

（3）客人结账现付的，厅面工作人员应将两联账单拿回交收银员总结后，将第二联结账单交回客人，第一联结账单则留存收银员。

（4）客人结账是挂账的，则由厅面工作人员将客人挂账凭据交收银员。

这仅仅是传统意义上的结算流程，在引入移动互联支付后，支付流程发生的改变巨大。以微信支付举例，在结算的时候，直接通过后台程序完成结算并发起收款，客户在付款的时候，可以快速完成，同时也可以省下酒店的大量原本用于人工收款的人力，在结算发票的时候，可以直接提供电子发票，也可以直接标记"需要纸质发票"，之后让客人在退房的时候到前台领取（图 5-11）。

这不仅仅提高了酒店运营效率，还提高了用户的入住体验。移动互联网还处在发展的上升期，大量的应用场景尚未被挖掘出来，酒店管理者在实际的运营之中，应当有一双善于发现的眼睛，主动地提出有建设性的应用方案。这其中的应用，也是智慧酒店信息化运营的一个重要课题。

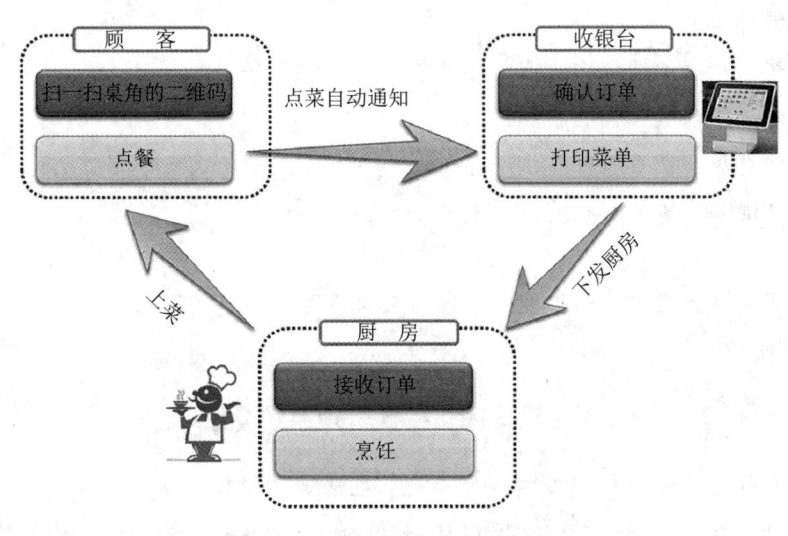

图 5-11 一个典型的餐饮结算流程

本章小结

本章简要介绍了酒店餐饮管理系统。结合银座的例子体现完善餐饮系统所带来的企业优势，概要介绍了酒店餐饮管理的三个主要部分——菜品信息管理，销售管理和成本管理，以及在这基础之上的计算收支建模。在章节后半部分，详细说明了智能预订排叫号系统，以及自助点餐和餐饮结算系统，重点讨论了其中的移动互联网的发展所带来的变革。

复习与思考

一、名词解释

菜品信息管理　销售和成本管理　智能预订排叫号系统

二、选择题

1. 自主点餐系统的迅速信息化归功于（　　）

A. 移动互联网发展　　　B. 需求加大　　　C. 过去酒店管理的经验

2. 餐饮管理系统最基本的信息是（　　）
A. 销售管理　　　　　　B. 菜品管理　　　　　　C. 成本管理
3. 一般认为，餐饮管理的核心内容是（　　）
A. 流程管理　　　　　　B. 客户反馈统计　　　　C. 成本信息

三、简答题

1. 客户资料档案的获取方式有哪些？具体包括哪些部分？
2. 业务管理模块包含哪些内容？
3. 什么是客房智能系统？

四、运用能力训练

1. 简述几个移动互联技术在传统餐饮上的创新之处。
2. 在计算成本模型时，需要注意的内容有哪些？

五、案例分析

千里马集团化餐饮管理系统介绍

中国的餐饮业非常发达，餐馆到处都是。在庞大的中国市场，餐饮企业要想做大做强，就要多开分店，遍地开花，才可以达到规模经济的效益。当餐饮集团的店数越来越多时，就必定需要通过信息化手段为旗下的店提供更有效的管理及营销支撑。

鉴于市场的需求，万迅公司研发了千里马餐饮管理集团化应用平台。基于这个强大的管理平台，集团在营运上可以实现各分店共享会员积分储值，餐饮系统数据传输汇总；在后台管理上，通过餐饮成本系统和集团供应链系统的配合使用，可以实现整个餐饮集团采购、物资及成本控制的集约化管理。

管理系统：一套系统，五大核心，全方位管理

千里马集团化餐饮管理系统是一整套基于互联网的跨地区、实时性、分布式、全方位的信息管理系统，由千里马单店餐饮管理系统、千里马集团会员管理系统、千里马餐饮成本系统、千里马集团物资供应链管理系统及千里马集团信息共享平台五大核心模块组成，涵盖餐饮经营管理的各个方面，帮助集团实现业务一体化无缝管理。

营运管理：各店会员共享，总部实时监控

餐饮集团搭建起集中的餐饮管理平台后，原本分散的会员数据都被集中起来，可供各单店方便地查询和使用。会员持卡可在所有集团旗下营业点消费并积分，实现一卡通行；集团可自定义各种贴合营销需要的会员管理体系及积分优惠模式，以激励会员保持对集团的忠诚度。对于单店的管理，集团管理者可以通过平台随时查看所有单店的实时营业数据，便捷地对运营情况进行监控，并按需要调整经营策略；通过自动化的营业报表汇总机制，管理者可掌握各店第一手经营统计数据，及时进行对比分析和科学决策。

后台管理：环节紧密相连，数据自动流转

餐饮经营活动的过程由采购→验收→贮存→发料→加工切配→烹调→销售等环节构成。千里马将物资供应链管理系统、餐饮成本系统及餐饮管理系统有机结合起来，通过各个模块的数据无缝流转对以上各个环节进行控制。集团可以通过集中采购、联合仓储和内部多方交易等方式充分利用整体资源来平衡各店之间的物资需求，并统筹管理与供应商的往来结算；在原材料进入厨房粗加工和切配、烹饪环节，可以利用成本卡、标准配比、出品部门对照、物料单位转换等功能，实现对原材料出成率、物料耗用及菜品成本等方面的控制和监督，进而达到维持利润合理水平的目的。

案例分析：

请结合上述案例，思考如下问题：

1. 切合实际环境，试分析千里马参与管理系统的独到之处。
2. 分析千里马餐饮管理架构并手绘示意图。

选择题参考答案：

1. A 2. B 3. C

第六章　酒店餐饮财务信息管理

本章导读

本章主要介绍酒店管理中的财务管理，并且结合信息化智慧酒店概念做了详细介绍，旨在让读者对酒店财务有一个较为详细的概念。重点讨论了O2O和移动互联网对酒店财务管理的影响。

【学习内容】酒店POS系统相关的基本业务流程，餐饮结算的信息化历程（电脑收银，电脑收银—厨房打印，手持点菜宝，智能终端点菜），O2O模式对餐饮结算的影响和其对比传统酒店餐饮结算的相关特点，以及餐饮结算的历史过程。

【知识目标】理解POS机在酒店餐饮服务中的应用，掌握基本流程。了解餐饮结算的发展历史（电脑收银机，点菜宝，iPad点菜系统），重点认识现代结算方法。理解O2O模式在餐饮结算中的应用，并认识到移动支付是O2O的核心。了解传统点菜的缺点和O2O的重要性。知道现代酒店餐饮结算的特点、优势和基本流程。

【能力目标】能够独立设计一个完备的酒店餐饮结算系统，实际掌握点菜宝的使用方法和其中涉及的功能和相对应的结算环节。对一个结算系统进行压力测试，验证其结算效率，是否在交易量过大时仍旧表现良好。

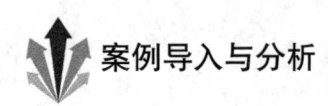

案例导入与分析

麦当劳合作：智慧化餐厅，体验才是王道

2015年10月份，微信支付和麦当劳的合作开启。这一次，微信支付又直接"包"了一整家麦当劳店，智慧餐厅落实进麦当劳店内的每个体验细节。顾客进入一家麦当劳店用餐，

一般需要经过 3 个阶段：点餐——支付——用餐。微信支付显而易见也对用户用餐流程进行了琢磨：用户到店先摇一摇获得优惠券，然后直接找座位入座，扫桌面二维码微信点餐后直接使用刚获得的优惠券微信支付买单，支付完还可以和好友互动分享，将麦当劳优惠券等信息分享给其他好友，真正实现了"数字化用餐"。

除此之外，麦当劳的微信支付旗舰店内，从店头到店面，从餐桌到 showgirl，店内的每个设计细节不但将微信支付简约、时尚的气质与麦当劳的经典设计进行了融合，更是在"智慧餐厅"的实践中融入了麦当劳"快乐""分享"的品牌理念，不仅完成了麦当劳支付方式的升级，还将微信红包、微信转账、点赞、摇一摇等微信独有的基于社交分享的产品体验融入了整个就餐体验，打造出"快乐不止一点"别具一格的智慧餐厅体验，而这家店则成为麦当劳全球首家微信智慧餐厅，获得了用户广泛的关注，相信微信支付也是将其作为微信"智慧餐厅"的一个"范本"，对于其他餐厅，甚至是其他传统线下门店都能提供可复制性营销经验。见图 6-1。

图 6-1 麦当劳合作微信支付

第一节 酒店 POS 系统

随着社会的发展、酒店经营规模的扩大和商品种类的丰富，传统的用手工结算的方法已越来越不能满足现代酒店结算业务的需要，正逐渐被融合计算机和信息处理技术的收银机以及更新的结算方式所取代。其中，POS 和 POS 系统在商业销售终端结算中得到广泛的应用，也几乎成为一种超市等零售业商店必备的设备。下面介绍 POS 收银机在餐饮服务中的应用，解读 POS 机的信息传递的流程。见图 6-2 和图 6-3。

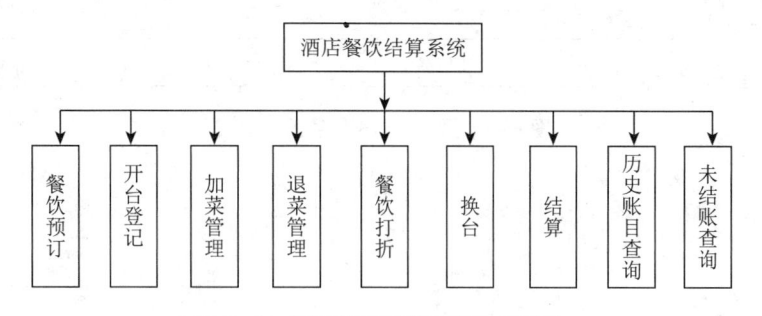

图 6-2 酒店餐饮结算系统功能结构

图 6-3 总体业务流程图

目前酒店餐饮业务中用 POS 收银机结算一般有两种模式：一是顾客在就餐后结算（后结算模式），其信息流程可由图 6-4 所示；二是顾客在点菜或取菜后及就餐前结算（前结算模式），其信息流程可由图 6-5 所示。

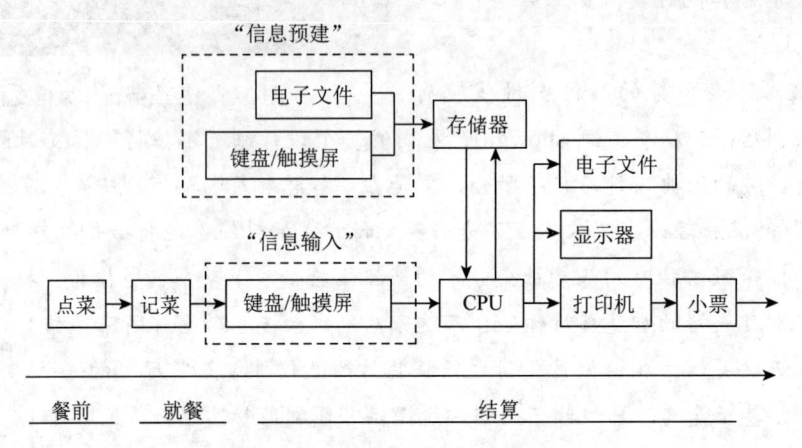

图 6-4 酒店 POS 信息流程之一

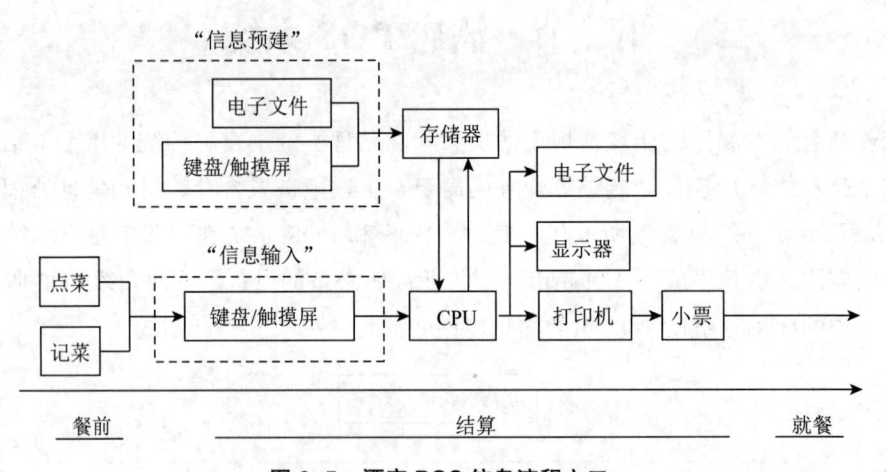

图 6-5 酒店 POS 信息流程之二

第二节　酒店餐饮信息化

一、餐饮结算的信息化历程

电子信息行业发展的萌芽期是在 20 世纪 70 年代，当时电子设备不仅价格昂贵，而且产量也很有限，基本上应用于科研领域，在民用信息化建设方面的应用较少。像餐饮这种服务行业一直都是纯人工操作。20 世纪末，物联网技术的兴起逐渐带动了餐饮行业结算方式的发展。

餐饮行业结算方式变化历程包括以下几个阶段：

（一）电脑收银机阶段

餐饮管理信息化的雏形形成于 1986 年，消费者点餐以后，由收银台的打印机打印显示菜品名称、数量和总金额的小票，省去了收银员通过计算器计算账单的过程，电脑收银机不会发生结账失误的情况，同时加快了结账速度。其实，这一阶段的餐饮信息化充其量是实现了财务管理的电算化，功能特别简单。

（二）电脑收银、厨房打印阶段

这一阶段起于 1998 年，点菜系统的可操作性越来越好，首先由录单人员将点菜服务员反馈的点菜单依次录入电脑，然后点菜系统将点菜数据传送至厨房，厨房根据打印出来的菜单烹饪并上菜，使用这种点菜系统，加快了上菜速度。

（三）手持点菜宝

2001 年，美国洛杉矶的一家高级酒店餐厅服务员的手里拿着点菜宝（图 6-6）为消费者点菜，当消费者报出菜名时，服务人员就在点菜宝上进行实时输入，随时将点餐数据传送至收银台和厨房，服务人员不用手工记录，也不用奔波于顾客餐台和收银台之间。手持点菜宝的成本逐渐降低，无线网络也越来越普及，点菜宝不再是高档酒店餐厅的专属工具，更多的中小型酒店餐厅具备了购买的能力，手持点菜宝在餐饮行业渐渐流行起来。

图 6-6　手持点菜宝

（四）智能终端点菜系统

2011年，以 Android 平板电脑和 iPad 作为电子菜谱载体的智能终端点菜系统出现了，随着技术的进步，点餐系统的功能也得到了进一步的完善。通过触摸屏不仅能够看到丰富的菜品样式，还能了解到菜品的原材料、烹饪方法以及营养价值，这种点菜方式以消费者为中心，提倡自主和个性化，为消费者带来人性化的点餐体验。通过该点餐系统消费者可以轻松完成点菜、退菜、加菜、下单、结算、评价菜品等一系列操作，不仅增加了消费者的愉悦感，而且降低了酒店餐饮部的人力成本。

伴随微信小程序和移动支付的进一步发展，客户通过扫描二维码等方式，在手机上就可以直接下单、付款，甚至追踪菜品的烹饪进度，店家也同时在移动客户端进行发布活动信息之类的销售活动。

如图 6-7~ 图 6-9 是"自在点"千里马 iPad 点菜系统：

图 6-7　点菜系统样例 1　　　　　　　　图 6-8　点菜系统样例 2

图 6-9　点菜系统样例 3

二、O2O模式对餐饮结算的影响

近年来，酒店餐饮业 O2O 市场能够迅速发展，这与餐饮的整体市场规模大、需求刚性强、企业参与积极性高、网络技术的迅速普及密不可分。目前凡有餐饮的地方，就有团购。有团购的网站，必然提供有餐饮服务。

2014 年中国本地生活服务市场规模为 5.6 万亿元，餐饮以 43% 的市场占有率无可争议地排在第一位，排在第三位的酒店占到 25%。在团购的冲击洗礼下，酒店服务业的信息化建设和专业人才队伍建设已经走在生活服务行业的前列，美团、大众点评、拉手、糯米、窝窝团等团购网站充分发挥了市场推手的作用。

2015 年 3 月 9 日，中国国内最大的本地生活服务平台——美团网发布了最新的统计数据报告。报告基于对超过 2 亿用户的数据分析，展现了 5 年来人们在酒店、餐饮、外卖等各大生活领域的消费场景。

自 2010 年 3 月 4 日以来，2 亿多用户通过美团团购的方式消费了 7 亿顿饭、1.4 亿份外卖。现在每天大约有 2000 万人通过美团网进行消费，相当于 400 个万达广场一天的人流量。无论是美团，还是商家和客户，完全依靠 O2O 模式在消费驱动的社会转型中得到了多赢。

在国家政策大力支持和消费型市场巨大需求的双重推动下，以美团网为首的 O2O 团购平台将有着更加广阔的发展空间。2015 年，美团的在线交易额超过了 1300 亿元人民币，预计 2020 年将会实现破万亿元的目标。

通过 O2O 模式，餐饮企业和用户形成良性的互动，并且促进反复消费，这使得餐饮市场规模将继续保持较快增长。根据中国电子商务研究中心监测数据显示，2014 年中国餐饮行业 O2O 在线用户规模达到 1.89 亿，已经超过中国网民总数的 1/3。预计到 2017 年，中国餐饮行业 O2O 市场规模将突破 2000 亿元。

综合上面这些数据，我们知道，在 O2O 模式下酒店餐饮结算必须采用一种新的方式。对于如此庞大的网上预订群体，如果采用人工协助、电脑收银、刷卡等的方式，那肯定是不现实的。在移动互联网浪潮下，智慧餐饮成为餐饮消费结算的大趋势。美团外卖、饿了么等一系列团购网站，都采用了在线支付的方式，顾客通过手机 APP、微信、支付宝等方式，可以随时随地实现在线预订、点餐、预付及结账支付等服务。

（一）O2O 模式简介

O2O 是由 TrialPay 创始人兼 CEO Alex Rampell 提出的。O2O 是"Online To Offline"的简写，即"线上到线下"（图 6-10）。

图 6-10　O2O 示意图

O2O 商务模式是线上渠道和线下渠道有机结合的一种电子商务模式。O2O 具体是指线上营销、线上购买带动线下经营和线下消费，即将线下商务机会与互联网技术结合在一起，让互联网成为线下交易的前台，通过互联网获取商家服务信息，用户在网上购买并完成支付后，再凭借各种形式的支付凭据，去线下实体店里享受服务、完成消费。

O2O 模式指商家通过网络提供产品的销售信息、服务，线下商店的消费者推送给线上，消费者需要在线支付相应的费用，再凭借各种形式的凭据去线下商家提取商品或享受服务。

（二）传统酒店餐饮结算

在传统的餐饮结算过程中，结算主要有现金、住挂、外挂、招待费、会员卡 5 种结算方式。收款员先与服务员核对酒水的数量，问清客人的结算方式，如需减免，则通过打折方式进行减免，若现金方式结算，直接进行结算。若会员卡结算只需要确认客人的卡余额够即可。外挂账结算方式，必须是财务授权的单位方可挂账，账单的第二联封装到交款袋中。住挂账方式结算的，首先查询住客押金是否够，押金够，可挂账，并将有客人签字的结账单送交总台收银处。如果押金不够应与总台取得联系，总台授权后方可挂账。招待费需要确认详细的招待单位，如地产公司招待、饭店招待、代金券等。

通过上述的一系列程序，导致收银结算慢，原因主要有三个：收款员录入账单；住挂账需要客人信息校验；外挂账需要核实该单位是否可以挂账、是否过了挂账期限、是否已经超过了限额，上述过程很麻烦。当然，也会导致一些问题的产生，比如说：（1）餐厅收银员既录入菜品明细，又负责结算，容易出现漏洞。（2）前台漏输菜单，后厨并不知晓，容易造成后厨跑单。

以上两个问题，结合到一起总结一下，传统上对于餐厅一般采取的形式就是收银负责输入菜品，又负责结算，单据由服务员手工传递到后厨，收银的输单和后厨的出菜并没有任何连接，如果收银漏输，就会造成跑单，而且采用这种方式在审核方面也很烦琐，需要一定数量的审核人员，加大人员的开支。

传统的结算方式，总的来说不是很灵活，对于顾客少的时间段，可能还是适用的，但是对于顾客集中性的时间段，比如说，中餐、晚餐，就不是很适用了。当顾客结账时，会出现等待的现象，这对于一个高级酒店来说，则会大大地降低用户的体验满意度。

（三）现代化的酒店餐饮结算

目前，大部分的酒店是采取后厨自动分单的形式，也就是说，菜品的输入由服务员在电脑中输入，在输入完毕确认后，后厨打印机自动将已点菜品打印出来，后厨只有接到分单后才做菜，将输入与后厨连接起来，避免跑单。也简化了收银的工作，收银员在这种情况下完全处于被动的结算状态，没有过多的个人空间。这样将审核变得也很简单，也防止作弊现象。虽然与传统的结算方式相比，这种结算方式的速度有了大幅度的提升，但是远远不够。假如一个顾客对于自己点的菜的数目有疑问，那么收银员就要给出解答，这也会大大增加结算的时间。

针对当下移动互联网技术的不断完善，各大酒店也采用了 O2O 模式，通过网络餐饮预订平台，能够很好地解决传统点菜方式中存在的普遍问题，主要表现为以下几点：

（1）降低餐厅的运营成本。整个点餐过程由消费者通过移动终端自主完成，服务人员并未参与，因此餐厅可以根据实际需要适当地缩小服务人员的规模，减少人力成本。

（2）提高消费者的体验。传统的纸质菜单需要根据菜品的更新而实时更换，不仅不经济，还不环保，在移动终端上呈现的电子菜谱，不仅能够看到菜品的样式，还能了解到菜品的原材料、烹饪方法以及营养价值，为消费者带来人性化的点餐体验。

（3）提高餐厅的工作效率。消费者通过移动终端可以查看餐厅推荐的特色菜，还可以根据个人喜好搜索菜品，选好菜品后直接下单，点餐数据便能够传送到厨房。厨房也能够根据当前的食材、原料是否能够供应而及时反馈给消费者，以便消费者进行退菜、换菜和加菜等操作，省去了服务人员来回传递消息的过程，从而简化了点菜流程，提高了餐厅的工作效率。

（4）自动结算。消费者用餐结束后，点击客户端界面上的结算，就会显示消费清单，享受的折扣，消费总额等。客户确认消费清单准确无误以后，选择是否索要发票，然后现金付款或者银行卡付款。如果索要发票，需在客户端输入单位名称。收银台根据消费者的要求开具发票，打印详单，赠送代金券，并由服务员送至餐台。

（5）移动/在线支付。受移动互联网的影响，人们的交易习惯发生了重大变化，O2O模式的发展给移动支付的推广描绘了广阔的前景。国家在推动移动支付国家标准的制定与普及、监管体系建设、牌照发放、安全保障等方面确立了相应的系统化技术要求，为推动行业健康发展、规范运营提供了良好的法律和机制保障。

准确高效的移动支付将帮助酒店餐饮完成O2O的闭环。当消费者完成线下支付时，其支付行为所涵盖的信息将在一个闭环中传递，有效地将消费信息传送到O2O平台，迅速完成线上和线下的信息核对，还可以通过对大量的消费数据分析形成用户习惯的有效分析，从而为酒店改善消费体验提供有效的支撑。例如，美团的客户在付款后会收到一个唯一的网络序列号和密码，顾客带着序列号和密码去消费，大大节省了时间与费用，而且心里感觉非常踏实。

从酒店订单结算方式来看，如图6-11所示，信用卡和储蓄卡消费占据大部分比例，说明银行卡消费是目前酒店结算的主要类型，这与消费人群的习惯、政策方针和方便性有关。同时我们也要知道，随着二维码、NFC支付技术的成熟和平台建设的完善，在银联等第三方支付机构及国家政策的大力推动下，未来2~3年将迎来二维码、NFC近场支付为代表的市场大爆发，这两者必将成为O2O闭环中的重要中介，必将成为移动支付的重要形式，将会为消费者带来全新的消费体验。当下远程支付的主要类型如表6-1所示。

图6-11 支付方式比例示意

表 6-1　远程支付的主要类别

厂商属性	主要客户	竞争优势	主要参与者
互联网	手机网民	用户习惯从PC端到移动端的过渡，技术先进	支付宝、微信等
硬件支付	小微商户	申请门槛低，办理速度快	拉卡拉、钱袋宝
短信支付	不习惯手机上网的用户	不需要互联网环境	联动优势、上海捷银
网上银行	银行保险客户	具备安全口碑、收费低	银联、银行、保险

O2O 运营模式的核心是在线支付。在线支付是连通线上和线下的关键环节。企业通过 O2O 模式将线下商品和服务在线上进行展示，这既让顾客能够及时全面地掌握信息，提高了比对效率，又增加了选择的机会，最终顾客会根据对产品与服务性价比的需求和自身的便利性来决定选择适合的商家提供适合的服务。

下面针对长虹国际酒店这个例子做简要说明，长虹国际酒店要在 O2O 模式下有所作为，核心的问题就是要解决好移动支付的问题。从酒店目前的实际情况分析，要解决好移动支付的问题可以从三个方面入手，如图 6-12。

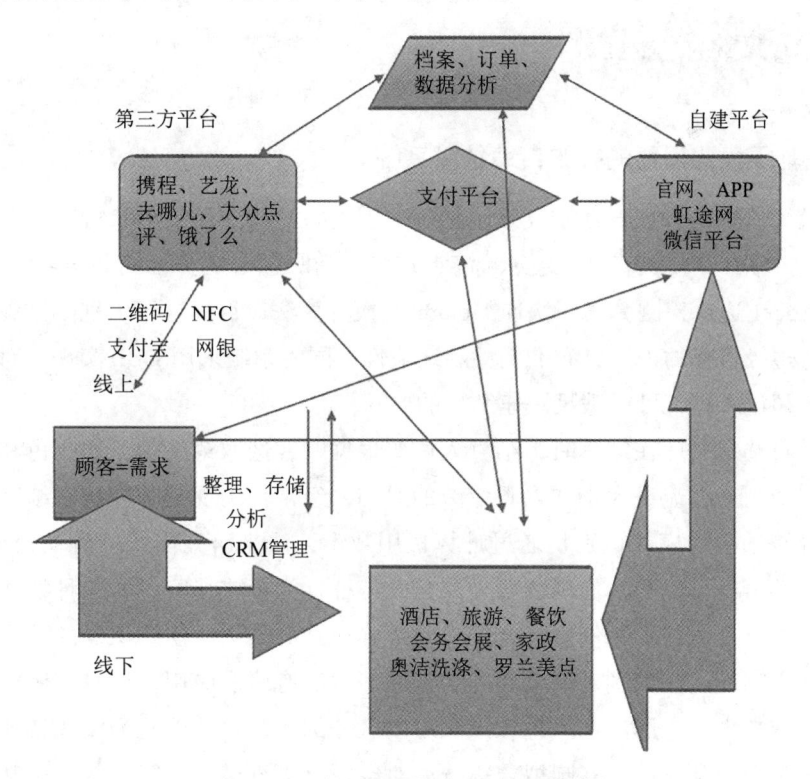

图 6-12　长虹国际酒店 O2O 运营模式

一是通过第三方平台预付定金的方式。酒店在和携程、艺龙、去哪儿合作中均采用此方式，支付宝是非常好的合作对象，尽管存在提取佣金的问题，但更多的是方便了顾客，降低了财务风险。美国有一家酒店，通过在线预付定金的方式实现了人力成本的较大节约，客户在网络上选择这家酒店后，输入抵离店时间、具体的房型及相关要求，酒店的预订系统会提供相应的信息，客人进行自主选房后系统对相应的信息进行确认，客人将预付金交付第三方平台后，酒店会提供房号及开房的识别密码。客人可以按照预订的时间到店后直接使用密码开房门，完全省略了check in的环节，节约了传统的总台接待功能，节省了大量的人力和物力，对于改变国内酒店业中传统的服务方式能够起到很好的借鉴意义。

二是即时支付的问题。酒店积极与中软管理系统沟通并协助完善相关数据接口，积极开发二维码支付和NFC近场支付业务，打通酒店O2O运营的支付瓶颈。酒店要通过一定的优惠活动，如积分制、赠送有价票券、折扣等形式鼓励客户在线即时支付。

三是酒店可以选择和银行进行合作，建立与酒店集团进行战略合作的银行清算工具，使移动支付自然而然地融入日常生活和交往中，从而进一步提升用户体验。

三、餐饮结算的探索之旅

（一）基于模式识别的餐饮自助结算系统

基于模式识别的餐饮自助结算系统是通过识别餐盘的颜色、形状特征来区分价格种类进而自动结算。采用了灰度变换、高斯滤波、椭圆拟合的方法对模式特征进行预提取，采用Sobel边缘检测算子、快速Hough变换等算法对目标进行识别。试验表明该方法对非完整边缘目标的识别具有准确性和适应性，同时系统采用DSP实现，对一次目标识别结算不超过3秒，可以满足快速结算的要求。

传统的自选式餐厅在结算时，结算人员要根据顾客选取菜品餐盘的颜色和大小进行计价结算，受制于客流量大小和人眼疲劳的原因，经常会出现排队拥挤和结算出错的情况，导致经济损失。模式识别是通过计算机用数学方法来研究模式的自动处理和判读。具体是把一类事物可以和其他事物明显区分的特征称为模式特征，对这种特征进行提取分析，然后在含有该特征的信息集合中将其准确识别的方法。模式识别的准确性和高效性常使其在文字和人脸识别、遥感和医学诊断等方面有诸多应用，但是在餐饮服务，如自助结算领域却少有应用。用颜色和形状可以区分的餐盘，并以此为模式特征区别于其他目标。通过图像预处理，椭圆拟合等方法对空餐盘进行模式特征提取，再基于已提取特征，Sohel边缘检测算子和快速Hough变换等算法对放有菜品的餐盘进行识别结算，该方法可以很好地识别非完整边缘的目标，且对不同的餐饮场所具有适应性。同时图像数据的处理采用 DSP 实现，减小了系统体积，降低了配套设施的成本，使其在普及应用中成为可能。

（二）基于 ARM 和计算机视觉的餐厅快速结算系统

此系统将通过三星 S3C6410 硬件平台，采用中星微 Z310c 摄像头获取餐盘图像，根据边角检测颜色检测，获得感兴趣区域内餐盘信息，与内存数据价格比对，得到结算价格。另外，通过以太网传输价格信息至数据中心和读写卡设备，完成一次结算。系统结算快捷，具有多路信号输入等功能，有较强实践意义。

日本出现了一种基于计算机视觉的结算系统，其主要通过一个摄像头，通过获取的图像特征，实时鉴别物品的种类，从而达到快速结算的目的。这种方法是非接触式检测，能够达到快速性的要求，但是通过图像处理的方法，往往精确性得不到保证，出现错误的分类；另外，其算法复杂，造价较高，实际上应用并不广泛。

针对这一问题，设计了一种基于 ARM 单片机和机器视觉的餐厅结算系统，其结合了上面方法的优点，能够达到计费快速、计费准确的特点，而且造价合适，不需要特定的餐盘、机器，很容易获得广泛应用。通过此快速结算系统，可以为酒店提供自选式快速结算服务。在使用过程中，能够达到快速结算、精确核准、无人值守等特点。

在结算阶段，通过采集图像设备，检测托盘中餐盘边角提取餐盘颜色得到价格信息。然后发送信息至数据中心和读卡写卡设备，系统的模块结构如图 6-13 所示。

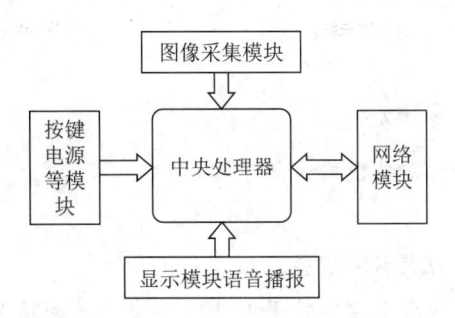

图 6-13 系统模块结构

图像采集模块主要完成餐盘图像获取的内容，把待结算的餐盘照片数据回传给 CPU。按键电源模块完成一些系统复位、供电功能。网络模块主要负责与数据处理中心和读卡刷卡设备之间的通信。显示模块和语音播报用来实现信息的交互，可以显示菜单、具体价格信息，播报欢迎语等。中央处理器则完成整个系统的协调，任务分配和图像处理，输出结算金额等内容。

具体的系统设计原理，在此不做过多的解释。有兴趣者，可以参考刘子龙、胡少凯、蒋辰飞、韩光鲜编著的《基于 ARM 和计算机视觉的餐厅快速结算系统设计》(《信息技术》2013 年 11 期)。

本章小结

本章主要介绍了酒店餐饮财务管理，POS 机在酒店餐饮服务中的应用，以及餐饮结算的发展历史（电脑收银机、点菜宝、iPad 点菜系统），重点认识现代结算方法，理解 O2O 模式在餐饮结算中的应用，现代酒店餐饮结算的特点和优势以及基本流程。

复习与思考

一、名词解释

1. POS 机　2. O2O 模式

二、选择题

1. 手持点菜宝最早出现在（　　）

　A. 巴黎　　　　　　B. 伦敦　　　　　　C. 洛杉矶　　　　　　D. 纽约

2. 目前酒店餐饮结算的主要形式是（　　）

　A. 银行卡　　　　　B. 现金支付　　　　C. 移动支付　　　　　D. 充值支付

3. O2O 模式的核心是（　　）

　A. 网民　　　　　　B. 移动支付　　　　C. 全球化进程　　　　D. 银行卡支付

三、简答题

1. 手持点菜宝的优势是什么？

2. 传统酒店餐饮结算有哪些模式，效果如何？

四、运用能力训练

1. 独立设计一个完备的虚拟酒店餐饮结算系统。

2. 获取实物，实际掌握点菜宝的使用方法和其中涉及的功能和相对应的结算环节。

3. 对一个结算系统进行压力测试，验证其结算效率，是否在交易量过大时仍旧表现良好。

选择题参考答案：

1. A　2. A　3. C

第七章 酒店楼宇自动化系统

本章导读

本章介绍酒店的楼宇自动化及相关系统，包括楼宇自动化的基础知识，设备监控系统，综合布线系统，计算机网络系统。

【学习内容】楼宇自动化相关概念，设备监控系统中空调系统、给排水系统、供配电系统、照明系统、电梯系统的组成和监控，综合布线系统的概述和组成，计算机网络系统的概述和组成。

【知识目标】了解楼宇自动化系统的概念和构成；熟悉设备监控系统，综合布线系统，计算机网络系统的功能、组成和在酒店中的应用；了解上述系统中自动化控制的基本内容。

【能力目标】熟悉楼宇自动化系统中各系统的功能指标，能对实际系统进行简单的分析和评价，了解目前酒店里各系统的基本技术和应用现状。

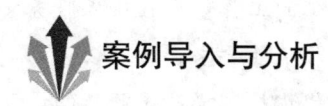

案例导入与分析

南京机场铂尔曼酒店的楼宇自控系统

机场铂尔曼酒店是乘客休息度夜的主要配置工程，也是南京禄口国际机场通航后投资建造的首家五星级商务休闲酒店。其交托法国雅高酒店企业管理，是雅高集团旗下，南京的第一家铂尔曼品牌酒店，是在广州白云机场后设立的我国第二家机场酒店。该酒店总建筑面积58000平方米，具备312间豪华房间、餐厅、宴会厅等，同时拥有住宿、餐饮、宴会、休闲等功能。酒店位于T1与T2航站楼中间，经过里面的走廊行走2分钟就可以到航站楼。为了便于乘客搭机旅行，餐厅、客房均配有一致的显现航班讯息的屏幕，大厅设有登机牌兑换自助机柜台，是可以反映新世纪建筑、机电设施、讯息系统、管理系统、整体功能的大规模多用途大厦。酒店建筑要展现当今社会的数字化、网络化、智能化的特性。为创造一个优秀的工作、服务环境，提供高质量的信息管理，促进正常、安全运转，酒店应设有楼宇自动化管理系统（Building AutomaTIon System，BAS），利用计算机、网络通信与自主控制科技对楼宇里的机电设施展开自动化监测管理。

因为在总弱电系统里楼宇自控系统和水、电、风等领域都有关系，同时又是弱电智能化构架能否真正体现它智能性和可依赖性的关键原因，所以立足于酒店楼宇的高要求应用，根据酒店的具体功能要求，选择使用西门子楼宇科技公司APO-GEE顶峰楼宇自控系统。

西门子楼宇自控系统，整个系统由中央监控级和现场控制级两级构成，采取分散控制、集中监控与管理，中央监控级配备了管理操纵站与计算机输出设备，主要任务是对整个系统展开监测、数据储备、制作表格、打印和报警等。工作站运用了彩色图像动态显现运转过程与设施条件，系统便于操控，容易达成科学管理。现场控制是经过直接在现场的数字控制器实现的。能够完成对换热器、空调通风、排风排水和生活水等系统的管理和调节，对整个楼宇的相关机电设施展开信号收集与把控，达到酒店楼层设施管理系统自动化，发挥其优化设备系统运转质量、提升管理水准、减少运转管理工作量、节约能量消耗的功用。

安装调试完成后的南京机场铂尔曼酒店西门子楼宇自控系统已于2015年2月正式交付酒店投入运行，酒店自开始服务至今系统运转平稳，完成了预先设计的要求，系统可以有效地自动支配酒店里的受控设施，同时利用软件对设施展开完善的管理，让设施更好地发挥作用。大大提升了使用效率，科学控制设施的运转时间与状态，从而达到延长设施使用时间的目的。把减少能耗落到了实处，降低运维员工的工作量和在确保服务质量的同时减少了设施的运转成本。既能满足酒店不同区域对环境的要求，又对设施的运转和能源的损耗进行了合理分配，通过先进的一体化监测与优化控制提高了酒店的设施管理水平，为酒店提供了一个安全、舒适的服务和工作环境。

——资料来源：宋立. 西门子楼宇自控系统在南京机场铂尔曼酒店的应用 [J]. 江苏航空，2016（2），28-29.

案例分析：

请结合上述案例，思考如下问题：

1. 什么是楼宇自动化系统？
2. 楼宇自动化系统包括哪些内容？
3. 楼宇自动化系统的前景如何？

第一节　楼宇自动化系统概述

一、智能建筑

智能建筑是指利用系统集成方法，将智能型计算机技术、通信技术、信息技术与楼宇技术有机结合，通过对设备的自动监控、对信息资源的管理和对使用者的信息服务与楼宇进行优化组合，所获得的投资合理、适合信息社会需要并且具有安全、高效、舒适、便利和灵活特点的建筑物。

智能建筑必须具有三个条件：一是具有保安、消防与环境控制等先进性的自动化控制系统，以及能自动调节建筑内温度、湿度、照度等参数的各种设施，以创造舒适安全的环境；二是具有良好的通信网络设施，使数据能够在建筑内进行流通；三是提供足够的对外通信设施与能力。

二、楼宇自动化

在智能建筑中，以信息技术为基础的楼宇自动化系统是智能建筑各项功能和可持续发展的主体。楼宇自动化系统（Building automation systen，BAS）又称建筑设备自动化系统，是对智能建筑物内部的能源使用、环境、交通及安全设施进行实时检测、控制与管理。楼宇自动化系统是采用计算机技术、自动控制技术和通信技术组成的高度自动化的综合管理系统，能够对建筑物或建筑群中的电力供应、暖通空调、给水排水、防灾、保安、停车场等设备或系统进行集中监视和统筹科学管理，综合协调、维护保养，保证机电设备高效运行，安全可靠、节能长寿，给用户提供安全、健康、舒适、温馨的生活环境与高效的工作环境。

三、楼宇自动化控制系统

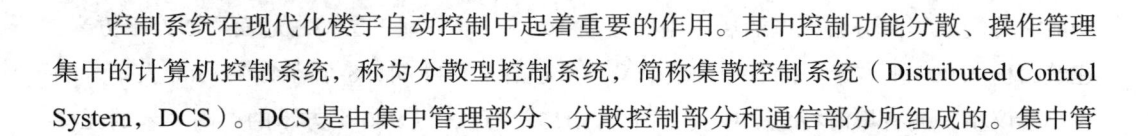

控制系统在现代化楼宇自动控制中起着重要的作用。其中控制功能分散、操作管理集中的计算机控制系统，称为分散型控制系统，简称集散控制系统（Distributed Control System，DCS）。DCS 是由集中管理部分、分散控制部分和通信部分所组成的。集中管理部分主要由中央管理计算机及相关控制软件组成。分散控制部分主要由数字控制器（Direct Digital Control，DDC）及相关控制软件组成，对现场设备的运行状态、参数进行监测和控制。DDC 的输入端连接现场检测设备，DDC 的输出端与执行部件连接在一起，完成对被控设备的调节以及设备参数的控制。通信部分连接 DCS 的中央管理计算机与现场 DDC，完成数据、控制信号及其他信息在两者之间的传递。DCS 的组成如图 7-1 所示。

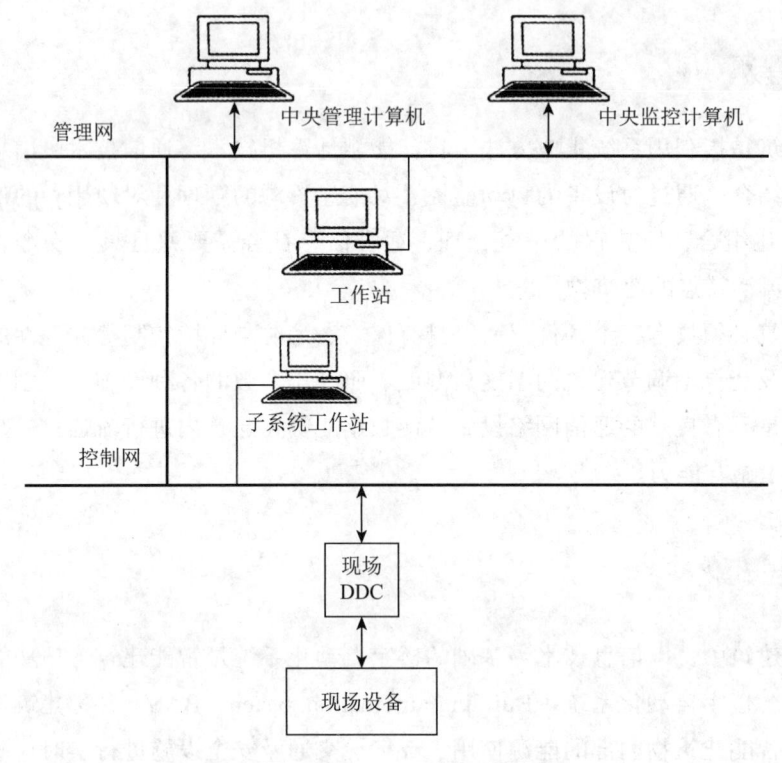

图 7-1　DCS 系统组成图

四、DCS在酒店楼宇控制中的应用

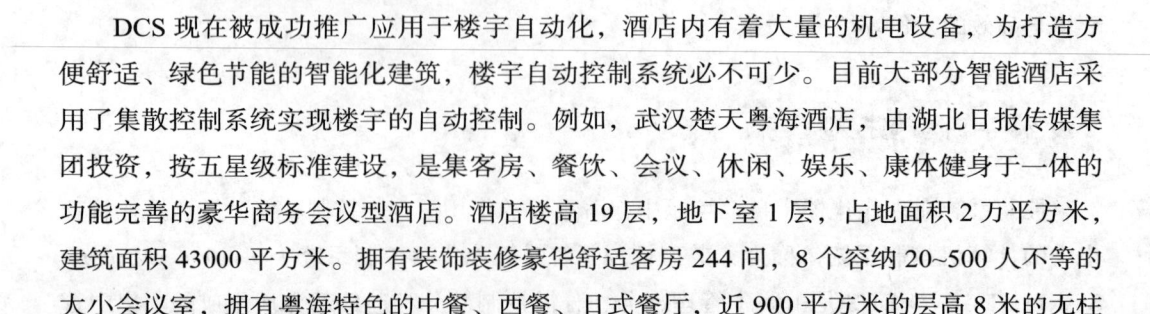

　　DCS 现在被成功推广应用于楼宇自动化，酒店内有着大量的机电设备，为打造方便舒适、绿色节能的智能化建筑，楼宇自动控制系统必不可少。目前大部分智能酒店采用了集散控制系统实现楼宇的自动控制。例如，武汉楚天粤海酒店，由湖北日报传媒集团投资，按五星级标准建设，是集客房、餐饮、会议、休闲、娱乐、康体健身于一体的功能完善的豪华商务会议型酒店。酒店楼高 19 层，地下室 1 层，占地面积 2 万平方米，建筑面积 43000 平方米。拥有装饰装修豪华舒适客房 244 间，8 个容纳 20~500 人不等的大小会议室，拥有粤海特色的中餐、西餐、日式餐厅，近 900 平方米的层高 8 米的无柱的大宴会厅能同时容纳 600 人就餐。该酒店采用美国江森公司 Metasys MSEA 的 M5 自动控制系统。设有网络控制器 5 台，监控点约 1800 点。系统于 2012 年开通。监控对象有：冷热源系统、空调机、新风机、VAV 系统、送排风机系统、供配电系统、照明系统、给排水系统、电梯系统、其他相关机电设备、其他环境参数。

第二节　设备监控系统

楼宇设备自动化是楼宇自动化的基础。智能建筑中的机电设备和设施就是楼宇自动化系统的对象和环境，通常包括：空调系统、给排水系统、变配电系统、照明系统、电梯系统等。（图 7-2）

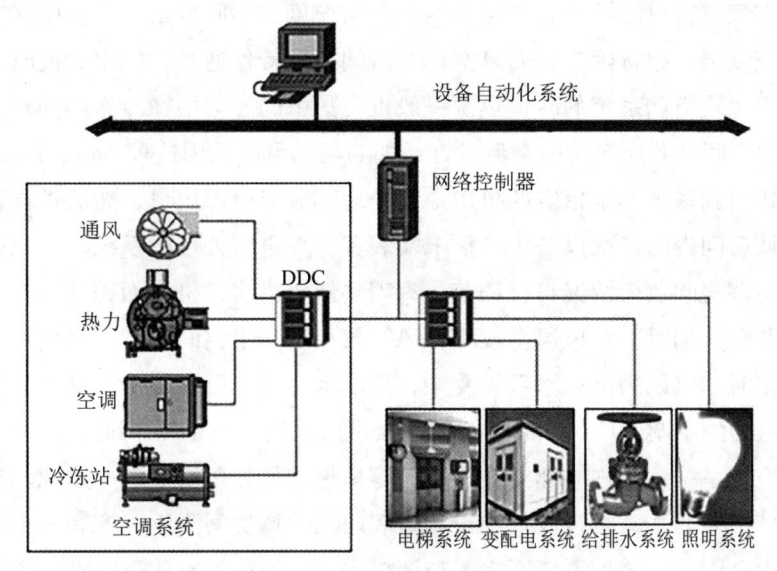

图 7-2　楼宇设备自动化系统

一、空调系统

（一）空调系统

1. 空调系统

（1）空气调节

空气调节，是采用技术手段把某一特定空间内部的空气环境控制在一定状态下，以满足人体舒适和工艺生产过程的要求，简称空调。它所控制的内容包括空气的温度、湿度、空气流动速度及洁净度等。随着现代技术发展有时还要求对空气的压力、成分、气味及噪声等进行调节与控制。所以，采用技术手段创造并保持满足一定要求的空气环境，乃是空气调节的任务。

（2）空调系统分类

① 按照空气处理设备的位置分类

按照空气处理设备的位置分类，空调系统可以分为集中式、半集中式、分散式三种，具体如下：

集中式空调系统：是指空气处理设备（加热器、冷却器、过滤器、加湿器等）以及通风机全部集中放置在空调机房内，空气经过处理后，经风道输送和分配到各个空调房间。集中式空调系统可以严格地控制室内温度和相对湿度；可以实现理想的气流分布；可以对室外空气进行过滤处理，满足室内空气洁净度的不同要求。但集中式空调系统的空调风道系统复杂，布置困难，而且空调各房间被风管连通，当发生火灾时会通过风管迅速蔓延。集中式空调系统的冷、热源一般也是集中的，集中在冷冻站和锅炉房或热交换站。对于大空间公共建筑物的空调设计，如商场，可以采用这种空调系统。

半集中式空调系统：是指空调机房集中处理部分或全部风量，然后送往各房间，由分散在各被调房间内的二次设备（又称末端装置）再进行处理的系统。半集中式空调系统可根据各空调房间负荷情况自行调节，只需要新风机房，机房面积较小；当末端装置和新风机组联合使用时，新风风量较小，风管较小，利于空间布置。其缺点是对室内温湿度要求严格时，难以满足；水系统复杂，易漏水。对于层高较低，又主要由小面积房间构成的建筑物的空调设计，如酒店、办公楼可以采用这种空调系统。

分散式空调系统：又称局部空调系统，是指把空气处理所需的冷热源、空气处理设备和风机整体组装起来，直接放置在被调房间内或被调房间附近，控制一个或几个房间的空调系统上，因此，这种系统不需要空调机房，一般也没有输送空气的风道。分散式空调系统布置灵活，各空调房间可根据需要启停，各空调房间之间不会相互影响；但室内空气品质较差，气流组织困难。

② 按负担室内负荷所用介质分类

按负担室内负荷所用介质空调系统分为全空气系统、全水系统、空气—水系统、制冷剂直接蒸发系统四种。

全空气系统：是指室内的空调负荷全部由经过处理的空气来负担的空调系统。集中式空调系统就属于全空气系统。由于空气的比热容较小，需要用较多的空气才能消除室内的余热、余湿，因此这种空调系统需要有较大断面的风道，占用建筑空间较多。

全水系统：是指室内的空调负荷全部由经过处理的水来负担的空调系统。由于水的比热容比空气大得多，因此在相同的空调负荷情况下，所需的水量较小，可以解决全空气系统占用建筑空间较多的问题，但不能解决房间通风换气的问题，因此不单独采用这种系统。

空气—水系统：是指室内的空调负荷全由空气和水共同来负担的空调系统。

制冷剂直接蒸发系统：这是一种制冷系统的蒸发器直接放在室内来吸收房间热、湿负荷的空调系统。

（3）风机盘管加新风空调系统

风机盘管加新风空调系统属于半集中式空调系统，也属于空气—水系统，它由风机盘管机组和新风系统两部分组成。风机盘管设置在空调系统内作为系统的末端装置，将流过机组盘管的室内循环空气冷却或加热后送入室内；新风系统是为了保证人体健康的卫生要求，给房间补充一定的新鲜空气，通常室外新风经过处理后就送入空调房间（图7-4）。

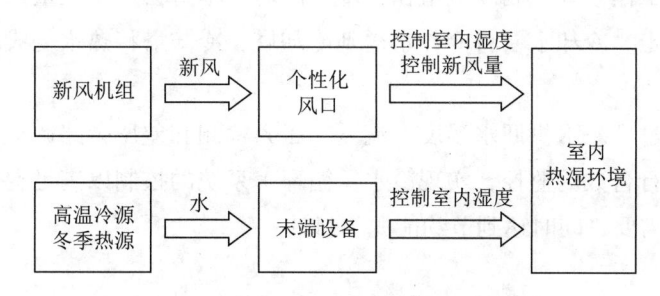

图7-4 风机盘管加新风空调半集中式空调系统

风机盘管加新风空调系统具有半集中式空调系统和空气—水系统的特点。对于酒店建筑通常客房空调一般多采用风机盘管加新风系统的典型方式。

2. 空调系统的监控

风机盘管加新风空调系统的监控内容包括：新风机组监控、风机盘管监控、排风监控、空调机组监控等。对于现在用得较多的新型的空调方式变风量系统，各环节需要协调控制，其内容主要体现在以下几个方面：

（1）由于送入各房间的风量是变化的，空调机组的风量将随之变化，所以应采用调速装置对送风机转速进行调节，使送风量与变化风量相适应。

（2）送风机速度调节时，需引入送风压力检测信号参与控制，不使各房间内压力出现大变化，保证装置正常工作。

（3）对于变风量系统，需要检测各房间风量、温度及风阀位置等信号并经过统一分析处理后才能给出送风湿度设定值。

（4）在进行送风量调节的同时，还应调节新风、回风阀，以使各房间有足够的新风。

（二）冷热源系统

1. 冷源系统

冷源系统的冷源一般有：天然冷源（地下水、深湖水、深海水、天然冰、地道风和山涧水等）和人工冷源。其中，地下水冷源低价环保，受地域限制，且很多地区控制开采；深海水冷源有些国家海滨建筑采用深海水冷源，节能。人工冷源采用人工的方法制取冷量，空调工程中主要使用压缩式制冷和吸收式制冷两大类。冷源系统通常采用人工冷源，系统由冷却水系统、制冷机和冷冻水系统三大部分组成。

冷冻水系统为闭路循环水，在系统最高点设有膨胀水箱，使冷冻水始终充满管路，冷水机组所制成的冷冻水进入分水器，由分水器流向各空调系统，冷冻水与空调系统进行水/气热交换、吸热升温后返回到集水器，再由冷冻水循环泵加压后进入冷水机组循环制冷，这样就实现了冷冻水的循环过程。

冷却水系统工作原理：制冷机组在制冷的同时，本身会产生大量热量，冷却水流经制冷机将热量带走，冷却水泵将冷却水送到冷却塔，冷却塔将热水变成冷水进行新一轮的循环。

制冷系统通过冷冻水供回水温度、流量、压力检测和差压旁路调节、冷水机组运行台数、循环泵运行台数的监控，实现冷水（循环）系统的控制以满足空调末端设备对空调冷源冷冻水的需要，同时达到节约能源的目的。

2. 热源系统

空调系统的热源通常为蒸汽或热水，获取方式一种是通过城市热网，一种是自备锅炉。采用市政热力网供热的热源系统由一次侧热源、热交换器、热水系统组成。系统通过电动调节阀的转换，高温高压液体直接送入热交换器，由热交换器将热源转换成符合空调系统需要参数的热水，通过分水器送入空调系统，进行水汽交换后，产生的冷水由回水管进入集水器，回送到热交换器，再次进行加热处理，形成一个循环。热源系统的监控主要是对热交换器和热水泵的控制。

（三）酒店空调系统

酒店空调系统就相当于人体的肺，24小时不间断为酒店供应所需的新鲜空气和冷/热空气，酒店空调系统一旦有问题，将直接影响酒店的正常运营。酒店空调系统能耗占酒店总能耗的40%~60%，同时，酒店空调系统前期在酒店机电系统中的投入也占有相当大的比例。因此，合理选择和应用酒店空调系统在酒店前期设计及建设阶段显得尤为重要。

1. 中央空调系统

目前，酒店空调系统主要是采用集中式中央空调系统。具体构成如图7-5所示。

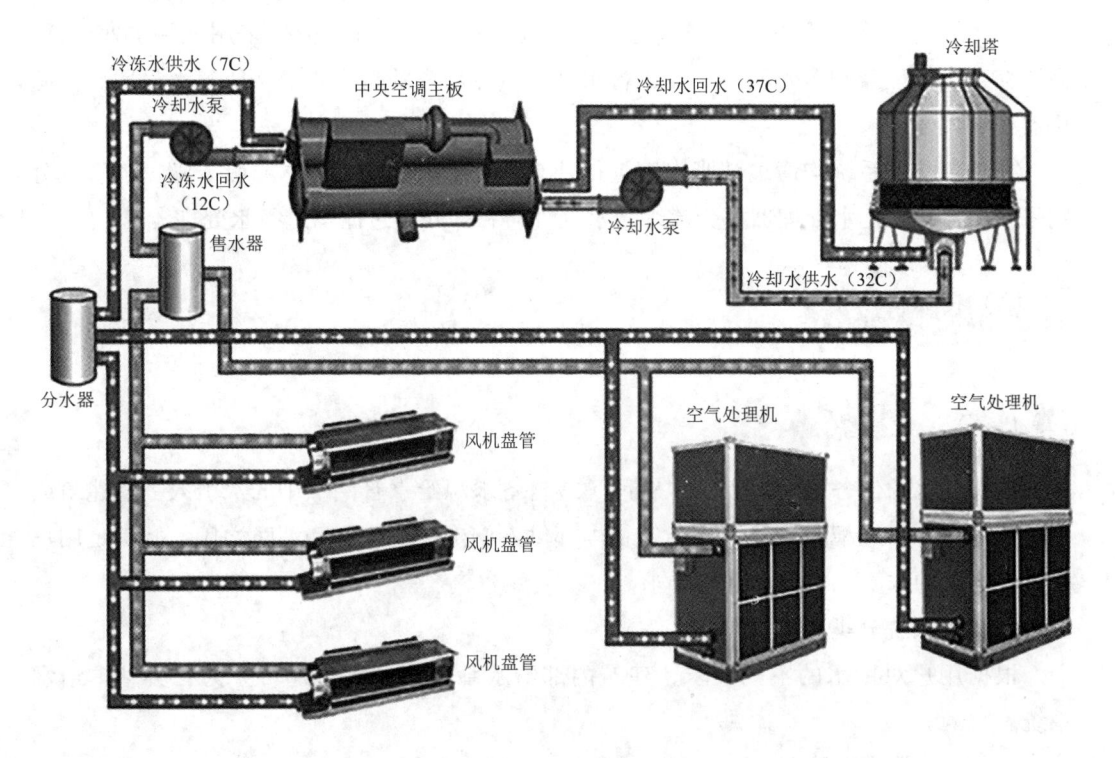

图7-5 中央空调结构图

中央空调系统的基本组成：中央空调的冷热源系统和末端设备。常见的空调末端设备有新风机组、空调机组、风机盘管、变风量系统等。

2. 酒店空调系统方案

下面以希尔顿酒店为例，介绍其中央空调系统方案：

空调系统按五星级标准设计，空调系统考虑夏季降温、冬季采暖。

（1）根据建设基地外配套条件，确定酒店采用电制冷机组夏季供冷，蒸汽锅炉提供蒸汽经板式换热器换热后提供冬季空调及通风用热的冷热源方式。

（2）主楼、会议区、康乐区、中餐厅、大堂等区域设一套集中冷、热源系统。

（3）商场、大堂、宴会厅、中餐大厅等大空间区域，采用全空气系统，全空气系统在过渡季可全新风运行，充分利用室外空气冷却能力以节约运行能耗，其相应的排风系统可分别满足空调季和过渡季排风量要求。

（4）客房、中餐包房、小会议室等小开间房间，采用风机盘管加新风系统，风机盘管为卧式暗装，送风方式为散流器上送风或双层百叶侧送风，回风由吊顶回风口、回风箱回至风机盘管；新风由新风管直接送入室内，除客房外各层的新风机组均设在本层。

（5）夏季空调系统中的热量通过冷却塔排至大气，冷却塔台数与冷水机组一对一设置。冷却塔进水管及冷水机组进水管上均设电动蝶阀，冷却水分别采用强磁水处理器、旁流综合水处理器和多介质过滤器进行水处理。冷却塔的自来水补水管道上设置倒流防止器和水表。

（6）各空调系统均通过膨胀水箱进行补水，补水点设在循环水泵吸入端；各系统分别采用全自动软化水处理器、旁流综合水处理器和多介质过滤器进行水处理。

二、给水排水系统

（一）给水系统

建筑给水的任务是将城镇给水管网（或自备水源给水管网）中的水引入一幢建筑或一个建筑群体，经配水管输送到建筑物内部供人们生活、生产和消防之用，并满足用户对各类用水的水质、水量和水压要求。

1. 给水系统分类

根据用户对用水的不同要求，建筑内部给水系统按照其用途可分为三类基本给水系统。

（1）生活给水系统

供人们在不同场合的饮用、烹饪、盥洗、洗涤、沐浴等日常生活用水的给水系统，其水质必须符合国家规定的生活饮用水卫生标准。生活给水系统必须满足用水点对水量、水压的要求。根据用水需求的不同，生活给水系统按照供水水质标准不同可再分为：生活饮用水给水系统、建筑中水系统等。

生活饮用水是指供食品的洗涤、烹饪以及盥洗、沐浴、衣物洗涤、家具擦洗、地面冲洗等的用水。建筑中水系统是指建筑物内使用后的各种排水如生活排水、冷却水及雨水等经过适当处理后，回用于建筑物，用于厕所冲洗便器、绿化、洗车、道路浇洒、空调冷却及水景等的供水系统。

（2）生产给水系统

生产给水系统是设在工矿企业生产车间内，供应生产过程用水的给水系统。生产给水因产品的种类以及生产的工艺不同，其对水质、水量和水压的要求有所不同。如冷却用水、锅炉用水。划分为循环给水系统、重复利用给水系统。

（3）消防给水系统

消防给水系统指的是供建筑的各种消防设备的用水。根据《建筑设计防火规范》的规定，对于建筑高度大于 21 米的住宅建筑、高层公共建筑，建筑面积大于 300 平方米的厂房和仓库等，必须设置室内消防给水系统。消防给水对水质无特殊要求，但要保证水压和水量。

2. 给水方式

给水方式是指建筑内给水系统的具体组成与具体布置的实施方案。下面简单介绍几种典型给水方式：

（1）高位水箱给水方式

在建筑的最高楼层设置高位供水水箱，用水泵将低位水箱水输送到高位水箱，再通过高位水箱向给水管网供水，将水输送到客房等需水位置，通常生活用水、消防用水分设彼此独立的高位水箱，如果消防用水和生活用水共用一个水箱，可以将生活用水的出水管安装在距高位水箱底部一定高度的位置，而将消防水出水管安装在水箱底部，从而保证高位水箱在通常用水条件下的水位或水量不会低于或少于消防设计要求（图 7-6）。

（2）水泵直接给水方式

水泵直接给水方式用水泵直接向终端用户提供一定水压的供水方式，通常在给水泵前建有缓冲蓄水池，避免水泵大水量不均衡供水对城市管网的影响。这种供水系统常采用恒速泵加变频调速泵的供水方式，即根据终端用户的用水量调整恒速泵的台数与变频调速泵的转速来满足用户用水量的需要，而调速水泵的转速调节是通过变频来实现的（图 7-7）。

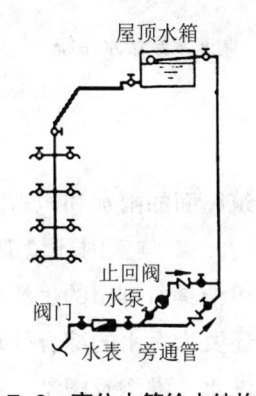

图 7-6 高位水箱给水结构图　　　　图 7-7 水泵直接给水结构图

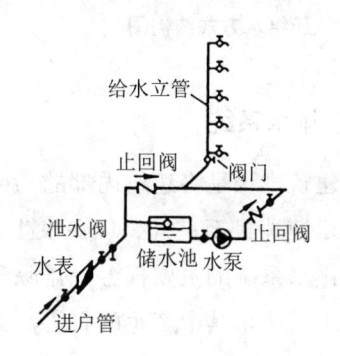

（3）气压给水方式

气压给水方式是利用气压罐代替高位水箱的给水系统，气压罐可以集中于地下室水泵房里，避免在楼房高层设置高位水箱占用空间的缺点。气压罐的外层为金属罐体内有一个密封式弹性橡胶气囊，气囊内充有一定压力的氮气，水泵向罐体和气囊间的空间注水，水压升高，压迫气囊，气囊里氮气体积缩小，当罐体和气囊间的水，压力达到规定值时停泵，靠气囊内气体的压力向给水管网供水，给水管网用户用水后管网和罐内水压下降，水压下降到规定值后，水泵再次启动，向罐内注水，水压再次升高，如此循环保持水压在一定的范围内，以满足供水要求（图7-8）。

以上介绍的是几个比较有代表性的给水系统，无论是用高位水箱还是气压水箱，均为设有水箱装置的系统。设水箱的优点是预储一定水量，供水直接可靠，尤其对消防系统是必要的。但水箱重量大、占用建筑面积大、产生噪声震动。无水箱的水泵直接供水系统不存在上述问题，水泵直接供水，最简便的方法是采用调速水泵供水系统，即根据水泵的出水量与转速成正比关系的特性，调整水泵的转速而满足用水量的变化。可以采用变频调速电动机，由用水量的变化控制电动机的转速，从而使水泵的水量得到调节。这种方法设备简单、运行方便、节省动力（图7-9）。

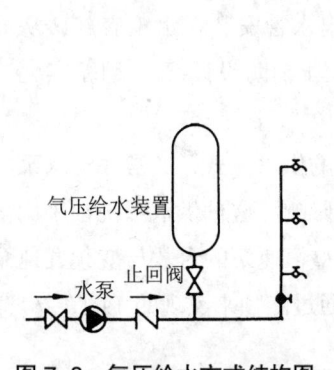

图7-8 气压给水方式结构图　　　　图7-9 调速水泵给水系统

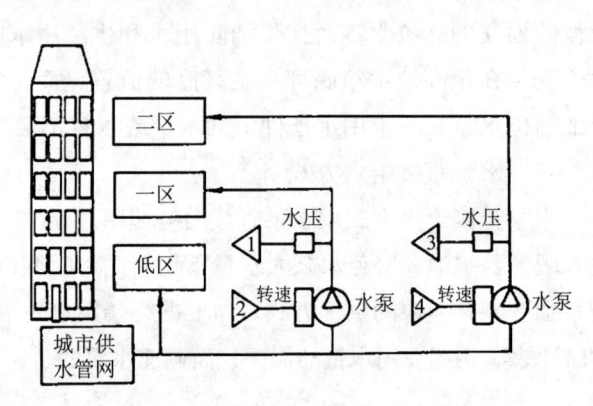

（二）排水系统

酒店建筑排水是将建筑内部的污废水以及降落在建筑屋面的雨水和积雪融水收集起来，及时迅速地排至室外，以免发生室内冒水或屋面漏水，影响室内环境卫生及生活。建筑内部排水系统的主要任务是排除建筑内生活用水卫生洁具所排出的生活污水，除排出生活污水，防止其中产生的有害污染物进入建筑内，还要为污水的综合处理和回用提供有利条件。住宅建筑产生的生活污水主要来自粪便冲洗水、淋浴及盥洗、洗涤、厨房的排水，含有机物、无机物、泥沙等污染物。

1. 排水系统分类及排水方式

按照污（废）水的来源，建筑排水系统可分为：

（1）生活排水：排出人们日常生活中所产生的洗涤污水和粪便污水等。根据生活污水水质和中水原水的利用情况将居住、公共建筑内排水系统分为分流制和合流制。

合流制：生活污水（冲厕水、厨房洗涤后水、盥洗淋浴）和其他用后水用同一管道系统把它们一起排出室外的系统称合流制，它可集中排放至室外，也可集中处理后排放或再利用。

分流制：由于经使用后的各种水，其水质不同，如果要求回收利用，可将其中优质杂排水（常指淋浴、洗涤后的排放水）、杂排水（优质杂排水中又含厨房洗涤水）或生活污水（含有粪便污水）分别排放或者不同水质的污（废）水，采取不同的管道系统排放，以便于处理和回收利用。

（2）雨水排水：排出屋面雨水和融化的雪水。建筑物屋面雨水排水系统应单独设置。屋面雨水系统按照管道的设置位置不同可分为外排水系统、内排水系统。

外排水系统：是指屋面不设雨水斗，建筑物内部没有雨水管道的雨水排放方式。

内排水系统：根据立管连接雨水斗的个数分为单斗、多斗雨水排水系统，根据系统是否与大气相通分为密闭系统、敞开系统。

智能化酒店建筑的卫生条件要求较高，其排水系统必须通畅，保证水封不受破坏。有的建筑采用粪便污水与生活废水分流，避免水流干扰，改善卫生条件。大型酒店建筑一般都建有地下室，有的深入地面下 2~3 层或更深些，地下室的污水常不能以重力排除。在此情况下，污水集中于污水池，然后以排水泵将污水提升至室外排水管中。选择建筑内部排水方式时要综合考虑污（废）水的性质、受污染程度、室外排水系统体制以及污水的综合利用和处置情况等因素。

2. 排水系统的监控

建筑排水监控系统的监控对象为集水池和排水泵。排水监控系统的监控功能为：

① 污水池和废水集水池水位监测及超限报警。

② 根据污水池与废水集水池的水位，控制排水泵的启/停。当集水池的水位达到高限，连锁起动相应的水泵，直到水位降至低限时连锁停泵。

③ 排水泵运行状态的检测及发生故障时报警。

（三）酒店用给排水系统

给排水系统如何选用，应根据酒店使用要求、用水大小、建筑物结构情况以及材料设备供应等具体条件全面考虑。在供排水安全可靠的前提下，综合考虑技术上先进、经济上合理的系统。下面为某五星级酒店给排水系统的设计。酒店地下 3 层，地上 23 层，建筑面积为 35368.56 平方米，建筑高度为 96.35 米，裙房 1~4 层为酒店功能区，酒店 5~23 层为客房，共 312 间客房。要提供的给排水系统有：冷热水系统，生活排水系统，雨水系统，游泳池水处理系统。

1. 冷热水系统设计

（1）生活冷水给水系统

市政直接供水区域：非热水供水点（包括机房补水、地下车库冲洗用水点等）。

暖通专业自行设置水处理系统区域：冷冻站、锅炉房、采暖换热站补水。

洗衣房供水区域：洗衣房位于地库一层，根据酒店供水硬度要求，设计采用独立的供水系统，最不利点供水压力不小于 0.40MPa。

冷却塔补水区域：冷却塔位于酒店建筑裙房屋顶，冷却塔单独设置水箱及独立加压泵组，冷却塔补水箱及水泵设置于地下三层水泵房内。

酒店加压供水区域：地下一层~L4 为低区，由水箱+变频泵供水；L5~L9 为中一区、L10~L14 为中二区，L15~L19 为中三区，中一~中三区采用水箱+转输泵+高位调节水箱+减压阀方式供水；L20~L23 为高区，采用水箱+转输泵+高位调节水箱+变频泵供水。

（2）生活热水给水系统设计

生活热水系统设计采用全日制集中热水供应系统，立管机械循环。经热媒加热后提供热水，热水的供回水温度为：酒店客房区域/公共区域及员工洗浴 60℃/55℃，洗衣房/厨房区域 60℃/55℃，厨房所用高温水由设置在厨房区辅助加热设备加热至 82℃，在各自厨房内自行解决，冷水补水由相同给水分区供给。客房热水出水时间保证在 5 秒之内，裙房热水出水时间保证在 10 秒之内。热源夏季由自建锅炉提供的 133℃的高温蒸汽，冬季由市政热网提供 160℃的高温蒸汽。设置一处换热站，位于地下一层，换热站内设置低区、中一区、中二区、中三区、高区及洗衣房换热器组。

泳池加热系统及热回收系统设计：游泳池用水采用独立的加热系统，设置板式换热器于泳池处理机房内。另外，出于节能的考虑游泳池采用除湿热泵提供空调和通风。夏季除湿热泵在除湿的同时可以回收潜热用于泳池水的加热，从而节省运行费用。

2. 生活排水系统设计

项目排水采用污、废分流制，并设置专用通气立管，以平衡管道内的压力波动，酒店客房卫生间大便器设置器具通气以减少噪声。

生活污水在室外汇合，经室外化粪池处理后排出。生活废水汇合后排至化粪池后通过管线一并排出。

餐厅厨房等含油废水采用二次隔油处理，首先经器具一次隔油，再经地下室一处隔油间及室外一处隔油池处理后排出市政排水管道。

燃气锅炉房高温排水经锅炉房内降温池降温后再排至室外。

地上排水均采用重力方式排出，地下室排水经集水坑收集后采用潜水泵提升排出。

3. 雨水系统设计

塔楼屋顶雨水将采用重力内排水方式，裙房屋面采用虹吸式雨水排放方式，需分系统排出室外，室外雨水经雨水口收集后排入市政雨污管网。

4. 游泳池水处理系统设计

游泳池采用顺流式循环系统,通过过滤、消毒等方式对池水进行处理。池水恒温28℃,采用板式换热器加热,热媒由自建锅炉房提供蒸汽,初次池水加热时间按24小时考虑。

三、供配电系统

供配电系统是智能楼宇最主要的能源来源,一旦供电中断,建筑内的大部分电气化、信息化系统将立即瘫痪。因此,可靠和连续地供电是智能楼宇得以正常运转的前提。智能供配电系统应用计算机网络测控技术,对所有变配电设备的运行状态和参数集中进行监控,达到对变配电系统的遥测、遥调、遥控和遥信,实现变配电所无人值守。同时还具有故障自动应急处理能力,能更加可靠地保障供电。

(一)供配电系统

1. 供配电系统的组成

建筑供配电是整个电力系统用电的一个组成部分,主要是研究建筑物内部的电力供应、分配和使用。现代酒店建筑中,安装的与建筑物本体结合在一起的电气系统主要由下列五个系统组成:

(1)变配电系统

变配电系统是变电系统和配电系统的总称。简单说,变电就是将外面引入的电压变成适合用户使用的电压,配电就是将电分配到建筑内部的各个用电点。变配电所就是两种功能都能实现的。

变电系统的作用主要是通过变压器对一次侧电压进行升高或是降低,再从二次侧输出。升高电压是为了在电能的远距离传输中降低损耗,如500KV高压输电等。降低电压则是为了在客户端相应电压级别负载的使用。如民用的220V,工业上常用的380V、660V、690V、1000V、6KV、10KV等。变电系统的核心元件是各种电压变比的变压器,总之有电压改变的系统就是变电系统,有变压器的配电室也可称作变电室(站)。

配电系统,一个用电系统中如果不存在电压的改变,就是配电系统。配电系统的核心元件是各种电流级别的开关。从一个大支路分成若干个小支路,一个大开关下面接驳若干个小开关,分给多个负载使用或再进行更多支路的分配。当然支路的电流会越来越小。配电室也称为开闭所。

(2)动力设备系统

一栋高层建筑物内有很多动力设备,如水泵、锅炉、空调、送风机、排风机、电梯等，这些设备及其供电线路、控制电器、保护继电器等就组成了动力设备系统。

（3）照明系统

包括各种电光源、灯具和照明线路。根据建筑物的不同区域用途，其各个电光源和灯具特性有不同的要求，这就组成了整个建筑照明系统。

（4）防雷和接地装置

雷电是不可避免的自然灾害，而建筑防雷装置能将雷电引泄入地，使建筑物免遭雷击。另外，从安全方面考虑，建筑物内各用电设备的金属部分都必须可靠接地，因此整个建筑必须要有统一的防雷和接地安全装置（统一的接地体）。

（5）弱电系统

主要用于传输各类信号，如电话系统、有线广播系统、消防监测系统、闭路监控系统、共用电视天线系统、计算机管理系统等。

2. 建筑物对供配电系统的要求

建筑物对供电系统的要求有以下三方面：

（1）保证供电的可靠性

根据建筑用电负荷的等级和大小、外部电源情况、负荷与电源间的距离等，确定供电方式和电源的回路数，保证为建筑提供可靠的电源。

（2）满足电源的质量要求

稳定的电源质量是用电设备正常工作的根本保证，电源电压的波动、波形的畸变、多次谐波的产生都会对建筑内用电设备的性能产生影响，对计算机及其网络系统产生干扰，导致设备使用寿命降低，使某些控制回路的控制过程中断或造成延误。所以，应该采取措施减少电压损失、防止电压偏移、抑制高次谐波，为建筑提供稳定、可靠的高质量电源。

（3）减少电能的损耗

对于建筑供电，减少不必要的电能浪费是节约能源的一个重要途径。合理地安排投入运行的变压器台数，根据线缆的电流密度选用合理配电线缆截面；合理配光，采用满足节能要求的控制方法，尽量利用天然光束减少照明，根据时间、地点、天气变化及工作和生活需要灵活地调节各种照度水平。建筑内一般有数量较多的电动机，除锅炉供暖系统的热水循环系统、鼓风电动机、输送带电动机外，还有电梯曳引电动机、高压水泵电动机等，应按经济运行选择合适的电动机功率，减少轻载和空载运行时间等，这些都是节约电能的有效保证。

（二）供配电监控系统

供配电系统为供配电监控系统提供动力，供配电监控系统则为供配电系统提供保护。建筑供配电系统直接与城市供电网相连，是城市供电网的一个终端。建筑供配电系统的运行安全直接关系到城市供电网的运行安全。因此要对建筑供配电系统进行监控，并保证建筑供配电系统的安全。供配电计算机监控系统不但能提高供电的安全可靠性、改善供电质量，同时还能提高管理效率和服务水准、提高用电效率、节约能源、减少日常管理人员数量及费用支出。供配电监控系统的主要功能有：

（1）检测各种反映供电质量和数量的参数，为正常运行时的计量管理、事故发生时的故障原因分析提供数据支持。

（2）监控电气设备运行状态和变压器温度，并提供电气监控动态图形界面。若发现故障则自动报警，并在动态图形界面上显示故障位置、相关电压、电流等参数。监视的电气设备主要是指各种类型的开关。

（3）对各种电气设备运行时间进行统计，定时自动生成维护报告，实现对电气设备的自动管理。

（4）为物业管理等服务提供支持。对建筑物内所有用电设备的用电量进行统计和电费计算，并根据需要，绘制日、月、年用电负荷曲线，为科学管理和决策提供支持。

（5）发生火灾时，与消防系统进行联动，或通过消防自动化系统进行直接控制。

（三）酒店供配电系统

酒店供配电系统的设计要突出酒店的核心服务，弱化配套设施；突出了绿色环保的要求；引导酒店的特色经营，强化安全管理要求，对突发事件应有应急预案（如：发生火灾事故、饭店建筑物和设备设施事故等事件的处置应急预案）。根据香格里拉、万豪酒店、皇冠酒店等工程，供配电系统设计内容有：

1. 负荷分类

对于负荷的分类，香格里拉和万豪等国际酒店要求的一、二级负荷的范围都高于国家及行业规范。

2. 高低压配电系统

香格里拉：该酒店总设备容量为 7561kw，总计算容量为 5200kw，设置三台 2000kVA 及两台 1000kVA 的干式变压器，变配电房设在地下一层。

3. 供电可靠性的分析

两路电源同时供电，互为备用。正常时各承担 50% 的负荷，当一路市电停电时，另一路担负起全部负荷。

4. 厨房设备的供电

在酒店的厨房供配电的设计中，有许多厨房设备列为一级负荷，在市政电源失电后需要继续由发电机供电。

5. 其他电气设计特色

香格里拉和万豪酒店在其他的电气设计方面也提出了不同于国家规范和行业标准的要求，设计的容量和宽裕度都高于国内标准的要求，如万豪酒店的电气设计要求具体体现在以下方面：

（1）所有楼层总配电箱须采用浪涌保护器。

（2）配电箱：供电支路供电范围不超过 30 米。

（3）在公共区域不允许设置配电箱、分路开关、电气柜等电气设备，酒店装修区域包括后勤装修区域的预留配电箱须集中安装在机电房或配电间，且隐蔽安装（如各会议室、办公室、更衣室、厨房、餐厅等）。

（4）公共区域的插座：每 20A 的支路中最多带 5 个插座；客用走道区域每支路最多带 3 个插座，沿走廊墙间隔 15 米。

（5）宴会厅配电箱主开关为 400 A 断路器，且每个分隔区域的末端均安装一个 100 A、三相 4 线制插座。宴会厅除正常／应急照明和一般动力用电外，须在服务通道侧预留 200A 三相电源以供日后举办大型活动之用。

（6）酒店各楼层须从竖向接地干线上引出不少于两点，在本层形成一个等电位环。楼层各房间的接地端子排亦须从等电位环上取两点连接，以确保接地的可靠性。

（7）客房：每一个客房内配电箱主开关为 32A 的小型断路器；配电箱不宜设置主漏电保护断格器，各电源插座支路分别提供漏电保护断格器。配电箱设置于隐蔽处，如安装在衣橱上方独立分隔内。客房应急照明除经由发电机供电外，须由 EPS 独立供电，当发生正常供电中断时，不管开关是否在开启状态，客房及其卫生间应急照明须自行点亮，EPS 供电时间不小于 30min。

（8）酒店内在下列位置设置调光系统：大堂、大堂吧、中西餐厅、宴会厅、会议厅、行政酒廊等场所。

（9）电量的计量。除按供电局批准的计量方案设计外，尚应在下列位置设置考核计量：洗衣房，厨房（包括员工厨房与饼房）、制冷主机房、健身中心（包括水疗及泳池）、水泵房。

（10）后勤区照明与控制。控制支路：考虑节能需要，所有面积超过 25 平方米的房间（特别是下列房间）均应有两套开关执行"两级灯控"，每一开关控制 50% 灯具，交叉排列，以尽量保证平均照度。如办公区、洗衣房、厨房、大储藏间、员工餐厅、会议室等场所。双控要求：凡有两个出口的房间，必须在每一个出口设一个双控开关，以便控制。

（11）应急照明：每个分区，对应急照明要求不同。

（12）厨房排风机及其新风（补风）空调机须配置变频器，以便平衡系统。

（13）酒店部分照明／动力布线须明确采用热镀锌金属线管而非塑料线管。

四、照明系统

（一）照明系统

1. 照明系统概述

照明系统由照明装置及其电气控制部分组成。照明装置主要是电光源和灯具。照明装置的电气部分包括照明电源、开关及调光控制、照明配电、智能照明控制系统。

目前我国照明用电量约占全社会总用电量的12%，照明的节能对实现我国节能减排的目标具有重要意义。除了大力推广使用新型节能光源及高性能照明灯具措施之外，应用信息化技术改造传统照明系统的粗放式能源使用方式，精细利用能源，是另一照明的节能技术，即所谓的智能照明技术。

2. 照明方式

照明方式可分成下列三种：

（1）一般照明

在整个场所或场所的某部分照度基本上均匀的照明。对于工作位置密度很大而对光照方向又无特殊要求，或工艺上不适宜装设局部照明装置的场所，宜单独使用一般照明。

（2）局部照明

局限于工作部位的固定的或移动的照明。对于局部地点需要高照度，并对照射方向有要求时，宜采用局部照明。但在整个场所不应只设局部照明而无一般照明。

（3）混合照明

一般照明与局部照明共同组成的照明。对于工作面需要较高照度并对照射方向有特殊要求的场所，宜采用混合照明。

3. 照明分类

按照照明的功能，照明可以分为以下四类：

（1）工作照明

正常工作时使用的室内外照明。它一般可单独使用，也可与事故照明、值班照明同时使用，但控制线路必须分开。

（2）事故应急照明

正常照明因故障熄灭后，供事故情况下人员疏散、继续工作或保障安全通行的照明。在由于工作中断或误操作容易引起爆炸、火灾以及人身事故会造成严重政治后果和经济损失的场所，应设置应急照明。应急照明宜布置在可能引起事故的设备、材料周围以及主要通道和出入口。并在灯的明显部位涂以红色，以示区别。应急照明必须采用能快速点亮的可靠光源，一般采用白炽灯或卤钨灯。事故照明若兼作为工作照明的一部分则需经常点亮。

（3）值班照明

在非工作时间内供值班人员使用的照明。例如，对于有重要设备的房间及仓库，通常宜设置值班照明。可利用常用照明中能单独控制的一部分，或利用事故照明的一部分或全部作为值班照明。

（4）广告艺术照明

广告照明以商品品牌或商标为主，内照式广告牌、霓虹灯广告牌电视墙等灯光形式渲染广告的主题思想，同时又为夜幕下的街景增添了情趣。艺术照明是通过运用不同的光源、灯具、投光角度、灯光颜色等从而营造出一种特定空间气氛的照明。

4. 照明光源

根据发光原理，照明光源可分为热射发光光源（白炽灯、卤钨灯）、气体放电发光光源（弧光放电灯—低压气灯、高压气灯、辉光放电灯）和其他发光光源（场致发光灯、LED发光二极管）三大类。LED光源是国家倡导的绿色光源，具有广泛的发展前景，它将大面积取代现有的白炽灯与节能灯而占领整个市场。

（二）照明监控系统

1. 照明系统控制方式

正确的控制方式是实现舒适照明的有效手段，也是节能的有效措施。目前设计中常用的控制方式有手动跷板开关控制方式、断路器控制方式、定时控制方式、光电感应开关控制方式、智能控制器控制方式等。

其中，智能控制器控制方式利用照明智能化控制可以根据环境变化、客观要求、用户预定需求等条件而自动采集照明系统中的各种信息，并对所采集的信息进行相应的逻辑分析、推理、判断，然后对分析结果按要求的形式存储、显示、传输，进行相应的工作状态信息反馈控制，以达到预期的控制效果。智能化照明控制系统具有：系统集成性、智能化、网络化、使用方便等特点。在高级大型酒店被广泛采用。

照明系统用电量在建筑中仅次于空调系统，故其监控系统也是建筑设备自动化系统的重要内容。随着人类生活水平的提高，照明系统除了满足照度的要求外，还应满足人们对灯光变幻效果（色彩、亮度、照射角度等）及与其他系统（如声响系统）协调的要求。所以，照明监控系统在节能的基础上还要在生活和工作环境中营造富有层次的、变幻的灯光氛围。

2. 照明系统的监控

现代照明监控系统须综合利用计算机技术、通信技术和控制技，形成"照明智能化系统"。照明智能化系统从人工控制、单机控制过渡到了整体性控制，从普通开关过渡到智能化信息开关。照明监控系统既可根据环境照度变化自动调整灯光，达到节能的目的，还可预置场景变化，进行自动操作。建筑照明系统的监控方法是通过照明配电箱的各种辅助触点进行的，照明监控系统的主要功能为：

（1）监测照明回路状态及手动/自动转换开关状态。

（2）根据不同场所要求，可按照预先设定的时间表自动控制照明回路开关。

当需要对上述功能进行扩展时，可增加各种输入设备如声控开关、人体感应器等，随时控制灯光的开启，实现更好的节能效果或安全保障。

（三）酒店照明系统

安徽天鹅湖大酒店拥有275间（套）豪华客房，风格迥异的中西餐厅，丰富多样的娱乐、健身设施和功能完备的各种会议厅，拥有3000平方米的无柱型多功能会议厅、宴会厅的国际会议中心位列安徽第一。是集各类型会议功能、商务和酒店服务为一体的综合性五星级酒店。酒店照明系统的要求是：实现照明控制智能化，美化服务环境吸引宾客光临，可观的节能效果，延长灯具寿命，可与其他系统联动控制，提高管理水平、减少维护费用。

1. 大堂区域照明

酒店大堂多采用豪华的水晶灯作为装饰灯具，灯具昂贵，维修复杂。使用智能照明控制系统能成功地抑制电网的冲击电压和浪涌电压，使灯具不会因为电压过大而损坏，延长灯具寿命2~4倍。

2. 宴会厅照明

宴会厅采用多种可调光光源，通过智能调光始终保持最柔和最幽雅的灯光环境。可分别预设4种或8种灯光场景，分别有清洁、早上、下午、进餐、晚上等多种不同的灯光控制场景，也可由工作人员进行手动编程，能方便地选择或修改灯光场景。

3. 会议室照明

可预先精心设计多种灯光场景，使得会议室在不同的使用场合都能有不同的合适的灯光效果，具体控制模式有：会议室控制模式、准备模式、报告模式、会议模式、投影模式、休息模式、结束模式、清扫模式。

4. 多功能厅照明

多功能厅主席台灯光以筒灯和投光灯为主，听众席照明以吊顶灯槽、筒灯和立柱壁灯为主。其中主席台可增加舞台灯光以满足演出的需求，其控制由舞台灯光、音响专业设备控制。多功能厅可根据其使用功能不同设立多种模式，如报告模式、投影模式、研讨模式、入场模式、退场模式、备场模式。

5. 酒店公共区域照明

走廊在酒店中是必不可少的，在酒店走廊的照明是最能体现智能照明的节能特点的，智能照明系统可以设置1/2、1/3场景，根据现场情况自由切换。也可以设置时间控制，在白天的时候，室外日光充足，只需要开启1/2或1/3场景模式，在傍晚的时候，室外日光逐渐降低，这时人流量也是一天中最高的时候，走廊灯应该全部打开，等到深夜的时候，人流量非常小，又可回到1/3场景模式。

6. 建筑物景观/泛光照明

酒店室外泛光照明的每条照明回路之间的距离较远，每条回路的功率较大。如采用普通照明，控制起来非常麻烦，很难做到按时开关。采用智能照明则可对室外泛光照明采用多种控制方式，如晚6点开启整个景观照明的灯具，晚11点关闭部分景观照明的灯具，晚12点以后只留必要的照明，具体时间还可根据一年四季昼夜长短的变化和节假日自动进行调整。

7. 总统套房照明

总统套房是一个五星级酒店的标志性房间，其灯光不应该只是满足一般照明的作用，更需要体现出总统套房各个房间的主题：卧室的舒适、会客厅的庄重、书房的轻松、餐厅的豪华。可分成会客厅、餐厅、总统房/夫人房、玄关门厅等区域。

8. 车库照明

酒店车库智能照明控制系统在中央控制主机的作用下，处于自动控制状态。每天上下班高峰时段，车库车辆进出繁忙，车库的车道照明和车位照明应处于全开状态，便于车主进出车库。在非高峰时段，白天日光充足，车流量小，可关闭所有车位照明，并对车道照明采用1/2或1/3隔灯控制，以节省能耗。深夜时，车流量最小，可关闭所有的车道照明和车位照明，只保留应急指示灯照明，保证基本的照度，以节约能耗。也可根据实际照明及车辆的使用情况，将一天的照明分为几个时段，通过软件的设置，在这些时段内，自动控制灯具开闭的数量。

五、电梯系统

（一）电梯系统

电梯是智能建筑中不可缺少的设施。它为智能建筑服务时，不但自身要有良好的性能和自动化程度，而且要与整个BAS协调运行，接受中央计算机的监视、管理及控制。

电梯可分为直升电梯和手扶电梯两类。直升电梯按其用途又可分为客梯、货梯、客货梯、消防梯等。

1. 电梯系统自动化

电梯的自动化程度体现在两个方面：一是其拖动系统的组成形式；二是其操纵的自动化程度。

常见的电梯拖动系统有以下三种。

双速拖动方式：以交流双速电动机作为动力装置通过控制系统按时间原则控制电动机的高/低速绕组连接，使电梯在运行的各阶段速度做相应的变化。但是在这种拖动方式下，电梯的运行速度是有级变化的，舒适感较差，不适于在高层建筑中使用。

调压调速拖动方式：由单速电动机驱动，用晶闸管控制送往电动机上的电源电压。由于受晶闸管控制，电动机的速度可按要求的规律连续变化，因此乘坐舒适感好，同时拖动系统的结构简单。但由于晶闸管调压的结果，会影响供电质量，容易造成电动机严重发热，故不适用于高速电梯。

调压调频拖动方式：这种方式利用微机控制技术和脉冲调制技术，通过改变曳引电动机电源的频率及电压使电梯的速度按需变化。由于采用了先进的调速技术和控制装置，因而使电梯具有高效、节能、舒适感好、控制系统体积小、动态品质及抗干扰性能优越等一系列优点。这种电梯拖动系统是现代化高层建筑中电梯拖动的理想形式。

2. 电梯操纵自动化

电梯操纵自动化是指电梯对来自轿厢、厅站、井道、机房等的外部控制信号进行自动分析、判断及处理的能力，是其使用性能的重要标志。常见的操纵形式有按钮控制、信号控制和集选控制等。一般高层建筑中的乘客电梯多为操纵自动化程度较高的集选控制电梯。

"集选"的含义是将各楼层厅外的上、下召唤及轿厢指令、井道信息等外部信号综合在一起进行集中处理，从而使电梯自动地选择运行方向和目的层站，并自动地完成起动、运行、减速、平层、开/关门及显示、保护等一系列功能。

（二）电梯监控系统

1. 监测内容

（1）运行方式监测：包括自动、司机、检修、消防等方式检测。

（2）运行状态监测：包括启动/停止状态、运行方向、所处楼层位置、安全、门镜、急停、开门、关门、关门到位、超载等，通过自动检测并将各状态信息通过 DDC 进入监控系统主机，动态显示各台电梯的实时状态。

（3）故障检测：包括电动机、电磁制动器等各装置出现故障后能自动报警，并显示故障电梯的地点、发生故障时间、故障状态等。

（4）紧急状况检测：包括火灾、地震状况检测等，一经发现，立即报警。

2. 多台电梯群控管理

电梯是现代酒店楼宇内主要的垂直交通工具，酒店内有大量的人流、物流的垂直输送，故要求电梯智能化。在大型智能建筑中，常安装多部电梯，若电梯都各自独立运行，则不能提高运行效率。为减少浪费，须根据电梯台数和高峰客流量大小，对电梯的运行进行综合调配和管理，即电梯群控技术。

群控方式电梯是将多台电梯编为一组来控制，可以随着乘客量的多少，自动变换运行方式。乘客量少时，自动少开电梯；乘客量多时，则多开电梯。这种电梯的运行方式完全不用司机来操作。所有的探测器通过DDC总线连到控制网络，计算机根据各楼层的用户召唤情况、电梯载荷，及由井道探测器所提供的各机位置信息进行分析后，响应用户的呼唤；在出现故障时，根据红外探测器探测到是否有人，进行相应的处理。

3. 电梯监控系统的构成

专用电梯监控系统是以计算机为核心的智能化监控系统。电梯监控系统由电梯监控计算机系统、显示器、打印机、远程操作台、通信网络、DDC等组成。主控计算机通过标准RS-232通信接口方式采集各种数据（也同时采用硬件连接方式采集），显示器采用大屏幕高分辨率彩色显示器，用于显示监视的各种状态、数据等画面，并作为实现操作控制的人机界面。电梯的运行状态可由管理人员在监控系统上进行强行干预，以便根据需要随时启动或停止任何一台电梯。当发生火灾等紧急情况时，消防监控系统及时向电梯监控系统发出报警和控制信息，电梯监控系统主机再向相应的电梯DDC装置发出相应的控制信号，使它们进入预定的工作状态。见图7-10。

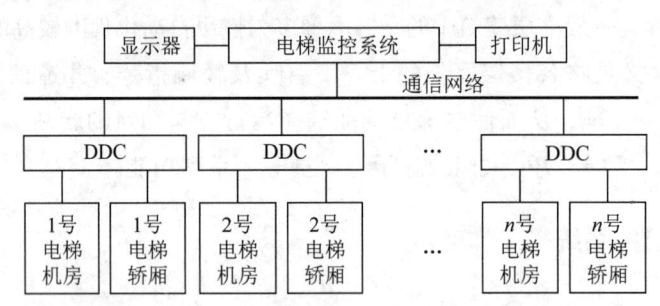

图7-10 电梯监控系统示意图

（三）酒店的电梯系统

邵阳温德姆大酒店采用多奥IC卡电梯控制系统，是一种RFID远距离智能电梯控制系统，可大幅提升酒店宾馆品位、安全性等，同时给酒店宾客带来一个安全、安静的环境，从而达到多赢的局面。

1. 电梯控制系统具体功能

（1）可以将房卡和电梯卡统一设定，可配合停车卡、就餐卡、洗浴卡等都可以一卡通用，真正意义上实现一卡通服务。

（2）可实现管理楼层、重要楼层和客房楼层的有效分离：如在系统设定时，"3、4"为餐饮，"5"为娱乐楼层，"6"为办公楼层，"8~15"为客房楼层，这样管理人员可以进出各个楼层，而宾客则进出客房楼层，更加方便管理，区域区分明确。

（3）可方便设定多个楼层所需开放或受限：如"3、4"层设定正常餐饮时间开放，"5"层可以设定为正常工作时间开放等，设定其他时间就需要刷卡进出，无权限不可以随意进出，更能保证宾客财产、酒店财产安全。

（4）可以刷卡直达设定好的所住楼层：如宾客到8楼，刷卡直接显示到8楼，无须按键，真正达到人性、方便、快捷。

（5）各个楼层可以任意设定分时段和全天候开放：如保龄球馆和桑拿等白天9：00~22：00可以设定全天候开放，其他时间可以设定刷卡进出。

（6）远距离自动呼梯，自动带客户到所在楼层：如卡片式10楼的卡，自动把客人带到10楼以显示尊贵。

（7）客房引导：如客人到楼层打开电梯门，对面的LCD直接显示房间号码及行经路线。

2. 电梯控制系统组成

（1）系统硬件部分

能自动识别远距离RFID+IC混合型卡的类别和权限，防止无卡人员非法使用电梯；识别房卡信息，将客人引导到目的地；电梯控制器一旦有硬件和软件故障，可立即使电梯自动恢复为自由状态，可按选层按钮乘梯；与电梯的消防紧急开关实现联动的功能。

（2）软件管理

包括系统管理、发卡管理、权限设置、引导设置、时段设置等功能。

（3）记录功能

控制器记录每次操作（包括卡号、刷卡时间、登记楼层等信息）；该记录可通过采集器或联网在管理中心计算机上读出，并可按时间、电梯号、特定持卡人等进行检索查询，并自动生成各种综合管理报表。

（4）一卡通功能

采用标准Mifare One IC卡，可与停车场、会所消费、门禁考勤等系统共用一张IC卡，构成真正意义上的一卡通；共同使用一个一卡通管理中心，在一个平台上实现一卡通管理；可采用整体集成一卡通；如已有其他公司IC卡系统，只需预留相应分区，并提供卡片密钥，即可实现电梯一卡通。

（5）扩展功能

支持消防联动，BA、CCTV（DVR）联动，支持楼宇对讲系统智能联动开放业主对应楼层电梯权限功能，更多地根据客户要求制定个性化系统功能扩展。

第三节　综合布线系统

一、综合布线系统概述

（一）综合布线系统基本概念

综合布线系统是建筑物或建筑群内部之间的传输网络线缆。它既使语音和数据通信设备、交换设备和其他信息管理系统彼此相连，又使这些设备与外部通信网络相连接。它包括建筑物到外部网络或电话局线路上的连线点与工作区的语音或数据终端之间的所有电缆及相关联的布线部件。

（二）综合布线系统应用目的及范围

1. 综合布线系统应用目的

在建筑物或一组建筑物群内部有多种的信息传输业务需求：语音、数据、图像等传输业务。以往在进行信息传输网布线设计时，通常要根据所使用的通信设备和业务需求，而采用不同生产厂家的各个型号系列的线缆、各个线缆的配线接口以及各个系列的出线盒插座。

能否用一种传输介质（线缆）和拓扑结构来满足多种传输业务，这样就可以将传输介质标准化和基础化，可以纳入到基础建设的范围。能否在用户重新搬迁或新增设备时，不需重新布置线缆及插座，这样就不会破坏被精心设计和装修的环境。能否有一定的冗余，这样就可以满足未来的新业务需求，从而在未来新业务到来时也不需要重新布置线缆。

综合布线系统采用星形结构的模块化设计，以一套单一的高品质配件，综合了智能建筑及建筑物群中多种布线系统，解决了目前在建筑物中所面临的有关语音、数据、视频、监控等设备的布线不兼容问题。通过冗余布线，满足建筑物中用户重新搬迁或新增设备的需求。通过提高布线介质品质或冗余，满足建筑物未来的新传输业务需求。

2. 综合布线系统应用范围

由于综合布线系统主要是针对建筑物内部及建筑物群之间的计算机、通信设备和自动化设备的布线而设计的,所以布线系统的应用范围是满足于各类不同的计算机、通信设备、建筑物自动化设备传输弱电信号的要求。综合布线系统网络上传输的弱电信号有:

(1)模拟与数字话音信号;

(2)高速与低速的数据信号;

(3)传真机等需要传输的图像资料信号;

(4)会议电视等视频信号;

(5)建筑物的安全报警和自动化控制的传感器信号等。

二、综合布线系统组成

综合布线系统产品由各个不同系列的器件所构成,包括传输介质、交叉/直接连接设备、介质连接设备、适配器、传输电子设备、布线工具及测试组件。这些器件可组合成系统结构各自相关的子系统,分别起到各自功能的具体用途。根据国际标准 ISO 11801 的定义,结构化布线系统可由六个子系统组成,分别为:工作区子系统、水平子系统、垂直干线子系统、建筑群子系统、设备室子系统、管理子系统。下面将具体介绍各子系统(图 7-11)。

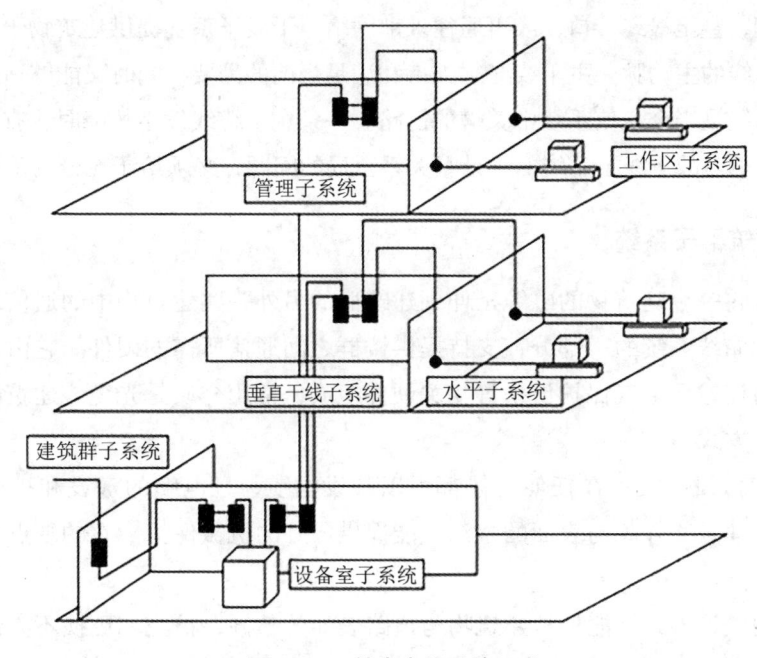

图 7-11 综合布线系统组成

（一）工作区子系统

工作区是指一个独立的需要设置终端设备的区域。综合布线系统中的工作区由从配线（水平）布线系统的信息插座延伸到工作站终端设备处的连接电缆及适配器组成。包括装配软线、连接器和连接所需的扩展软线，并在终端设备和输入/输出之间搭接。它相当于电话系统中电话机及其连接到电话插座的用户线部分。工作区的终端设备可以是电话、数据终端、计算机，也可以是检测仪表、传感探测器等。

（二）水平子系统（配线子系统）

水平子系统也称为配线子系统，目的是实现信息插座和管理子系统（跳线架）间的连接，将用户工作区引至管理子系统，并为用户提供一个符合国际标准，满足语音及高速数据传输要求的信息点出口。该子系统由一个工作区的信息插座开始，经水平布置到管理区的内侧配线架的线缆所组成。水平子系统的设计包括网络拓扑结构、设备配置、缆线选用和确定最大长度等内容，它们各自独立又密切相关，在设计中需综合考虑。

（三）垂直干线子系统

干线子系统是建筑物内部的主干传输电缆，它把来自各个接线间和二级交接间的信号传送到设备间，直至最终接口，或再通往外部网络。干线子系统提供建筑物干线电缆的路由，是综合布线的主动脉。主干线必须支持和满足当前的需要，同时又能够适应未来的发展。干线子系统是当今通信系统中关键的链路。一条主干缆线发生故障时，有可能使几百个用户受到影响。故干线子系统的设计是关系全局的问题，必须给予充分的重视。

（四）建筑群子系统

该子系统将一个建筑物的电缆延伸到建筑群的另外一些建筑物中的通信设备和装置上，是结构化布线系统的一部分，支持提供楼群之间通信所需的硬件。它由电缆、光缆和入楼处的过流过压电气保护设备等相关硬件组成，常用介质是光缆。建筑群子系统布线有以下三种方式。

地下管道敷设方式：在任何时候都可以敷设电缆，且电缆的敷设和扩充都十分方便，它能保持建筑物外貌与表面的整洁，能提供最好的机械保护。它的缺点是要挖通沟道，成本比较高。

直埋沟内敷设方式：能保持建筑物与道路表面的整齐，扩充和更换不方便，而且给线缆提供的机械保护不如地下管道敷设方式，初次投资成本比较低。

架空方式：如果建筑物之间本来有电线杆，则投资成本是最低的，但它不能提供任何机械保护，因此安全性能较差，同时也会影响建筑物外观的美观性。

（五）设备室子系统

本子系统主要是由设备间中的电缆、连接器和有关的支撑硬件组成，作用是将计算机、PBX、摄像头、监视器等弱电设备互连起来并连接到主配线架上。设备包括计算机系统、网络集线器、网络交换机、程控交换机、音响输出设备、闭路电视控制装置和报警控制中心等。

（六）管理子系统

本子系统由交连、互连配线架组成。管理点为连接其他子系统提供连接手段。交连和互连允许将通信线路定位或重定位到建筑物的不同部分，以便能更容易地管理通信线路，使在移动终端设备时能方便地进行插拔。互连配线架根据不同的连接硬件分楼层配线架 IDF 和总配线架（箱）MDF，IDF 可安装在各楼层的干线接线间，MDF 一般安装在设备机房。

三、酒店的综合布线系统

西安雁塔国际酒店为地下 2 层到地上 15 层，地下一、二层主要用于停车和办公，地上 15 层主要用于商务服务及客房，酒店综合布线系统共设计语音、数据信息点位 892 个，其中语音信息点位 555 个，数据信息点位 337 个。综合布线中心机房设在一层控制中心，同时在四层、七层、十层、十三层电井设分配线间。综合布线系统设计产品选用美国康普（或中外合资 TCL-罗格朗）产品。其中语音干缆采用 25 对三类大对数铜缆，数据干缆采用 4 芯多模光缆，其他均采用超五类产品。

（1）工作区子系统

工作区子系统由酒店各层信息点位构成。

产品选型为：信息模块采用美国康普公司超五类产品，产品可支持 100Mbps 数据、语音、图像、通信高速传输。

（2）水平子系统

水平子系统由各层分配线间至各个工作区之间的缆线组成。

产品选型为：采用美国康普公司超五类 8 芯双绞线，产品支持 100Mbps 数据、语音、图像、通信高速传输及 622Mbps ATM 数据交换。

（3）管理区子系统

指安装在四层、七层、十层、十三层中的分配机柜，产品由配线柜、数据配线架、语音配线架、光纤配线架、跳线、网络设备等组成。

产品选型为：

数据配线架：24口模块式超五类配线架。

光缆配线架：6口光缆配线架。

机柜：1700毫米×600毫米×600毫米19英寸标准机柜。

（4）干缆子系统

干缆子系统由主设备间连接分配线间的线缆构成。

产品选型为：

数据干缆：数据主干为中心机房至各分配线柜的光缆，采用四芯多模光缆，该产品可支持千兆以太网及1.2Gbps ATM应用。

语音干缆：采用25对三类大对数铜缆，产品支持16兆语音、数据通信。

（5）设备间子系统

设备间指中心机房，中心机房设在一层计算机中心机房。设备间由数据主配线架、光纤配线架、网络交换机、跳线、19英寸标准机柜等组成，电信局宽带光缆进入设备间。

设备选型为：

数据配线架：24口模块式超五类配线架。

光纤配线架：24口机架式19英寸光纤配线架。

光缆跳线：ST-SC多模3米双头光纤跳线。

数据跳线：超五类RJ-45跳线。

网络交换机：选用联想天工网络产品。

机柜：1700毫米×600毫米×600毫米19英寸标准机柜。

第四节　计算机网络系统

一、楼宇计算机网络基础

（一）楼宇信息网络

1. 楼宇信息网络功能

智能楼宇的信息传输网络是"楼宇智能化"的基础，其目标是能支持建筑物内部各类户的多种业务通信需求，同时应具备相当的面向未来传输业务的冗余。智能楼宇信息传输网络的建设应用了多种网络技术成果，是一个通信网络集成系统，还是多网并存的格局（电话网、计算机网、电视传输网），相互既有竞争又有融合。智能楼宇的信息网络必须具有完善的通信功能：

（1）能与全球范围内的终端用户进行多种业务的通信功能。支持多种媒体、多种信道、多种速率、多种业务的通信。比如，电话（可视）、传真、互联网、网真、视频会议、计算专网、VOD、IPTV、VoIP 等。

（2）完善的通信业务管理和服务功能。比如，可以应对通信设备增删、搬迁、更换和升级的综合布线系统，保障通信安全可靠的网管系统等。

（3）信道的冗余功能。应对发事件、自然灾害时通信更加可靠。

（4）新一代基于 IP 的多媒体高速通信网、光通信网是未来新的通信业务支撑平台。

2. 楼宇信息网络分类

智能楼宇的信息传输网络是一个通信网络集成系统，目前还是多网并存的格局。从网络的角度，可以分为电话（信）网和计算机网两大类。从互联的角度可分为内部专用网、保密网和公用网。从应用功能方面又可以分为现场控制网、集中管理网、消防网、安防网、信息网、保密网、音视频网等。从传输信号的角度可分为模拟传输网和数字传输网。任何一个智能楼宇的信息网络都是多个网络的集成系统。

（二）楼宇计算机网络

智能楼宇内的计算机网络是信息传输网络系统的核心，是大量的信息传输、交换的主干通道。计算机网可以实现数字设备之间的高速数据通信，也可以实现语音和视频信号的数字化传输，或者说，可以实现多媒体通信。例如，VoIP 可以支持传统的电话通信业务，IPTV 可以支持有线电视业务。通过多种接入网技术实现与互联网和各种广域网的连接。随着通信技术的飞速发展，从数据和信号的角度来看，目前的各种模拟传输业务均可能经过数字化后在计算机网上传输。也就是说，只要建一个高速 IP 网络，就能实现多种业务的传输。当前的 IP 网络的带宽已经能满足多种业务的传输需求，但是 IP 网络有一个问题没得到很好的解决：可靠性和安全性。所以目前在智能楼宇内的电话网还是必须要构建的。

智能楼宇内的计算机网络根据承载业务的需要一般划分为业务信息网和智能化设施信息网。业务信息网针对不同建筑对象有不同应用，对酒店来说，可包括酒店的综合管理系统所涉及内容。智能化设施信息网用于承载公共广播、信息引导及发布、视频安防监控、出入口控制，建筑设备监控等智能化系统设施信息。

二、计算机局域网与宽带接入技术

（一）局域网

在智能建筑内构建计算机网络主要是应用局域网以及局域网互联技术。局域网通常由网络接口卡、电（光）缆系统、交换机、服务器以及网络操作系统等部分组成；而决定局域网特性的技术要素包括网络拓扑结构、传输介质类型、介质的访问控制以及安全管理等。

1. 交换式以太网

交换式局域网的核心是交换机，其主要特点是：所有端口平时都不连通；当站点需要通信时，交换机才同时连通许多对的端口，使每一对相互通信的站点都能像独占通信信道那样，进行无冲突的传输数据，即每个站点都能独享信道速率；通信完成后就断开连接。因此，交换式网络技术是提高网络效率、减少拥塞的有效方案之一。

2. 无线局域网

无线局域网 WLAN（Wireless LAN）是利用无线通信技术在一定的局部范围内建立的网络，它以无线多址信道作为传输媒介，提供传统有线局域网 LAN 的功能。WLAN 作为有线局域网络的延伸，为局部范围内提供了高速移动计算的条件。随着应用的进一步发展，WLAN 正逐渐从传统意义上的局域网技术发展成为"公共无线局域网"，成为 Internet 宽带接入手段。

（二）宽带接入技术

至今为止，最大的交换网络还是公用电信网。电信网的用户遍及世界各地，各个国家的公用电信网络互联提供国际通信业务。电信网是由传输、交换、终端设备和信令过程、协议以及相应的运行支撑系统组成的综合系统，它使得网内位于不同地点的用户可以通过它来交换信息。

接入网是用来将本地用户端数据设备，连接到公用电信网的传输线路。用户端数据设备只有接入公用电信网才能够与全球用户进行信息传输交换。从计算机网络技术的角度，接入网要解决的是网络间互联的一段传输介质问题。从应用的角度接入网是指将 LAN 或单台计算机连接到各种广域网的传输线路。国际电联定义接入网为本地交换机与用户端设备之间的实施系统。

接入技术就是指各种接入网的构建技术。楼宇智能化工程中常用的接入技术有：铜线接入技术、光纤接入网技术、以太网接入、无线接入。

1. 铜线接入

即数字用户线（Digital subscriber line，DSL）技术。它以普通电话线和 3 类 5 类线等铜质双绞线作为传输介质。由于它采用了全新的数字调制解调技术，所以传输速率比采用音频调制技术电话拨号的方式快得多。DSL 技术有一个庞大的家族，统称 xDSL，主要有 HDSL、SDSL、ADSL 等。都是通过一对调制解调器来实现，其中一个调制解调器放置在电信局，另一个调制解调器放置在用户侧。它们主要的区别就是体现在信号传输速度和距离的不同以及上行速率和下行速率对称性的不同这两个方面。

2. 光纤接入网技术

光纤接入网（FTTx）是指在接入网中用光纤作为主要传输介质来实现信息传输的接入网。具有可用带宽宽、传输质量高、传输距离长、抗干扰能力强、网络可靠性高、节约管道资源等优点。

3. 以太网接入

以太网接入是指将以太网技术与综合布线相结合，作为公用电信网的接入网，直接向用户提供基于 IP 的多种业务的传送通道。以太网技术的实质是一种两层的媒质访问控制技术可以在五类双绞线上传送，也可以与其他接入媒质相结合，形成多种宽带接入技术。

4. 无线接入

只要在交换节点到用户终端部分地或全部地采用了无线传输方式，就称为无线接入。有两种应用方式：固定无线接入方式和移动无线接入方式。

固定无线接入方式：固定用户以无线的方式接入到固定电信网的交换机。

移动无线接入方式：移动的用户以无线的方式接入到固定电信网的交换机。

无线接入可以理解为公用数据网应用 WLAN 技术，将服务区覆盖到本地固定用户。无线接入不是在现有的移动通信网平台上，而是应用 WLAN 技术，构建的是一个高速无线数据传输网。无线接入技术无须布线，支持移动计算，有很好的应用前景。

三、酒店的计算机网络系统

以蚌埠锦江国际大酒店网络功能需求的具体情况为例。选用千兆交换以太网络技术和网络结构，其网络主交换设备选择具有 1000Mbps 交换能力的千兆网络交换机，在所有主干端口同时提供畅通无阻的 1000Mbps 端口交换能力。为了减少信息传输和交换过程中的通道拥挤现象和碰撞问题，在分交换机的选择上，建议选择具有支持 VLAN 划分的网络交换机。品牌和性能尽可能和主交换机相一致，以便于维护，便于统一。

197

（一）计算机网络系统分层结构

层次化网络结构模型设计，用核心层、分支层、访问层结构建立计算机网络平台的概念模型（图 7-12）：

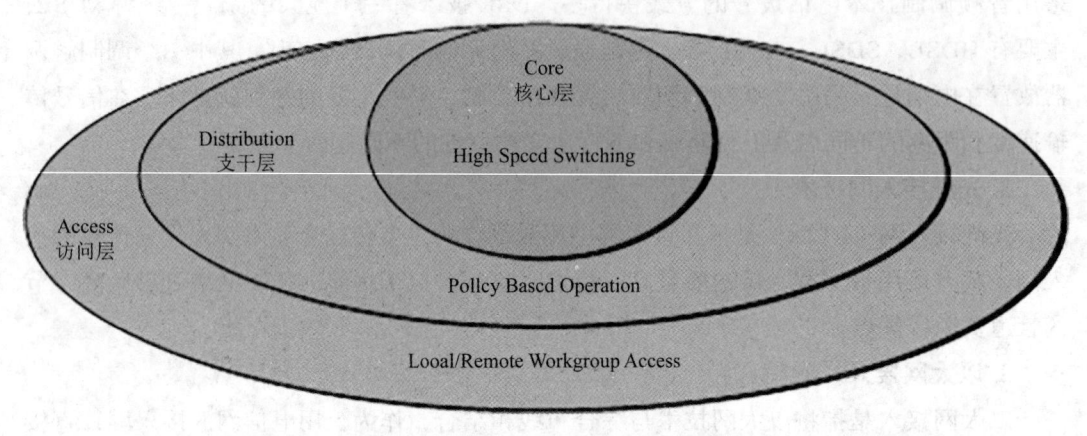

图 7-12　网络层次结构

该模型将蚌埠锦江国际大酒店综合楼络系统平台分为三个层次：

主干（Core）层（核心层）：主干层提供局域网的高速主干通信传输服务；根据蚌埠锦江国际大酒店综合楼系统结构拓扑图和信息点的分布，建议把数据信息中心作为网络主干层。在网络主干层中采用成熟的千兆技术，为保证网络的先进性和保护用户的投资，在选择交换机时，使用支持千兆技术和 Ethernet Channel 技术的交换机，主交换机与楼层交换机的连接都是采用 1000BaseSx 技术。

支干（Distribution）层（分支层）：支干层提供各行政楼之中的各个 LANs 之间的网络连接策略和服务；根据蚌埠锦江国际大酒店综合楼系统结构拓扑图和信息点的分布，建议通过多模光纤接入系统数据中心。该接入具有较高实时性、安全性。在连接过程中，建议使用数据加密技术和 TCP 包头压缩技术，提高数据传输的安全性和效率。

访问层（Access）：最终用户的网络接入点。它可以共享、独享或交换带宽的方式为用户提供入网的接口。

（二）计算机网络拓扑结构

（1）主干层

图 7-13 是蚌埠锦江国际大酒店综合楼高速局域网络主干拓扑图，考虑网络主干采用 1000M Ethernet 技术，主交换机与楼层交换机的连接都是采用 1000BaseSx 技术。

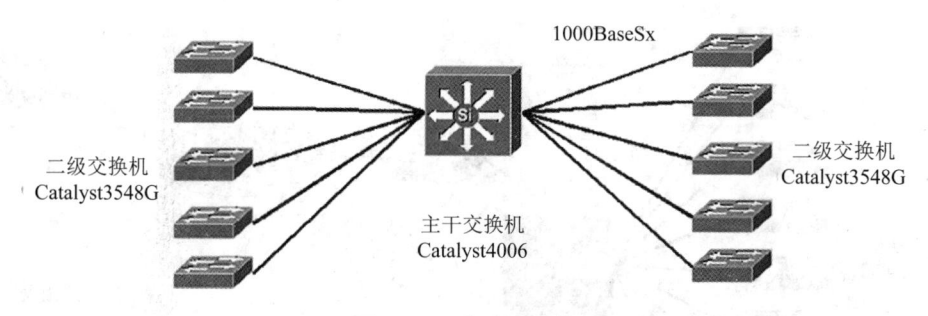

图 7-13 主干网拓扑图

（2）二级局域接入网

二级接入层采用企业桌面式局域网交换机，为各部门接入主干网提供所需要的网络接口。二级接入网中，主要考虑的是 VLAN 的划分策略和跨越主干的 VLAN 连接。针对可能出现的跨主干的部门及一个部门的信息点存在于两个甚至 3 个配线间的情况，将采用 ISL 技术以实现跨主干的 VLAN 通信。

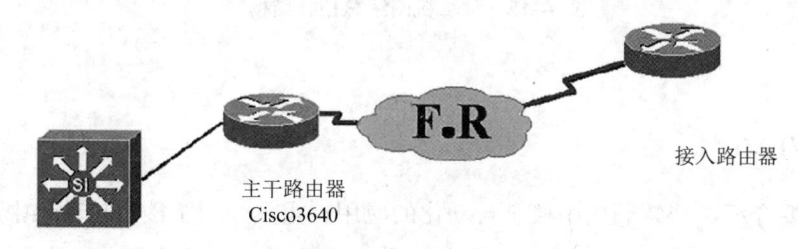

图 7-14 广域接入网

在该方案（图 7-14）中，中心路由器采用 Cisco3640 系列，该路由器配置 2 个广域串口，用于提供与省电大帧中继线路连接。在将来需要提供更高带宽时，可以直接使用 2M 带宽。另外，在数据中心，建议配置一台备份路由器，该路由器采用 Cisco2650，提供 16 路 PSTN 或 ISDN 接入，该 PSTN 线路为帧中继线路备份。该路由器通过 100M 速率连接主干交换机。

（3）计算机网络总拓扑结构

如图 7-15 所示，主干交换机采用冗余设计，提供 10 个 1000M 端口连接楼层交换机 Catalyst3548，配置接入路由器 Cisco3640，该路由器提供同步端口连接帧中继线路。1 个 4 口同步串行高速模块，每个端口带宽可接 2M；另配有一条 E1 线路接入语音，实现 8 路语音电话（最大 12 路）。可实现 IP 电话，减少长途电话的费用。

199

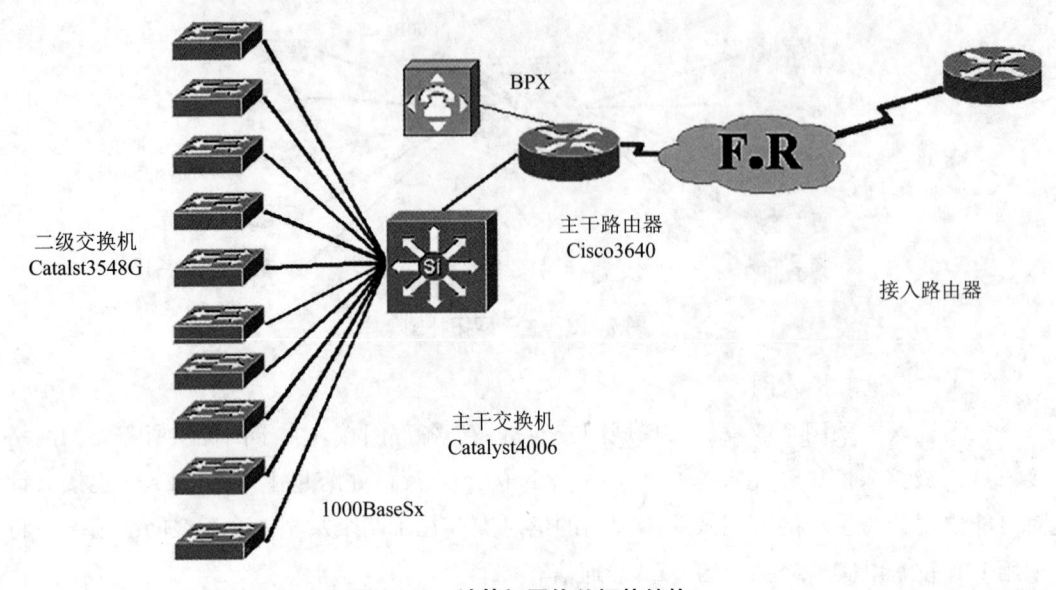

图 7-15　计算机网络总拓扑结构

本章小结

本章主要介绍了智慧酒店中楼宇自动化的应用；重点介绍了楼宇自动化中的设备监控系统的相关内容；其次介绍了与楼宇自动化相关的综合布线系统和计算机网络系统；本章涉及系统内容较多，特别是系统相关技术与指标众多，限于篇幅无法完全展开，需要同学们课后查阅资料进行详细了解。

复习与思考

一、名词解释

智能建筑　楼宇自动化

二、简答题

1. 什么是酒店楼宇自动化系统？由哪些部分组成？
2. 与传统人工控制系统相比，楼宇自动化系统有哪些优缺点？
3. 设备监控系统包含哪些内容？
4. 综合布线系统由哪些子系统组成？
5. 计算机网络系统中宽带接入技术是指什么？

三、运用能力训练

1. 酒店楼宇自动化系统在现实运行中存在哪些问题？
2. 根据你的认知，酒店楼宇自动化系统有哪些方面需要改善？

四、案例分析

1. 具体案例

（1）项目介绍

南京某大型国际酒店是一家以接待中外商务、会议、学术交流宾客为主的五星级商务酒店，酒店坐落于南京市六合区最大天然湖泊，紧邻六合区政府，为六合区首家五星级酒店。

酒店占地80亩，主楼高95米，地上23层，地下1层，总建筑面积4.9万。

（2）系统需求

五星级大酒店将规划建设成为全面革新传统酒店，建立在全新概念上的网络型信息集成化智能酒店和酒店管理。五星级大酒店作为一座面向21世纪的功能齐全的智能化建筑，为适应现代化信息时代的要求，将计算机和信息处理等新技术与建筑艺术有机结合，全面实现办公自动化、通信自动化和建筑物自动化。

（3）系统描述

该大型酒店在建筑智能化设备监控方面，采用的是研华iBAS楼宇自控系统，监控主要内容包括：冷源、换热、空调机组、新风机组、送排风、给排水、变配电、电梯等。在兴基铂尔曼大酒店楼宇控制系统中主要采用了WebAccess上位监控软件、BASPro逻辑编程软件、EKI系列工业以太网交换机以及BAS-3500系列以太网控制器DDC等多种控制模块及扩展模块，对大楼中的机电设备进行了集中管理和分散控制。在整幢建筑中研华公司通过智能化的控制系统与科学化的管理方案相结合，为业主和客户创造一个舒适、温馨的住宿环境，同时也使酒店物耗、能耗、人员成本等降到最低详细分析系统的每个部分。

酒店的冷源系统由冷冻机组、冷冻水泵、冷却塔、冷却水泵、膨胀水箱、压差旁通等组成，由中央监控系统通过Modbus接口与冷水机组实现实时通信，监视设备的工作状态，并同时配以机房内的现场控制器（DDC）实现控制。

酒店中使用的是全空气空调机组（AHU），由中央监控系统监视各设备的工作状态，并通过装于空调机房内的现场控制器（DDC）及分布在现场的多个高精度检测元件，完全有能力满足客户较高的要求，实现控制。

酒店的送排风系统由中央监控系统监视各排风机组的工作状态，监测风机手自动转换状态，确认风机组是否处于楼宇自控系统之下；当处于楼宇自控系统控制时，可控制风机的启停。监测送风机压差状态，确认风机机械部分是否已正式投入运行，可区别机

201

械部分与电气部分的故障报警。当系统出现异常时，系统会发出警报，并可通过网络通信将现场情况用文字或图形显示于中控室的彩色屏幕上，并发出报警声音提醒工作人员及时处理，重要的数据可通过打印机打印出来作为记录。

酒店的给排水系统由中央监控系统监视各设备的工作状态，监控设备的主要各种状态如下：①蓄水池高/低水位报警；②生活水箱高/低水位报警；③生活水泵运行状态；④生活水泵故障报警；⑤集水坑高、低液位报警；⑥排水泵运行状态；⑦水泵故障报警等。

（4）使用情况

该大型国际酒店在使用研华的楼宇自控系统之后，运行非常稳定，所有的机电设备在安全可靠的前提下科学、合理、有序地完成各自工作，并达到节约能源，提高设备使用寿命的目的。

2. 案例分析

（1）请分析该酒店的自动化系统的完整性。

（2）请说明该系统的特点和优势。

（3）找出该系统的不足，进行补充。

第八章　酒店客房智能控制系统

本章导读

本章介绍酒店客房控制系统的功能和结构，包括电视与卫星电视系统、灯光控制系统、空调智能控制系统、窗帘智能控制系统、通信系统、背景音乐系统和客房控制器。

【学习内容】电视系统信号来源和结构，灯控系统功能和结构，空调的自控和控制系统结构，窗帘控制系统的原理和实现方式，通信系统构成，背景音乐系统功能，RCU 功能。

【知识目标】熟知酒店客房智能控制系统的构成，了解酒店电视系统的信号源，了解空调的控制原理，知道空调的设置模式，了解窗帘控制系统的特点，知道多媒体互动系统和背景音乐系统功能，熟知 RCU 作用。

【能力目标】掌握客房智能控制系统的组成，了解空调自控原理，掌握 RCU 功能和优势，可以进行客控系统的功能设计。

案例导入与分析

当客人抵达酒店 1 千米圈范围，房间的空调自动提前打开，设置为舒适的温度；当客人推开客房门，喜欢的音乐缓缓响起；客人入住时，实时监测室内空气质量，室内空气净化器保证空气的清新；如果监测到房间窗户打开，则自动关闭空调；可以通过手机、平板等智能终端进行房间的场景控制，弹指间营造浪漫温馨氛围；出门可以无须带房卡，无约束，轻松自由，可以使用手机入房；记住用户的喜好，一次入住，终身记住。酒店行业作为典型的服务行业，虽然定位多样，导致变化多端，但最终都离不开客户的需求，以客户为中心的变化才是真正意义上的成功。智慧酒店的客房管理系统可以贴近用户最真实的需求，使酒店管理更加人性化。

源昌凯宾斯基大酒店项目位于厦门市湖滨中路与湖滨南路交叉口东北侧，酒店按国际白金五星级标准设计建造,是厦门乃至福建省标志性酒店建筑之一。该酒店的智能酒店客控系统采用先进的 Client/Server 体系,不仅实现对客房状态进行实时监控,对客人入住时的各项服务快速响应,为客人创造宾至如归的客房氛围,更以深受酒店关注的节能环保需求为核心,运用行业领先的计算机技术,对客房内各种电器设备进行灵活的使用控制,以及通过智能身份识别、恒温控制等技术最大限度实现节约能源,降低酒店运营成本。同时智能客控系统拥有对酒店客房的各类信息提示、记录、反馈功能便于酒店管理查询,真正实现酒店客房管理全面智能化,提升酒店管理水平。

酒店行业的智能化发展已是大势所趋,客房智能化控制系统是真正让酒店实现智慧客房的现代化科技产品,帮助酒店行业更好更快地发展。酒店客房智能控制系统(简称客房控制系统、客控系统),是指利用计算机控制、通信、数据库等技术,基于客房内的 RCU(客房智能控制器)构成的专用网络,对酒店客房的电视系统、灯光控制系统、空调控制系统、窗帘控制系统、通信系统、服务系统、背景音乐系统等进行智能化管理与控制,实时反映客房状态、宾客需求、服务状况以及设备情况等,协助酒店对客房设备及内部资源进行实时控制分析。由于其功能丰富,兼容性强,并提供与酒店管理系统的接口,已成为智慧酒店必不可少的一部分。好的酒店客房智能控制系统可以为用户带来强体验感,实现长效连接,改变传统管理方式,并增加非住宿收入,从而极大地提高酒店的价值。

第一节　电视与卫星电视系统

客人在住店过程中,既希望能够享受居家般的便利和舒适,又希望能有丰富的影音娱乐可供选择。这促使酒店的管理方需要更多地考虑客人的影音娱乐需求。客房的娱乐平台首选电视机,尤其是大屏幕 LCD、多接口电视机的出现,为客房影音播放与效果提供了优越的条件。此系统不仅包括电视传统的直播功能,同时需要支持高清点播,也能方便接入客人随身携带的各种数码终端产品,如笔记本电脑、手机、数码相机等,给客人带来便利的同时,还可以让客人体验震撼的音频效果。此外,可能还需要支持一些酒店的服务功能以及广告增值服务。

有线电视与卫星电视系统设计时应符合下列要求:
(1)能提供多种电视节目源。
(2)采用电缆电视传输和分配的方式,对需提供上网和点播功能的有线电视系统采用双向传输。传输系统的规划应符合当地有线电视网络的要求。

（3）根据建筑物的功能需要，应按照国家相关部门的管理规定，配置卫星广播电视接收和传输系统。

（4）根据建筑内部的功能需要配置电视终端。

（5）应符合现行国家标准《有线电视系统工程技术规范》有关的规定。

酒店电视系统的各种信号源和前端的设备接口关系和机械接口关系都由国家标准统一规定，信号源形式大致分为三大类：公网信号、卫星信号和自办信号。公网信号是指公办电视台或者有线电视台播出的有线电视信号，信号相对稳定。随着全球数字化电视的发展，现在国内推行数字电视机顶盒，酒店是数字电视的普及对象之一。但数字系统最大的缺点是后期使用费用较高。卫星信号是国家允许酒店宾馆接收的数字卫星信号，其优点是信号相对稳定，图像质量较高，后期收视费用低；缺点是前期投资略大，部分地方电视节目无法收视。自办信号是指酒店自办节目，其信号源可以是自有编播节目、DVD、多媒体播放机等播出的电视节目。自办节目一般以酒店自身的经营特色而创办的小型"电视台"。目前可以用数字式播放器，优点是方便且投资少。当然，这些节目的播出要符合国家的相关法律和法规。如果要申请卫星节目和自办节目，申请程序比较多，从技术角度上，系统也相对复杂，投资也会增加。

在最近几年里，移动互联网成为当今世界发展最快、市场潜力最大、前景最诱人的业务。越来越多的人在移动过程中高速地接入互联网，获取急需信息，完成事务处理。而视频作为互联网主要应用领域之一，用户规模增长速度突出，覆盖率不断提高。网络视频已经成为人们获取电影、电视、资讯视频等数字内容的重要渠道，并且市场价值快速增长。智能电视应运而生。运用最新的OTT媒体分发和云媒体技术，可将客房电视升级为便捷的智能化信息及娱乐终端。酒店电视经由智能化升级后，即可成为酒店自身宣传的绝佳窗口，不仅提高了酒店的信息化、智能化程度及服务水平，还带来了VOD点播等增值服务，为住户打造私人影院般的奢华享受，给客人提供了更加优质、贴心和个性化的服务。

目前，有酒店客房服务厂商提供基于云平台的互动服务平台，包含电视、娱乐、商务、信息和互动，满足宾客全方位需求。电视信号高清，互动智能，尽享高端数字体验。通过电视系统，打造酒店营销新通路，创造酒店高收益。通过个性化定制界面及功能，突出酒店品牌形象，降低酒店管理成本，提高服务品质，从而提升客人满意度及忠诚度。智慧酒店与传统酒店不同，更看重客户体验与互动。可以提供的电视解决服务有：信息服务、互动服务、娱乐影音服务、智能升级服务。其功能如表8-1所示。

表 8-1　智能酒店智能电视终端服务

服务类型	服务描述	具体功能
信息服务	将酒店服务信息、营销信息、即时通知等各类信息进行整合并显示在电视屏幕上，帮助酒店对信息进行精准、定向、即时发布。	信息展现、信息发布、信息查询。
互动服务	改变传统客房服务方式，向宾客提供高效、人性化的智能客房服务体验。提高宾客服务质量及宾客满意度，提升酒店竞争力。	在线订餐、服务预订、一键送物、播放音乐、快速退房、酒店集团内预订。
娱乐影音服务	高质量影音娱乐平台，提升节目观看体验。	电视直播、音乐欣赏、高清影院。
智能升级服务	通过电视屏幕，一键进行升级。	作为智能终端之一，调控其他智能设备；电子猫眼；智能升级服务，与服务端同步。

第二节　灯光控制系统

智慧酒店，以人为本。采用无卡灯光控制系统，最大限度地尊重用户体验。

（1）无卡操作，通过高精度的探头及门磁判断房间是否有人，当检测到客人进入房间时，灯光自动亮起；检测不到人后，灯延时 5 分钟（或固定时长，可调节）自动关闭。

（2）床头等控制面板上配备接近感应，在人手靠近时背光灯才自动点亮，图 8-1 是背光可独立控制的面板。

图 8-1　背光可独立控制的面板

（3）在智能客户端并且支持多种灯光格调切换，通过手机、平板、智能电视、智能语音管家等智能终端设备连接房间无线网络与房间智能设备连接，即可轻松调试自己喜欢的灯光格调，进行房间的场景控制，弹指间营造浪漫温馨氛围，让住客享受家庭般的温暖。系统预存从开门、欢迎、会客、休闲、阅读、睡眠、外出、退房 8 种房态模式，房间内空调、灯光、窗帘等电器根据房态模式运行。用户也可以自定义场景模式并进行切换。各种场景模式以灯光设置为主，同时需要客房内各种智能终端的联动配合。预设场景模式可如表 8-2 进行设置。

表 8-2　场景设置

场景模式	灯光配置	其他配置
开门模式	开门，插卡前，廊灯自动点亮，30秒后如无插卡，则熄灭	/
欢迎模式	插卡，灯全亮	背景音乐响，窗帘开
会客模式	灯全亮	/
休闲模式	柔和灯带亮，其余灯关	电视开
阅读模式	阅读灯开，其余灯关	/
睡眠模式	小夜灯开，其余灯关	窗帘关
外出模式	全部灯关	/
退房模式	全部灯关	窗帘关

第三节　空调智能控制系统

酒店可以通过远程网络对客房和公共区域的空调温控器进行控制。客房内空调夏季温度在 20℃~26℃，湿度小于 65%；冬季温度在 18℃~23℃，湿度大于 45%。

一、空调的自控

空调的任务就是要维持空调房间内所要求的空气参数稳定在一定范围内。空调的自控任务主要是对以空调房间为主要调节对象的空调系统的温度、湿度及其他有关参数进行自动检测、自动调节以及有关信号的报警、连锁保护控制，以保证空调系统始终在最佳工况点运行，满足工艺条件要求的环境条件。

（一）调节器

调节器在空调的自动调节系统中是主要的组成部分。在一个自动调节系统中，实现何种调节过程（如比例调节 P、比例积分 PI 调节、比例积分微分 PID 调节等），是由控制系统中的调节器来决定的。

在自动调节系统中，调节器系统的被控制量与给定值（又称设定值）进行比较，得到偏差，然后按照一定的控制规律（即调节器的输出信号的变化规律）来控制调节过程，使被控量等于（或接近）给定值。调节器输出信号的作用称控制作用或称为调节作用，调节器输出信号随输入信号而变化的规律称为控制规律。

根据调节器可以实现的调节规律不同，调节器的调节规律一般有：位式（二位、三位式）调节规律的称位式调节器，可以实现比例调节规律的称比例调节器；具有积分调节规律的调节器称为积分调节器。

（二）传感器与送变器

传感器与变送器是自动调节系统中的一个重要组成部分，它们是自动调节系统中的"感官器官"。在自动调节系统中，调节器将根据传感器和变送器检测到信号与调节对象的给定值（设定值）进行比较后发出调节信号，以驱动调节执行机构产生调节作用，达到调节目的。如果传感器和变送器的性能不佳，它们传递的调节信号误差就大，从而导致自动调节系统的失调而使空调系统不能正常运作。

（三）执行器

执行器的特性将直接影响到调节系统的调节质量。

执行器由执行机构和调节机制组成。目前在空调自动控制系统中常用的执行机构有电动调节阀、气动调节阀、电压调节装置及电动执行器（电动风阀）等。

二、空调智能控制系统

空调智能控制系统主要由控制管理软件、智慧路由器、空调控制器三部分组成（图8-2）。

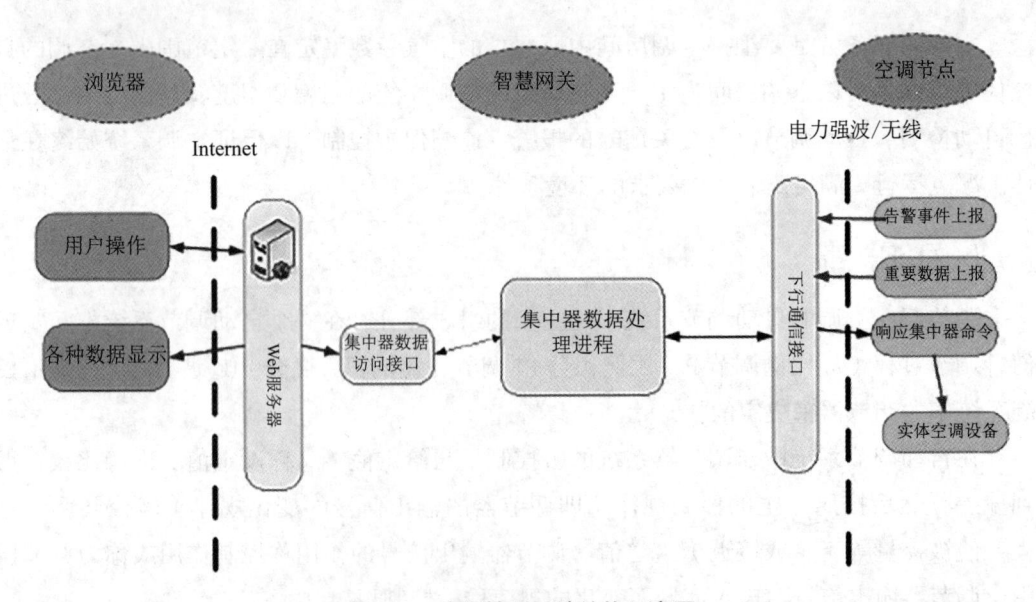

图 8-2　空调控制系统结构示意图

（1）控制管理软件

控制管理软件考虑到安全隐患设定一定的权限，使酒店管理人员在达到权限的条件下，可以对每一台空调进行实时控制和管理，让每一台分机空调在任何时间的运行状态，都完全受控制，从而避免突发状况。

（2）智慧路由器

智慧路由器以电力线载波通信方式为主体，无线通信为辅助，把室内温度、有无人员等各项数据，集中送到局域网服务器，并与客房入住系统相结合：在客人入住前的5分钟自动打开强力模式；若无客人入住则将开启换气模式。管理人员可在任何地方登录智慧路由器，观测空调运行状态。

（3）空调控制器

空调控制器是应用于"空调智能控制系统"的一个控制终端。每个空调控制器作为空调控制节点，插头插于空调专用插座上，与市电线路连接，具有电力线载波通信的功能，能通过供电电力线与智慧路由器保持互通，接受和执行各种指令，并将执行结果和数据送回路由器。

三、空调的设置

空调设置为普通、循环、强力、强制、睡眠、恒温等模式自动切换运行。

（1）空调普通模式

无人入住则关闭空调，若有客人预订时间入住则在入住前5分钟开启，无预订时则待检测到客人进入房间后开启空调。

（2）空调循环模式

已租房无人时，空调自动每小时开启5分钟，维持房间空气和适当温度；待租客房自动每小时打开排气扇通风，同时开启空调通风。

（3）空调强力模式

客人登记入住时，前台开房，客房空调立即打开进入强力模式，使房间迅速达到舒适温度。

（4）空调强制模式

酒店可对空调温控器设置最低默认运行温度和温度智能调整时间频率，温控器可智能人性化调整温度曲线，最终按默认温度运行，达到智能节能的效果。

（5）空调睡眠模式

睡眠模式设置一定的温度，既可保护客人身体健康，同时也达到节能效果。

（6）空调恒温模式

已租 VIP 房无人时，空调自动维持房间温度在偏离 2℃之内。

空调智能控制系统的多种运行模式让酒店的客房温度始终保持最舒适，并达到节能效果。

第四节 窗帘智能系统

窗帘智能系统，既能解决每天手拉开和关窗及窗帘的不便，又显示出了酒店的档次，同时还可以根据光线的明暗来自动控制窗帘的开关，以调节室内的光线，更进一步满足了人们的享受要求，为人们提供了更方便、快捷、舒适安全的居住环境，提高了生活的质量（图8-3）。

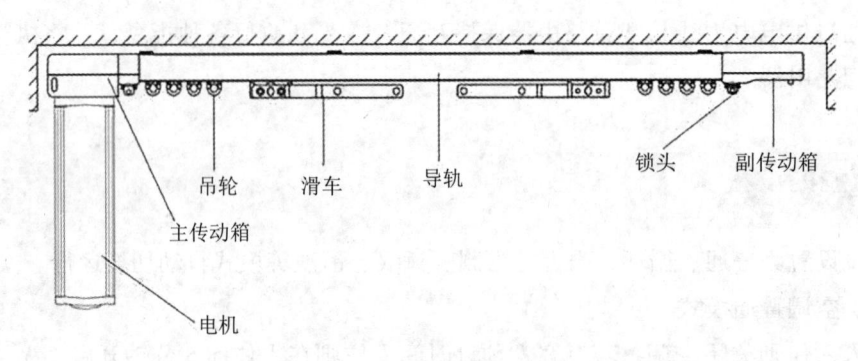

图8-3 智能窗帘系统结构图

一、工作原理

系统通过一个电机来带动窗帘沿着轨道来回运动，或者通过一套机械装置转动百叶窗，并控制电机的正反转来实现。其中的核心就是电机，现在市场上电机的品牌和种类很多，但无非两大类：交流电机和直流电机。

二、实现方式

要实现电动窗帘（电动窗帘轨道）控制应选用窗帘控制器，如图8-4所示。其输出的 AC220V 电压，能控制交流窗帘电机的正反转，要注意接线过程不要出差错。接线柱"L"接220V电源线的火线；接线柱"N"接220V电源线的零线；输出端"1"接线柱接电机正转相；输出端"2"接线柱接电机反转相。

要调节好电机的行程，用户窗子的长度是不同的，这就对窗帘电机在轨道上的运行范围进行调节（百叶窗一般转动 90°）。接下来的工作就是根据需求给它设置地址，这样就可以通过各种发射器对窗帘进行控制了。例如，迷你控制器、无线系列、电话远程控制器、电脑控制等。

对于直流的窗帘电机，只需增加两个继电器就可以了。如果窗帘控制器输出端 AC220V，继电器的线圈必须采用是 AC220V 的。

遥控电动窗帘系统是一种新型的高科技产品。它的应用将带来高科技的享受及便捷，同时能美化环境，使居室呈现更高品位。

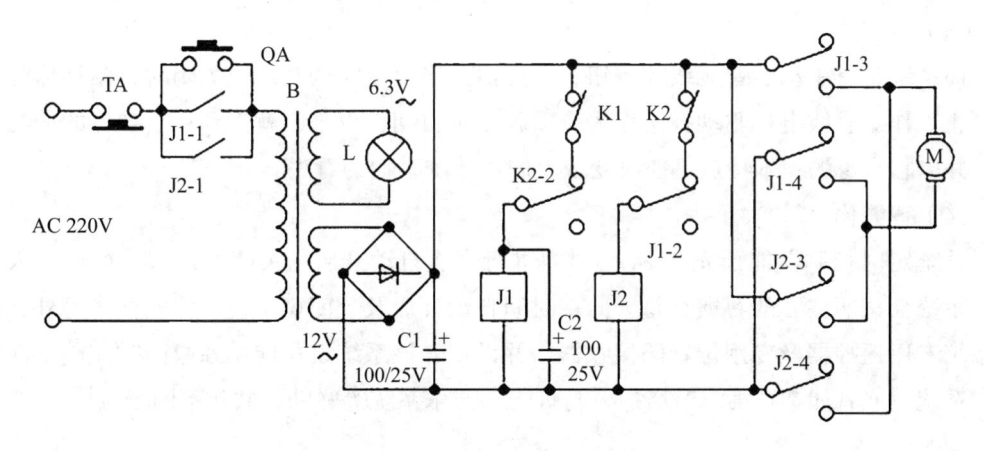

图 8-4 智能窗帘控制电路图

窗帘控制器电路的工作原理如下：

电源变压器 B、桥式整流堆和电容 C1 组成 12V 直流电源。继电器 J1、J2 和行程开关 K1、K2 组成互锁电源极性切换电路。当按下按钮 QA 时，220V 交流电接通，指示灯 L 点亮，由于 C2 的存在，J1 两端的电压不能突变，故 J2 优先吸合，J2-1 闭合，电路自保，J2-2 断开，电路互锁，J2-3、J2-4 闭合，电机得电正转，窗帘开启。窗帘完全开启后，行程开关 K2 被拉线拉动而断开，J2 失电释放，J2-1 断开，整个电路断电停止工作。窗帘完全开启后，再次按下 QA 时，由于 K2 断开，J2 不能吸合，J1 吸合，J1-1 闭合，电路自保，指示灯 L 点亮，J1-2 断开，电路互锁，J1-3、J1-4 闭合，电机得电反转，窗帘闭合。窗帘完全闭合后，行程开关 K1 被拉线拉动而断开，J1 失电释放，J1-1 断开，整个电路断电停止工作（图 8-4）。

当需要窗帘停在任意位置时，只要在窗帘运动过程中，按下按钮 TA 即可。需要说明的是，本电路控制的窗帘开闭，是以开启动作为优先的，即窗帘只要不是呈完全开启状，当按下 QA 时，窗帘总是朝开启方向运动。不过，日常使用时，窗帘一般是全开全闭循环动作的，所以仅用一个按钮 QA 就可以控制窗帘的开闭了。

三、电动窗帘系统的特点

（1）适用性

具有多种不同挡的开启和关闭速度，不同的场合可选用不同的速度。断电时，可手动开启及关闭系统。

（2）安全性

窗帘驱动设备装有可靠的安全设防保护装置，用户可放心使用。

（3）兼容性

该系统备有手动、智能线控按钮、遥控器。当窗帘完全开启或关闭时，驱动器能及时停止工作。直线电机驱动技术作为一项新技术自问世以来，就受到社会各界的广泛关注，并以它自身的技术特点迅速改变了人们对传统事物的看法。

（4）智能化

系统定时控制器能预先在 24 小时内进行多次自动开启与关闭的设置。如遇客人外出，系统会按照住客的习惯在每天同一时间自动开启及关闭窗帘，确保安全。另外，通过系统专用遥控器及专用位置码接收器一并设定，该系统设备能单独或同时控制不同的窗帘系统。或者如本章第二节所述，与灯光、音乐系统等联动，共建不同场景模式。

第五节 通信系统

系统总体架构主要包括：（1）大屏显示系统：用于显示接入的监控图像、视频会议图像以及计算机介入的信息。（2）图像接入系统：用于将各类监控图像接入本系统。（3）视频会议系统：由 MCU、视频会议终端组成并构建在网络上的一套远程视频会议系统。（4）通信系统：可以接入手机、有线电话、无线集群通信、卫星通信、IP 数字网络电话的一套通信系统。

一、语音融合

以往在实际应用中，语音通信、视频会议、视频图像监控都是独立的 3 个系统，为了快速调度和指挥首先需要音频通信的融合实现统一通信。原则是统一调度、快速调度、及时响应和高效准确。为了实现这个原则，对信息系统中的视频会议、视频监控等所有输入系统的语音进行融合，充分利用公共与专用通信网络、有线与无线通信资源，整合为一个统一的通信平台（图8-5），将各种模拟语音信号（如有线电话、无线电话、卫星信号、视频会议语音、视频监控语音）通过模数转换接口转换成数字IP信号，转换后的信号可以任意分组，实现多方通话，处置不同的突发事件。以实现与各级信息系统以及与突发公共事件现场间的统一调度、快速调度、及时响应和高效准确。

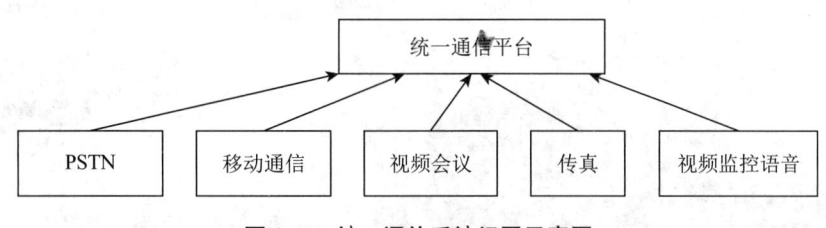

图8-5 统一通信系统组网示意图

目前主要的通信手段主要有PSTN、短信通信、移动通信（手机、集群、卫星等）等。

二、电脑多媒体互动系统

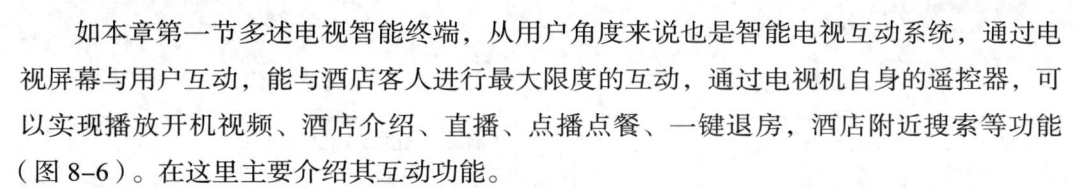

如本章第一节多述电视智能终端，从用户角度来说也是智能电视互动系统，通过电视屏幕与用户互动，能与酒店客人进行最大限度的互动，通过电视机自身的遥控器，可以实现播放开机视频、酒店介绍、直播、点播点餐、一键退房，酒店附近搜索等功能（图8-6）。在这里主要介绍其互动功能。

（1）信息服务或查询功能：以视频、语言或者文字的形式给用户传递信息。可以以宣传视频的形式将酒店周围的环境及便利设施进行介绍，提供当地的旅游攻略及美食推荐的同时，可以提供相应的预约方式，再通过酒店的系统进行预订。系统管理员除了将酒店信息通知给客户，也可以将一些重要通知、天气预报等各类公共信息进行编辑，发送到客房。如酒店简介、客房设施、康乐服务、商务中心等。

（2）客房服务功能：客人可以通过客房的设备直接将需求发送到酒店的系统上等待服务人员的解决。如订餐、订单查询、点餐、快速退房等。

（3）影音娱乐功能：电视节目及视频点播服务，录播比赛视频等。

图 8-6　互动系统功能界面展示

三、技术参数

酒店 E 体盒
1.电脑应用，Android智能操作系统
2.电视，电脑，电影一键切换
3.支持AV，RF信号接入
4.支持有线，无线多种网络连接
5.支持HDML，分量信号输出
6.支持多种红外遥控码输出

酒店 E 体机
1.高清超薄LED液晶显示屏
2.电脑应用，Android智能操作系统
3.电视，电脑一键切换
4.支持1080P全高清
5.支持有线，无线多种网络连接

第六节　背景音乐系统

　　背景音乐系统，可以让曼妙的音乐在各个房间中自由穿梭流动，呈现出来的是一种轻松愉悦、温馨和谐的生活氛围，满足了喜爱音乐、追求高品质生活人士的需求。于是越来越多的人将背景音乐系统纳入装修的范围内,是现代酒店的新风尚。

背景音乐的设置就是通过专业布线,将声音源信号接入各个房间及任何需要背景音乐系统的地方(包括浴室、厨房及阳台),通过各房间相应的控制面板独立控制在房内的背景音乐专用音箱,让每个房间都能听到美妙的背景音乐。

一、功能介绍

(一)公共广播系统

酒店内设有公共广播系统,部分楼层或区域的使用功能和要求不尽相同,因此,公共广播系统内部设置紧急状态联动控制器,从而实现在广播系统处于关闭状态时,遇到紧急情况,整个系统能够自动开机,并自动进入紧急广播状态。

客房广播系统除了全天候播放优美动听的音乐以外,还应具有消防紧急广播功能,当楼内发生意外事故时,客房广播系统自动接入酒店、宾馆公共广播系统,对出事区域进行消防紧急广播。

每一间客房内的扬声器通过床头柜控制面板调节音量大小,床头柜控制面板应配备紧急广播切换器,保证在紧急广播状态时,跳接音量控制器,实现最大音量广播。

(二)背景音乐系统

酒店房间内设有背景音乐系统,不同的时刻会自动播放背景音乐。背景音乐系统支持如下场景。

欢迎场景:进入房间,喜爱的音乐缓缓响起。

洗浴场景:舒缓的音乐伴随着水流声让客户全身放松,释放压力。

音乐疗法场景:当心情不愉快时或生活压力导致情绪低落时,可以打开音乐疗法场景,根据客人不同的心情播放相应的疗法音乐,人们在音乐中忘却不快的烦恼,减缓生活压力。

其中,酒店云平台支持用户推荐系统,根据用户习惯和喜好可推送相关音乐,也可自己点播和定制。

多种控制终端支持背景音乐系统,因此该系统需要开放接口,并支持微信、APP或电视端控制。

二、功能清单

如图 8-7 所示示例，一般客房系统的背景音乐需求是：
（1）呈现精美清晰的界面，双声道立体声，并有闹钟提醒功能；
（2）内置 8GB 内存卡，存储音乐；
（3）通过蓝牙连接手机，播放手机中的音乐；
（4）可播放电视音源；
（5）结合灯光效果，打造各种场景，极大提升客户体验感；
（6）针对会员客人的喜好进行音乐定制和定向推送，超级震撼体验。

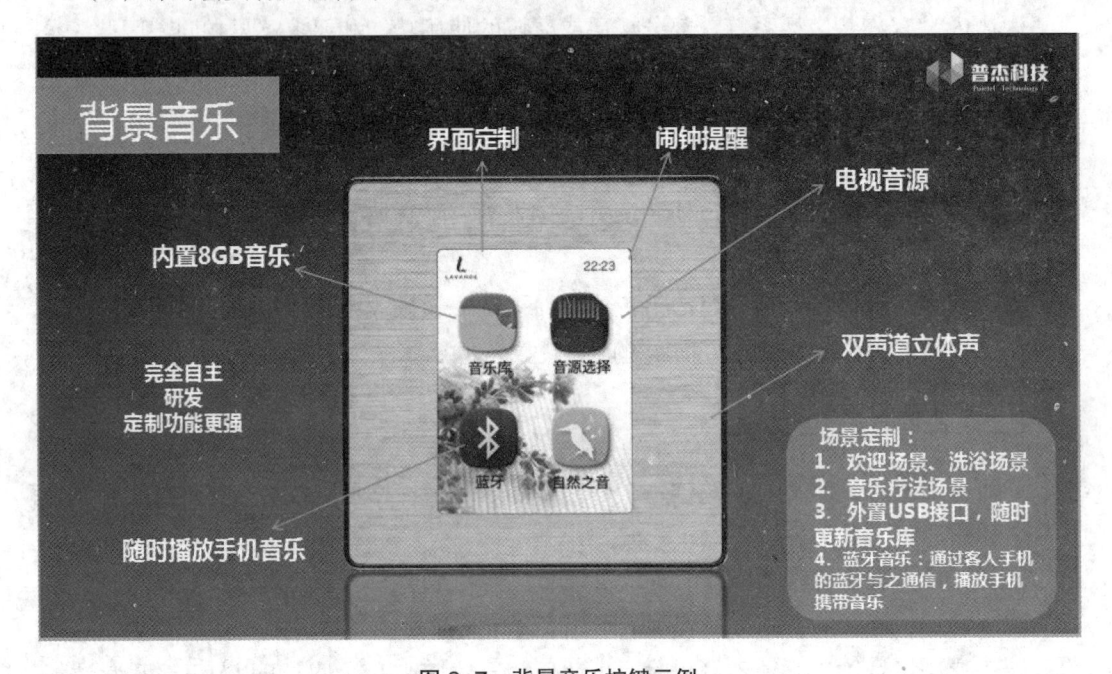

图 8-7　背景音乐按键示例

三、音乐系统结构拓扑图

如图 8-8 所示，通过 RCU（本章第七节详细描述）将控制端与音乐主机相连，进而进行音乐的编辑和播放。

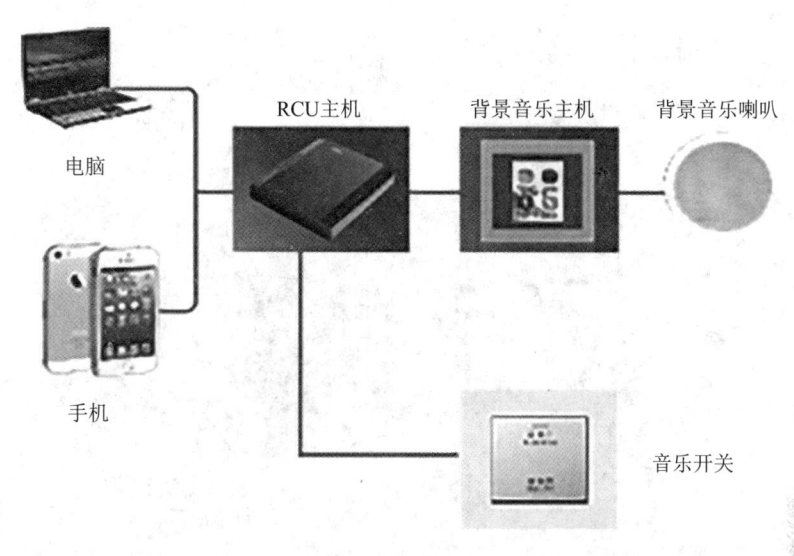

图 8-8 音乐系统结构拓扑图

第七节 客房控制器（RCU）

一、RCU简介

RCU，即英文 Room Control Unit 的简称，意为"客房控制器"，属中高档酒店宾馆以及智能建筑、智能家居行业的专用术语。其中酒店部署客房控制系统时使用的较多。

RCU 具备微处理功能，即集成 MCU（Micro Control Unit），能通过无线控制所有的客房电器、灯具及插座等。RCU 箱通常置于衣柜上端，也可置于吊顶内或床头柜后墙内。RCU 采用弱电控制强电，其核心设备采用微控制器，可在一块主板上采用多种通信方式（图 8-9）。

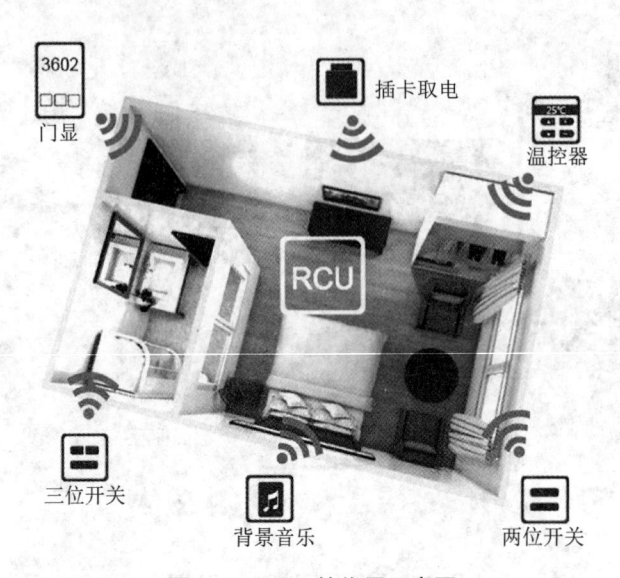

图 8-9　RCU 的作用示意图

二、使用优势

（一）节省酒店建设和改造成本

（1）智能客控设备采用自复位开关，弱电控制强电，节省强电线、镀锌管、开线槽人工费等；采用 P-BUS 总线技术，含有一键总控和一键退房等功能，节省工程费用。

（2）智能客控设备自带 Wi-Fi 系统，信号稳定，覆盖面广。

（3）智能方式含有传统装修必须配备的门显、智能插卡取电开关、空调调节器、电子门铃等各种设备。

（二）综合节能效益明显

（1）通过对客房及其他区域空调末端进行智能网络远程控制，可以取得非常可观的经济效益，夏/冬季每升/降温 1℃，可取得 5%~8% 的节能效果。

（2）通过对灯光智能控制、电器智能控制节能，对不同身份人员的控制权限分别进行设置，杜绝非法取电。

综合上述两项，系统为酒店节省相当可观的电能费用，以一个 200 套客房规模的中型酒店为例，如果对客房温控器进行智能控制，节能效果为：200（客房数）×365（每年天数）×3（每日省电 3 度）×70%（入住率）×1 元/度 =153300 元（酒店所有客房每年节省的电费）。通常只需 24 个月，酒店便可收回智能客控的投入成本。

（三）提高管理水平、降低运行费用、延长设备使用寿命

（1）提升服务人员管理及效率，系统软件可以全面监测客房服务状态，当客人有"清理""退房"等请求时，系统软件可以及时显示并发出声音报警且对服务人员的响应时间做出客观记录，便于酒店考核管理。此外，由于可以对客人身份进行智能识别，酒店可据此为相关客人提供针对性的个性化的服务。

（2）提升工程维护人员管理及效率，系统软件可以实时监测设备运行状态，对设备的故障运行及时做出提示响应，避免设备"带病"工作，节省人力资源，方便工程管理，同时有效延长设备使用寿命，为酒店增效增收。

（四）为宾客提供更加安全、健康和人性化的环境和服务

（1）弱电操作面板无辐射，使用及维护更加安全；SOS紧急呼叫按钮，第一时间应对突发事件；电力系统合理配置，有效扩容，避免设备及线路超负荷工作，消除事故隐患。

（2）远程网络空调控制，让客人入住时客房内温度已变得舒适；客房"有/无人""请稍候""请即清理"等尽显人文关怀；无人时卫生间智能换气排风，时刻保持客房内空气清新；系统有"开房""欢迎""睡眠""外出""退房"等8种控制模式，方便客人使用，也可进行场景自定义。

（五）极大提升酒店档次及影响力，为酒店评定星级加分

国家旅游局颁发的《旅游饭店星级的划分与评定》（GB/T 14308—2003）中重点加大了对酒店客房智能化、体验度、舒适度、节能量这些方面的加分力度，相比所投入的费用远低于客房其他硬件设备所投入的费用，提高酒店入住率。

（六）与其他系统更紧密地关联，降低酒店综合成本

（1）客控系统与酒店管理软件无缝对接，酒店管理更高效、更智能。

（2）客控系统可以通过智能取电开关读取感应门锁卡信息做出身份识别，并进行相应的智能控制；客控系统通信网络共享酒店内现有局域网资源，无须单独构建网络，并可对空调温控器等进行远程控制。

三、智慧酒店客控系统解决方案功能一览

表8-3列举了智慧酒店客房控制系统所需的功能，用户可以根据选择进行配置。

表 8-3 客控系统解决方案一览

序号	主要功能	系统功能简要说明
1	Wi-Fi、AP热点覆盖功能	系统提供Wi-Fi无线覆盖功能，无线信号稳定，覆盖面广
2	请稍候及SOS紧急呼叫	卫生间自带SOS求救功能，客人遇到紧急情况及时通知甲方后台监控中心，即时响应
3	采用弱电控制强电方式	专利技术；布线采用P-BUS总线技术，一根网线可连接多个开关，节省强电负载线、线管和施工费；弱电控制强电，延长开关使用寿命
4	智能手机或移动终端	可使用手机或iPad等移动终端微信登录，可进行房间灯光、空调、窗帘等设备控制
5	多种功能请求服务	请勿打扰、请即清理、请稍候、退房、SOS等服务功能，通过客房内部连体面板功能键信号与门显自动对应，同时后台监控中心可以适时了解客房运行状态，提高服务效率
6	房态状态数据监控系统可对房间的房态进行监控	可在远程监测房间的客房门的开关、窗的开关、有人无人、空调运行状态、人员身份、电器等，所有在线设备运行自动监测
7	客房设备故障远程监测	通过系统软件可远程诊断SOS、空调、通信等设备运行状态，故障报警
8	9种灯光场景模式设定	系统预存从开门、欢迎、会客、休闲、阅读、睡眠、外出、退房，8种房态模式，房间内空调、灯光、窗帘等电器根据房态模式运行
9	卫生间红外控制	厕所红外探测，自动开/关厕所灯具和排风扇；探测无人时4小时开排风15分钟除异味
10	智能起夜模式	采用特殊方向传感器，当起夜时，夜灯自动开启，上床夜灯关闭
11	空调模式控制	空调可按设定、时间段、上下限、强制等多种模式控制
12	走廊灯光控制	根据红外探测、光照度、时间段等数据按一定算法智能控制走廊灯光
13	多功能智能门显	五合一门外显示，可显示酒店LOGO、门牌号、请即清理、请勿打扰、请稍候、电子门铃。客房如客房有人入住时，门牌显示蓝色；无人入住时门牌显示白色，减少客服人员失误
14	门磁超时报警	若开门时间超过系统设定时间，系统自动报警，提高了客房的安全性
15	酒店管理数据库	系统数据库可对房态、电气设备、工程人员、服务人员等数据进行存储和数据查询，为酒店投资人及酒店管理者，定期提供有价值的参考数据，提高酒店入住率
16	与PMS酒管软件联网	本系统可与国内专业的酒管软件联网，可根据酒管软件的数据自动改变房间的状态和数据，给客人提供更方便快捷、更舒适、更人性化的服务

拓展知识

一、智能控制系统的主要功能特点

1. 学习功能

一个系统，如果能对一个过程或其环境的未知特征所固有的信息进行学习，并将学习所得到的经验或知识用于进一步的估计、分类、决策和控制，从而使系统的性能得到改善，那么就称为学习系统。

2. 适应功能

这里所说的适应能力比传统的自适应控制中的适应功能具有更广泛的含义，它包括更高层次的适应性。正如前面已经提到的，智能控制系统中的智能行为实质是一种从输入到输出之间的映射关系。它可看成是不依赖模型的自适应估计，因此它应具有插补功能，从而可给出合适的输出。甚至当系统中某些部分出现故障时，系统也能正常工作。如果系统具有更高程度的智能，它还能自动找出故障甚至具备自修复的功能，从而体现了更强的适应性。

3. 组织功能

它指的是对于复杂的任务和分散的传感信息具有自行组织和协调的功能。该组织功能也表现为系统具有响应的主动性和灵活性，即智能控制器可以在任务要求的范围内自行决策、主动地采取行动；而当出现多目标冲突时，在一定的限制下，控制器可有权自行裁决。

二、智能控制的发展趋势

随着智能控制应用方法的日益成熟，智能控制的研究领域必将进一步扩大。除了高级机器人、过程智能控制和智能故障诊断外，下列领域将成为新的应用领域：交通控制（如高速列车、汽车运输、飞机飞行控制等），用于CAD、CIMS和CIPS的自动加工控制，医疗过程控制、商业、农业、文化教育和娱乐等。

当代最高意义上的智能自动化要算机器人学的进步和应用。机器人从爬行到直立行走，现在已能用手使用工具，能看、听、用多种语言说话，并能可靠地去干最脏最累最危险的活。据统计，目前世界上有将近100万个机器人在各生产线上工作，美国和日本在核反应堆中使用机器人，印度科学家在2002年8月27日也宣称，他们已经建造成一种6条腿的机器人用于核电站工作。智能机器人进入社会服务业，可以当出租车司机、医院护士、家庭保姆和银行出纳等。因此，智能机器人将逐渐代替人类的复杂劳动，解放人类的身体，提高未来休闲时代的生活质量。

决策系统、专家控制系统、学习控制系统、模糊控制系统、神经网络控制、智能规划和故障诊断等智能控制的一些研究成果，也已被应用于各类工业（电力、化工、冶金、造纸等）生产过程控制系统和智能化生产（制造）系统，如飞行器制造，汽车自动驾驶系统等。智能技术广泛应用于社会，有利于提高人民的生活质量，提高劳动生产率，提高全社会的文化素质，创造更高的就业率。目前，在世界范围内，智能控制和智能自动化科学与技术正在成为自动化领域中最兴旺和发展最迅速的一个分支学科，并被许多发达国家确认其为面向21世纪和提高国家竞争力的核心技术。

本章小结

本章主要介绍了酒店客房智能控制系统的构成，以及各个子系统的功能和结构：包括电视与卫星系统、灯光控制系统、空调控制系统、窗帘控制系统等。所有通过该系统控制的客房内受控设备既可由宾客在客房内进行本地控制，也可由经过授权的酒店工作人员在酒店局域网相应的计算机终端上进行远程设置和控制。由于篇幅所限，不做展开叙述，建议阅读李全川、郑智慧编著的《空调制冷自控系统运行与管理》。

复习与思考

一、选择题

1. 客房空调冬季温度设在（　　）

A. 20℃~26℃　　　B. 18℃~19℃　　　C. 20℃~21℃　　　D. 18℃~23℃

2. 以下不属于空调自控系统的是（　　）

A. 调节器　　　　B. 传感器　　　　C. 执行器　　　　D. 变压器

二、简答题

1. 空调的自控原理是什么？

2. RCU功能是什么？

三、运用能力训练

1. 参观星级饭店，感受客房智能控制系统的功能，进行归类总结。

2. 拟设置智慧酒店客控系统解决方案。

选择题参考答案：

1. D　2. D

第九章　酒店综合安防系统

本章导读

本章介绍酒店的综合安防系统，包括综合安防系统的概述及其五个子系统：视频安防监控系统、出入口控制系统、入侵报警系统、停车场管理系统、电子巡更系统。

【学习内容】综合安防系统的相关概念，综合安防系统包括的子系统，综合安防系统的子系统的功能和组成。

【知识目标】了解综合安防系统的概念和组成，熟悉综合安防系统各子系统的基本构成和所用设备，了解综合安防系统在酒店中的具体应用。

【能力目标】熟悉综合安防系统中各系统的功能要求，能对实际系统进行简单的分析和评价，了解目前酒店里各系统的基本技术和应用现状。

案例导入与分析

酒店安防的现状与未来

截至2015年我国五星级酒店已经超过800家，主要分布在大中型城市和沿海城市，星级酒店的数量超过66000家，庞大的数量造就了巨大的安防市场空间。不同地域、不同定位的酒店采用了不同的安防产品。对产品品质要求较高的酒店，采用了比较知名的安防产品。对安防系统的功能有自身明确的需求，包括优质的产品、良好的服务、产品供应链的安全性，通常采用入围的方式来把控产品的选型。从管理层面来讲，安防管理的方式和理念也在发生非常大的变化，从偏重人防到人防和技防结合；从狭隘的安防管理，发展到安防管理和信息管理以及和人事管理相结合。

随着安防产业的不断发展，各个厂家的产品易用性不断提高，大幅度提升了管理效率；并且，随着酒店安防管理逐步专业化，其管理的从业人员也从原来的低文化层次发展到较高的文化层次，这就更进一步提升了人防和技防相结合的紧密度。随着酒店智能化职能的增加，酒店所面临的管理子系统越来越复杂，就产生了将其他各种职能和安防系统相结合的迫切需求，并且衍生和扩展了安防管理的层次。安防系统不仅仅是和安防事件相关，更和日常管理相关，如利用门禁系统和视频识别技术来管理车辆，利用出入口控制系统和人事系统同步，实现无缝的人事管理等。

可以预见，未来五年中国酒店市场用于安全方面的投入将有更大提高。据预测，未来酒店行业视频控制预算增长可能超过5%，出入口控制和安全集成可能出现3%~4%的增长。视频监控、门禁系统、入侵报警系统等安防预算会增加。信息技术和安防技术的集成一直都是系统集成商们第一关注的问题，酒店用户相信这将给他们的经营带来积极的影响。

目前宇视科技大规模的网络监控系统应用于高端楼宇和场馆。全面突破国际酒管集团，在众多城市地标性建筑、城市综合体和重要公共服务单位都表现出色，其中在万豪、喜达屋、希尔顿、凯悦、香格里拉、温德姆、洲际、雅高等五星级酒店均有广泛应用。其中香格里拉酒管集团项目最具特色。香格里拉亚洲酒管集团是国际知名的酒店管理集团对安防产品有很高的要求，采用品牌入围的方式来寻找安防供应商。宇视凭借产品实力赢得了香格里拉客户的青睐，并承担了国内众多香格里拉酒店监控项目的模拟监控系统改造成数字监控系统的工作。比如，深圳罗湖香格里拉酒店由宇视在2014年中改造完成。

——资料来源：杨利彪. 酒店安防的现状与未来 [J]. 中国公共安全：学术版，2015（14）：56-58.

案例分析：

请结合上述案例，思考如下问题：

1. 什么是综合安防系统？
2. 综合安防系统具体包括哪些内容？
3. 综合安防系统是如何进行综合的？

第一节 综合安防系统概述

一、综合安防系统基本概念

安全防范系统（Security Protection System，SPS）简称安防系统，在国内标准中定义为，以维护社会公共安全为目的，运用安全防范产品和其他相关产品所构成的入侵报警系统、视频安防监控系统、出入口控制系统等，或由这些系统为子系统组合或集成的电子系统或网络。

综合安全防范系统是一个有功能分层的体系：防范为先（出入口控制系统的功能）、报警准确（入侵报警系统的功能）、证据完整（视频安防监控系统的功能）。这三个层次的各个环节必须环环相扣，只有先设计好周密的系统方案，最终才能收到理想的效果。安全防范工程的设计应根据被防护对象的使用功能、智能化建设投资及安全防范管理工作的要求，综合运用安全防范技术、电子信息技术、计算机网络技术等，构成先进、可靠、经济适用、配套的安全防范应用系统。

二、综合安防系统基本组成

根据安全防范系统应具备的功能，安全防范系统一般由以下几部分组成：

（1）视频安防监控系统

视频安防监控系统对建筑物内重要部位的事态、人流等动态状况进行监视。当报警系统报警时，联动装置应使显示与记录装置及时跟踪显示并记录事故现场情况。

（2）出入口控制系统

主要是控制那些从正常设置的门进入的人员。系统对被授予各种权限的人员的身份进行辨识，对未授权的人员加以限制。针对不正常的强行进入者、系统通过设定的各种门磁开关等装置"发现"闯入者并报警。停车场自动管理系统与可视对讲系统，可对进入的车辆和人员进行管理和控制。

（3）入侵报警系统

入侵报警系统利用各种探测装置对楼宇内重要地点或区域进行布防。当探测装置探测到有人非法侵入时，系统将自动报警。附设的手动报警装置常有紧急按钮、脚踏开关等。

（4）其他系统

电子巡更系统：电子巡更系统是指对保安巡查人员的巡查路线、方式及过程进行管理和控制的电子系统。

停车场管理系统：停车场管理系统是指对进、出停车场的车辆进行自动登录、监控和管理的电子系统或网络。

第二节 视频安防监控系统

一、视频安防监控系统概述

视频安防监控系统是电视技术在安全防范领域的应用，是楼宇安全系统的一部分，主要是辅助保安人员对建筑内的现场实况进行实时监视。通常情况下保安人员通过多台摄像机监视楼内的公共场所（如大堂、地下停车场等）、重要的出入口（如电梯口、楼层通道）等处的人员活动情况。当保安系统发生报警时，通过系统辅助通信接口，会联动摄像机开启并将该报警点所监视区域的画面切换到主监视器或屏幕墙上，并且同时启动录像机记录现场实况，视频安防监控系统可以自动地管理外部报警信号，也可以由选定的监视器依照程序进行显示。系统能够监视摄像机的图像信号电平，如果摄像机出现故障，视频安防监控系统会及时做出报警反应并记录下故障。

酒店、宾馆等单位由于其工作性质的关系，其主要是为客人提供住宿、餐饮、娱乐、休闲等业务，出入人员比较繁多，外地客人又占绝大部分，而犯罪分子恰好利用这种环境，潜入酒店、宾馆伺机作案，直接影响到客人的人身安全和财产安全，直接影响到酒店、宾馆的声誉；财务室、前台等处是现金周转的主要场所，建立视频安防监控系统、报警、通信相结合的安全防范系统是行之有效的保卫手段。

二、视频安防监控系统的组成

视频安防监控系统根据其使用环境、使用部门和系统功能的不同而具有不同的组成方式，无论系统规模的大小和功能的多少，一般视频安防监控系统都由前端设备、传输设备、处理/控制设备、存储/显示设备四个部分组成。

（一）系统的前端设备

视频监控系统前端设备主要包括：摄像机、镜头、云台、防护罩、支架、控制解码器、射灯等。

（1）摄像机

为前端主要设备，设备的摄像部分的作用是把系统所监视的目标，即摄录到的光、声信号变成电信号，然后送入视频安防监控系统的传输分配部分进行传送。摄像部分的核心是摄像机，它是光—电信号转换的主体设备，是整个视频安防监控系的眼睛。严格来说，摄像机是摄像头和镜头的总称。摄像机一般安装在现场。摄像机在使用时须根据现场的实际情况来选择合适的镜头，将被摄目标成像在摄像机的图像传感器靶面上（图9–1）。

图9–1 前端设备之摄像机部件

（2）云台

云台可以简单理解成安装摄像机的底座，只是这个底座可以全方位（水平和垂直两个方向）或水平方向转动。因此，云台的使用扩大了摄像机的视野。在电视监控系统中，需要巡回监视的场所（如大厅等）都要使用云台。

（3）防护罩

防护罩是用于保护摄像机的装置。有室内、室外之分，室内防护罩主要作用是防尘；而室外防护罩除防尘之外，更主要的作用是保护摄像机在较恶劣自然环境（如雨、雪、低温、高温等）下工作。这不仅要求严格的密封结构，还要有雨刷、喷淋装置等，同时具有升温和降温功能。由此决定了室外防护罩的价格远高于室内防护罩。

（4）支架

支架是用于固定摄像机的部件，有壁装、吊装等形式。支架的选择比较简单，只要其负荷能力大于其上所装设备总重量即可，否则易造成支架变形，云台转动时产生抖动，影响监视图像质量。

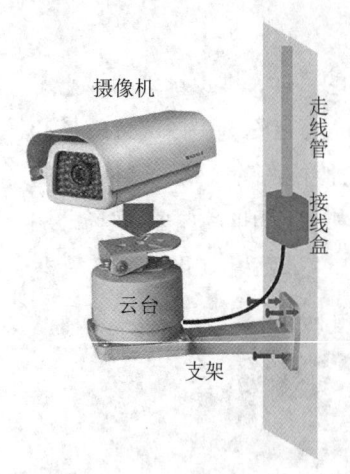

（5）控制解码器

控制解码器是指在有云台、电动镜头和室外防护罩的视频监控系统中，必须配有控制解码器。这样在控制室中操纵键盘相应按键即可完成对前端设备各动作及功能的控制。

（6）射灯

目前绝大多数视频监控系统均配置随摄像机转动的射灯以辅助照明。黑白视频监控系统宜配置高压水银灯；彩色电视监控系统宜配置碘钨灯。当需夜间隐蔽监视时应用红外射灯，红外射灯一种是在普通照明灯前加滤光片，另一种是由红外发光二极管阵列构成。前者耗能较大，且常产生"红暴"（由于滤光不净，有少量红光被人眼看到）；后者极少产生"红暴"，但照射距离较近。另外，红外射灯对彩色电视监控系统不起作用，这是由于红外光被彩色摄像机中的彩色滤色器滤掉的缘故（图9-2）。

图9-2　前端设备构成

（二）系统的传输设备

传输设备的作用是将摄像机输出的视频信号馈送到中心机房和其他监视点。传输设备主要有：

（1）传输馈线

目前国内闭路监控的视频传输一般采用同轴电缆作为介质，但同轴电缆的传输距离有限，随着技术的不断发展，新型传输系统也日趋成熟，如光纤传输、射频传输、电话线传输等。

（2）视频分配器

将一路视频信号分配给多路输出信号，供多台监视系统监视同一目标，或者用于将一路图像信号向多个系统传送。

（3）视频电缆补偿器

在长距离传输中，对长距离传输造成的视频信号损耗进行补偿放大，以保证信号的长距离传输不影响图像质量。

（4）视频放大器

用于系统的干线上，当传输距离较远时，对视频信号进行放大，以补偿传输过程中的信号衰减。

（三）系统的处理/控制设备

处理/控制设备的作用是在中心机房通过有关设备对系统的摄像和传输分配部分的

设备进行远距离遥控。处理／控制部分的主要设备有：

（1）集中控制器

一般装在中心机房、调度室或某些监视点上。使用集中控制器再配合一些辅助设备，可以对摄像机工作状态如电源的接通、关断、水平旋转、垂直俯仰、距离的广角变焦等进行遥控。

（2）云台镜头控制器

它与云台配合使用，其作用是在集中控制器输出的控制电压作用下，输出交流电压至云台，以此驱动云台内电动机转动，从而完成指示动作等。在配置了电动变焦距镜头和电动云台的视频安防监控系统中，需要对摄像机进行遥控来完成控制云台的旋转、控制变焦镜头的远近及光圈的大小、控制防护罩的各附属功能及摄像机电源的通断等动作，所有的这些都要靠云台镜头控制器（简称云镜控制器）。

（3）微机控制器

微机控制器是一种较先进的多功能控制器，功能是把控制命令以不同的方式送入被控设备。

（四）系统的存储／显示设备

存储／显示设备的主要功能为图像处理和图像显示。图像处理是指对系统传输的图像信号进行切换、存储、重放、加工和复制等功能；显示部分则是使用监视器进行图像重现，有时还采用投影电视来显示其图像信号。主要设备有视频切换器、画面处理器、监视器和录像机等。

（1）视频切换器

视频切换器是视频安防监控系统的常用设备，其功能是从多路视频输入信号中选出一路或几路送往监视器或录像机进行显示或录像。

（2）画面处理器

原则上，录制一个信号最好的方式是一对一，也就是用一个录影机录取单一摄影机摄取的画面，每秒录30个画面，不经任何压缩，解析度越高越好。但如果需是同时监控很多场所，用一对一方式会使系统庞大、设备数量多、耗材及人力管理上的费用会大幅提高，为解决上述问题，画面处理器应运而生。画面处理器可用一台监视器显示多路摄像机图像或一台录像机存储多台摄像机信号的装置。画面处理器可分为两大类：画面分割器和多工处理器。

（3）监视器

监视器是用于显示摄像机传送来的图像信息的终端显示设备。监视器和电视机的主要区别在于监视器接收的是视频基带信号，而电视机接收的是经过调制的高频信号，并且为了减少电磁干扰，监视器大都做成金属外壳。当然，监视器是按工业标准而生产的，其稳定性和耐用性也是普通电视机无法相比的。

（4）录像机

录像机是存储和重放装置，通过它可对摄像机传送来的视频信号进行实时存储，以备查用。视频安防监控系统所用的录像机具有的特殊的功能：存储时间可达960小时，报警输入及报警自动录像，自动循环录像，时间字符叠加。

三、酒店数字视频监控系统

酒店是物质密集、人员集中、现金流量大的场所，是促进社会经济繁荣必不可少的部分。酒店的宗旨是提供优良的服务以满足旅客的需求，同时也要保证酒店及旅客的生命财产安全。为进一步加强酒店的安全防范与管理，保护客人及酒店的人身财产安全，加强安全防范，同时也能有效地加强酒店内部管理，某酒店安装的一套视频监控系统如下：

（一）数字视频监控系统组成

系统从功能结构的角度看，也是由前端部分、终端部分和传输部分组成（图9-3）。前端部分由摄像机组成；传输部分由各种视频电缆组成；终端部分则由数字硬盘录像机和显示设备组成。由前端摄像机所拍摄的画面通过传输部分进入监控室，监控室是整个系统的控制中心。视频信号在这里直接进入数字硬盘录像机，进行实时录像和监视。

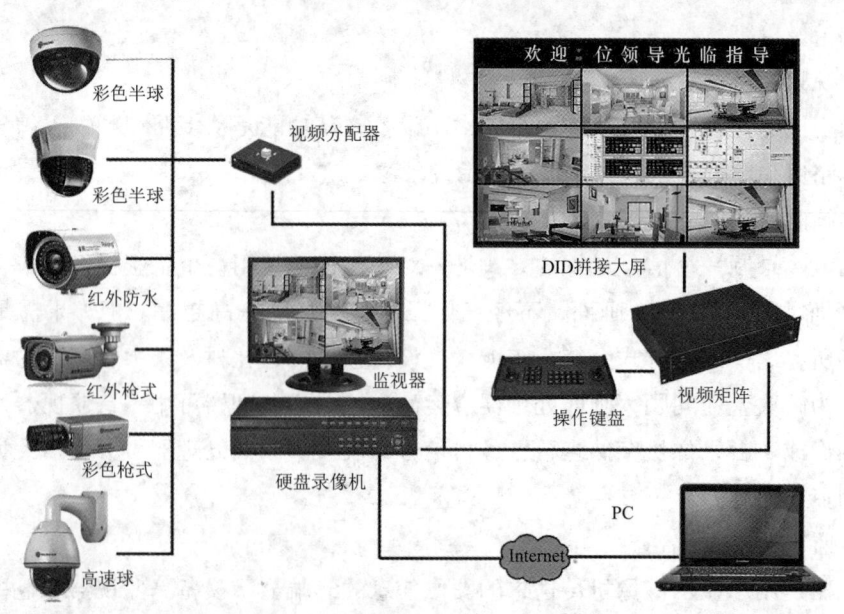

图9-3 酒店数字视频监控系统

(二)数字视频监控系统具体设计

(1)系统前端设计

此系统的前端主要分为室内和室外两部分,室外的摄像机主要分布在酒店大院的出入口处,用于监视进出的车辆和人员。室内的摄像机主要分布在酒店大楼各楼层的电梯口和重要的出入口。由于日间室外光线较强,本系统要求 24 小时工作,而夜间室外的照明效果不理想。所以,在室外使用日/夜转换型红外夜视摄像机。室内则根据具体安装部位分别采用普通彩色摄像机和红外夜视摄像机。具体方位设置如下:

① 大门

大门是直接进入酒店的唯一入口,所有的车辆也是通过这里进入酒店的,在此处安装监控点,对于控制出入口、震慑犯罪分子都起到了良好的作用。因此在这里设置一个监控点就显得尤为重要。安装在此处的摄像机使用 BN-5606IR-QC 智能红外球。

② 大堂

大堂是一个人员复杂的场所,又是整个酒店大楼的喉舌,从这里可以通往各个楼层、餐厅、娱乐场所。鉴于大堂的面积较大,在这里安装一台移动式监控点,更有利于全局控制整个大堂的情况。使用 BN-5606HH0 吸顶高速球摄像机。

③ 收银台

收银台是酒店资金往来的重要部门,大多数宾客使用现金结算,为防止意外情况的发生,同时也为随时监督检查员工的工作情况。在这里设置一个监控点。为隐蔽、美观角度考虑,使用 BN-0330QHL/SE-B 彩色带红外灯日夜两用摄像机。

④ 财务室通道

财务室是安全防范重点针对的部门,财务室周围的环境监控也是非常重要的。在该处设置的监控点不仅可以监控财务室的入口,也可以监控财务室门前的通道。该处的监控点采用 BN-0330QHL/SE-B 彩色带红外灯日夜两用摄像机。

⑤ 电梯出入口处

电梯出入口处是人员繁杂、集中的地方,使用半球型摄像机。这种摄像机安装简单、小巧美观,适合在宾馆、酒店等涉外场所安装。在此选用 BN-0320QHL/SE-B 海螺型红外夜视半球摄像机。

⑥ 电梯轿厢

电梯轿厢内选用飞碟型彩色低照度摄像机(BN-030QUFO/SN-A),该摄像机外形小巧,美观大方。

(2)系统终端设计

终端是整个监控系统控制、处理、存储的中心。终端系统的主要设备采用数字硬盘录像监控主机。它集监视、录像、报警等功能于一身，除了对前端摄像机信号进行录像以外，还能实现对整个监视系统的控制作用，如控制前端设备的运转，操作其他控制设备（如矩阵）。这种设备可将前端摄像机产生的视频信号压缩并储存在硬盘中，采用专用的压缩技术，大大降低了耗材的支出，并且加强了录像资料的安全性。由于数字硬盘监控主机是在基于计算机技术的基础上开发的产品，所以它还具有强大的网络功能，这就使得监控系统的网络化成为可能，基于此选用IDRS-7000HE系列数字硬盘录像机。

（3）系统传输部分

此系统采用数字化技术，以计算机网络系统为基础进行的数据传输。

第三节 出入口控制系统

一、出入口控制系统概述

出入口控制系统又称门禁管制系统（图9-4）。出入口控制系统在建筑物内的主要管理区、出入口、电梯厅及贵重物品的库房等重要部位的通道口安装门磁开关、电控锁或读卡机等控制装置，由中心控制室监控，能够对各通道口的位置、通行对象及通行时

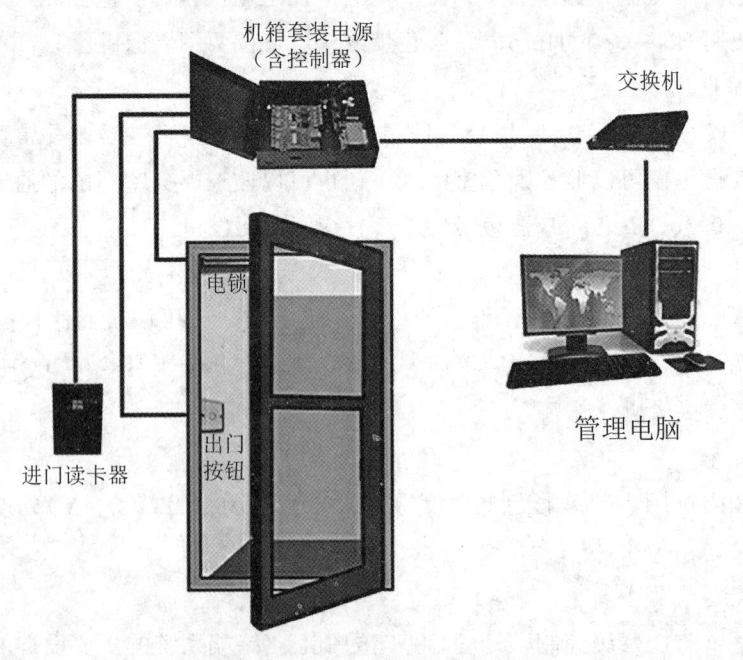

图9-4 出入口控制系统示意图

间等实时进行控制或设定程序控制。出入口控制系统是建筑物内的第一道防线，其目的是将非授权人员想办法拒之门外。一般要与入侵报警系统、视频安防监控系统联动，才能有效地实现安全防范。

例如，采用读卡机的出入口控制系统是由读卡机阅读卡片密码，经解码后送控制器判断。如身份符合，门锁被开启，否则自动报警。通过出入口控制系统，可有效控制人员的流动，并能对工作人员的出入情况做出及时的查询。

二、出入口控制系统的组成

通常一个建筑物的安防工程有多个同级别受控区和一些高级别受控区。因此需要对多个出入口实行全局控制。一般的出入口控制系统是一个两层的集散系统。前端是出入口控制装置，它主要由读识部分、管理/控制部分、执行部分和通信网络以及相应的信息管理系统组成（图9-5）。

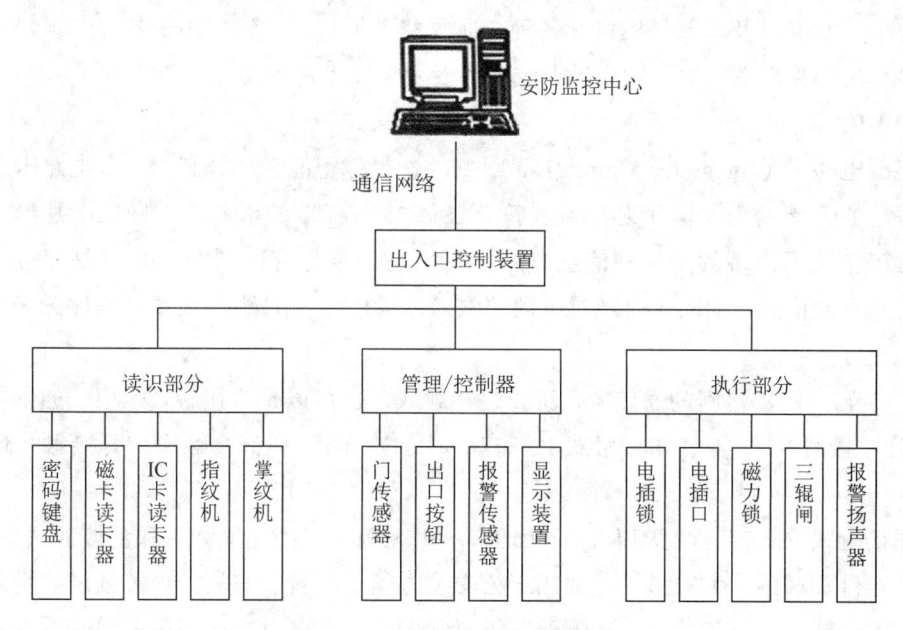

图9-5 出入口控制系统的组成

（一）读识部分

读识部分的功能是对进出人员的合法身份进行验证。只有是经读识装置验证合法的人员才允许在规定的地点和时间进入受控区域。人员的身份特征有很多种，可以利用密码，也可以利用人体的特征，如声音、指纹、视网膜、人脸等进行识别。目前，比较成熟的生物识别系统有使用指纹、人脸、瞳孔、指静脉和声音等识别方法。使用读码卡及其识别装置——读卡机，成本较低，性能较高，是目前普遍应用的一种识别装置。如果对安全性要求较高，即可考虑采用生物特征识别装置。下面简单介绍主要的识别装置。

（1）磁卡

磁卡是一种卡片状的磁性记录介质，利用磁性载体记录字符与数字信息，用来标识身份或其他用途。磁卡由高强度、耐高温的塑料或纸质涂覆塑料制成，能防潮、耐磨且有一定的柔韧性，携带方便、使用较为稳定可靠。磁卡使用方便，造价便宜，用途极为广泛，可用于制作信用卡、银行卡、存折、地铁卡、公交卡、门票卡、电话卡、电子游戏卡以及车票、机票等各种交通收费卡等。已广泛应用于各种建筑物的出入口和停车场的管理系统中。配合磁卡应用的设备，称为磁卡读写设备（图9-6）。

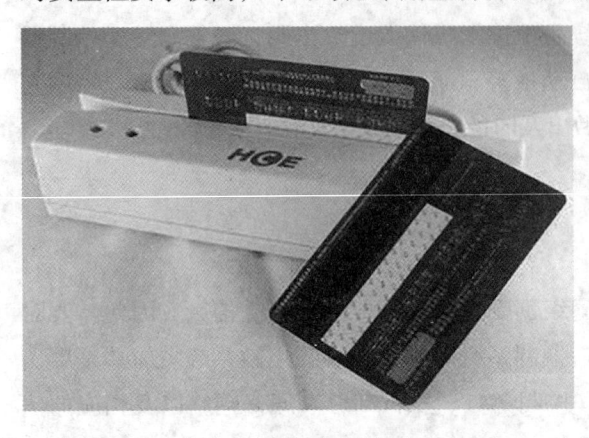

图9-6　磁卡及读卡器

（2）IC卡

集成电路卡（Integrated Circuit Card，IC），也称智能卡、智慧卡、微电路卡或微芯片卡等。它是将一个微电子芯片嵌入符合ISO 7816标准的卡基中，做成卡片形式。IC卡是继磁卡之后出现的又一种信息载体，IC卡与磁卡是有区别的，IC卡是通过卡里的集成电路存储信息，而磁卡是通过卡内的磁力记录信息。IC卡的成本一般比磁卡高，但保密性更好。

IC卡与读写器之间的通信方式可以是接触式，也可以是非接触式。根据通信接口把IC卡分成接触式IC卡、非接触式IC和双界面卡（同时具备接触式与非接触式通信接口）。

非接触式IC卡又称射频卡，成功地解决了无源（卡中无电源）和免接触这一难题，是电子器件领域的一大突破。主要用于公交、电信、银行、车场管理等领域。主要的功能包括安全认证、电子钱包、数据储存等。常用的门禁卡、二代身份证属于安全认证的应用，而银行卡、地铁卡等则是利用电子钱包功能。非接触式的IC卡是目前常用的卡片系统。IC卡在读写数据时，需要验证密码。通常在IC卡上划分十个数据区，对每个数据区均可单独设置读写密码，因此，可实现一卡多用，俗称"一卡通"（图9-7）。非接触式IC卡具有无源、免接触、使用寿命长、防水、防尘、防静电干扰、安全可靠、信息存储量大、使用方便等优点，是非常理想的卡片系统。

图 9-7　IC 卡及读卡器

（3）指纹识别系统

人的手指、脚、脚趾内侧表面的皮肤凹凸不平产生的纹路会形成各种各样的图案。这种图案使得每个人的指纹均不完全相同，是唯一的。依靠这种唯一性，我们就可以把一个人同他的指纹对应起来，通过比较他的指纹和预先保存的指纹进行比较，就可以验证他的真实身份。这种依靠人体的身体特征来进行身份验证的技术称为生物识别技术，指纹识别是生物识别技术的一种。

所以，可利用指纹机将出入人员的指纹与预先存储的指纹加以对比进行识别，以确定人员的身份，可达到很高的识别正确性。指纹识别系统是开发早、成熟度高的生物特征识别系统，识别时间为 1~6 秒，拒绝率约为 1%。但是，指纹容易被复制，而且，使用者患有严重的皮肤病或手汗症时，指纹识别的拒绝率就会很高，另外，指纹机的造价比较高，这是指纹识别系统的不足。

另外，辨识装置还有：指纹识别、视网膜识别、人脸识别、声音识别等（图 9-8）。

图 9-8　指纹、视网膜、人脸识别装置

（二）执行部分

根据出入口控制器的指令完成出入口开启或关闭操作。出入口的开或闭控制装置有电动门、电动锁具、电磁吸合器等多种类型。出入口的开合状态检测有门磁开关、接近开关、红外开关等，完成对出入口的开合状态检测（图9-9和图9-10）。

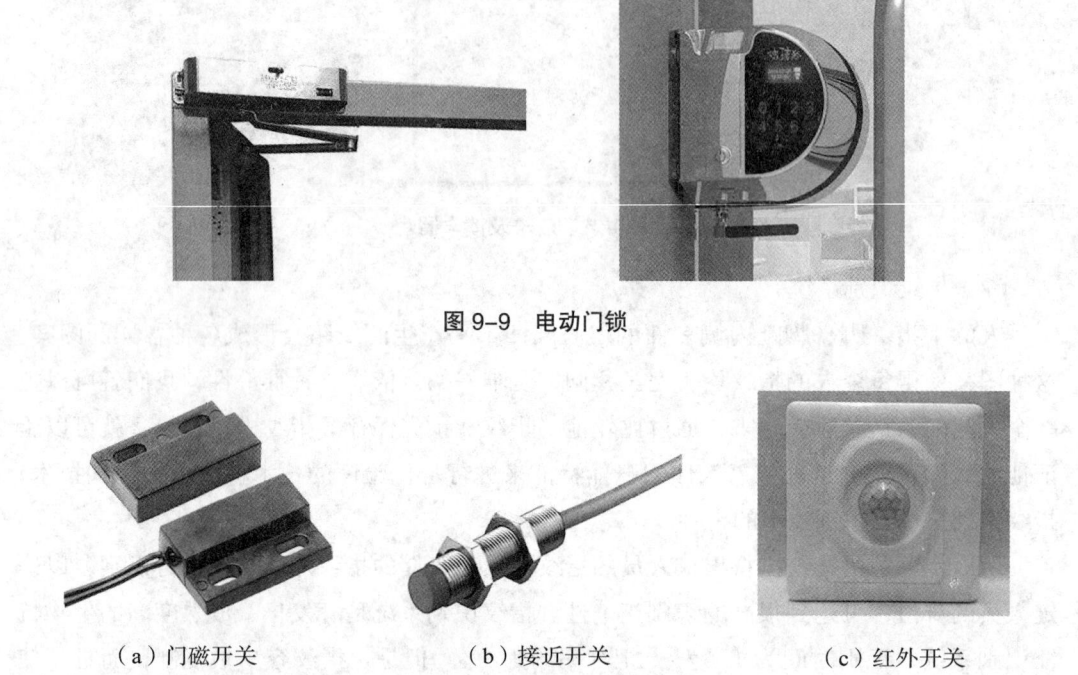

图9-9 电动门锁

（a）门磁开关　　　　（b）接近开关　　　　（c）红外开关

图9-10 开关控制装置

（三）出入口管理/控制器

控制器接收底层设备发来的相关信息，同已经存储的信息作比较和判断，然后再发出处理信息，并接收控制主机发来的命令。是一个能支持多种通信协议联网（以太网、现场总线等）的控制及报警主机，可连接多个识读设备和执行设备，控制一至多个出入口（门）的人员进出，既可与监控中心联机工作，也可脱机工作。

每个出入口控制装置可管理若干个门，自成一个独立的出入口控制系统，多个出入口控制装置通过网络与监控中心互联起来，构成全楼宇的出入口控制系统。监控中心通过管理软件对系统中的所有信息加以处理。

（四）信息管理子系统

管理计算机（上位机）装有出入口控制系统的管理软件，它管理着系统中所有的控制器，向它们发送命令，对它们进行设置，接收其发来的信息，完成系统中所有信息的分析与处理。出入口控制系统的计算机通过专用的管理软件对系统所有的设备和数据进行管理，具体功能有：设备注册、级别设定、时间管理、数据库的管理、报表生成、网间通信、人机界面等。

三、酒店出入口控制系统

下面以某酒店的门禁系统为例进行介绍。

（一）系统组成

（1）IC 卡门锁

IC 卡门锁采用先进的微电脑控制，使用安全可靠，电池驱动，无须重新铺设线路，安装方便；电子线路设计紧凑完美，低能耗；执行机构由进口微电机驱动，可靠性高（图 9-11 和图 9-12）。在室内可给出免打扰信号，客人入住舒适。锁体内置精巧的暗藏式机械锁芯，确保万无一失。

图 9-11　酒店用 IC 卡门锁　　　　图 9-12　酒店用节电开关

（2）节电开关

ADEL-30 IC 卡专用节电开关内置 CPU（微电脑处理器）和读卡器装置，使用 MP 系列酒店门锁的 IC 卡插卡取电有效，其他卡片、纸片等均不能取电，真正做到读 IC 卡正确后节电开关工作，有效地节约用电。

（3）管理软件

管理软件对门锁进行系统管理，限定持卡人所具有的权限，读取开锁记录，调校锁内时钟，具有酒店客房收费管理模块。

（4）制卡机（发卡器）

制卡机是与个人电脑相连的 IC 卡读 / 写器，是制作卡片与读取卡片内保存的开锁信息的硬件保证。支持卡片：加密型 IC 卡、TM 卡。配制卡片：房号设定卡、时间卡、记

酒店信息智能化

录卡、限制卡、用户卡。电脑软件提供 17 个标准及独立的 IC 卡片之层次，用户可根据需要而编写，增加管理上的灵活性及安全性（图 9-13）。

①管理卡层次

房号设定卡：用于初装时对房间号的设定。

时间卡：在锁初装或更换电池时用于调校锁内时钟。

记录卡：读取锁内保存的开锁记录。

限制卡：取消当前房间卡的开锁功能。

用户卡：用于设置门锁仅属于本系统，仅限于本系统制作的开门卡和管理卡才可以为该门锁所确认。

图 9-13 酒店用发卡器

②开门卡层次

本层次共有 5 个，分为十二级，每级 8 个序号，可以构成 96 个可同时区分的卡片编号。

房间卡 A、B、C：前台电脑发放给客人的房间开门卡。

清洁卡 A、B：服务员持清洁卡可开启任意一间预先设定的房间进行清洁工作。

楼层卡 A、B、C：此类卡用于开启持卡人所管辖楼层的所有房间。

楼栋卡 A、B：此类卡用于开启持卡人所管辖楼栋的所有房间。

通用卡 A、B：此类卡可开启整个别墅或酒店的所有房间。

（二）卡片功能

（1）定时功能

可预先设定卡片只在持卡人每天某一时间段内有效，其他时间不能开启房门。

（2）限时功能

可限制卡片使用到某一时限，延时不能开启房门。

（3）紧急功能

具有紧急功能的卡片可开启处于任何状态的房间，包括处于免打扰状态的门锁。

（4）通道功能

具有通道功能的卡片插入门锁，会改变门锁的通道状态。此功能适用于会议室、办公室及健身房等频繁出入的场所。

（5）组合功能

需要两张或两张以上卡片逐一插入，门锁才可开启，最多可设置到 4 张。组合卡片的插入无顺序限制。这项功能适用于存放贵重物品的房间，在多位职员互相监察下才可开启。

（6）免打扰功能

客人在房内旋转免打扰旋钮，就给出了免打扰信号，此时除紧急卡外，其他任何卡均不能开启房门。

（三）IC 卡门锁的解决方案

针对酒店图纸分析，采用如下 IC 卡门锁的解决方案。

在各重要门口安装 MP-2300 IC 卡门锁，用于管理人员进出控制设备，员工进出门必须到门外的 MP-2300 插卡读卡，MP-2300 会自动判断该卡是否有效是否开门，MP-2300 会自动记录下每一条出入记录，一定时间后，管理人员可以通过电脑提取打卡记录，电脑便可以分析出每个人的进出情况。

酒店为新来的人员发卡，把该卡输入到制卡机中进行加密，此卡有效，可用于开某门或某楼层门。当新来人员离开时，管理人员只要经过简单的操作便可以把离开人员的卡清除掉而无须换锁。另外一个优点是可以设置一张卡开几道门。

利用此套系统除门口控制功能外，还可以实现住房消费功能。住房消费功能对外来人员进行入住登记（姓名、身份证号、入住时间、入住房号、入住金额等），可随时查询某人之前入住信息，住房消费功能也可实现预存款消费功能。

第四节　入侵报警系统

一、入侵报警系统概述

入侵报警系统又称防盗报警系统，是利用传感器技术和电子信息技术探测并指示非法进入或试图非法进入设防区域的行为、处理报警信息、发出报警信息的电子系统或网络。

入侵报警系统利用红外、微波等探测器对楼宇内、外重点区域和地点布防，在探测到非法入侵者时，信号传输到报警主机，并声光报警、显示地址。有关值班人员接到报警后，根据情况采取措施，以控制事态的发展。入侵报警系统除了上述报警功能外，还有联动功能。例如，开启报警现场灯光（含红外灯）、联动音/视频矩阵控制器、开启报警现场摄像机进行监视，使监视器显示图像、录像机录像等，这一切都可对报警现场的声音、图像等进行复核，从而确定报警的性质（非法入侵、火灾、故障等），以采取有效措施。

二、入侵报警系统的组成

（一）系统结构

通常一个建筑物的安防工程设有多个防护区。一个防护区可能包含有多个防区。入侵报警系统所面对的通常是一个分层的多防区的地域分散入侵报警问题，其解决方案通常采用二层的集散系统结构（图9-14）。

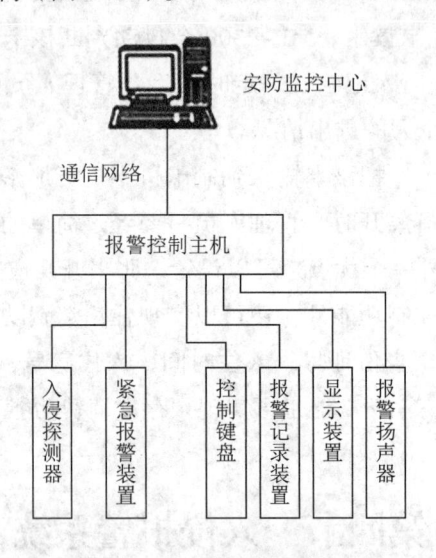

图9-14 入侵报警系统构成

系统的前端是针对单个防区的入侵报警控制装置，入侵报警控制装置主要由各种类型的入侵探测器、报警控制主机、紧急报警装置、控制键盘以及相应的系统管理软件构成。入侵报警控制装置实施设防、撤防、测试、判断、传送报警信息，并对入侵探测器的信号进行处理以断定是否应该产生报警状态以及完成某些显示、控制、记录和通信功能。

（二）系统主要设备

（1）入侵探测器

常用的入侵探测器有：门磁开关、红外探测、微波多普勒探测、声控探测等探测器。

①门磁开关

由一个条形磁铁（装于门或窗扇边上）和一个敞开出点的干簧管继电器（装于门或窗的框边上）组成，当门或窗关闭时，干簧管在磁铁作用下接通，否则是断开的。属于点型报警探测器,广泛应用于门窗的开闭状态探测(图 9-15)。

② 红外线探测器

由红外发射机和接收机组成,当发射机和接收机之间的红外光束被完全遮断或按给定百分比遮断时产生报警信号。属于线性报警探测器,可吸顶、壁挂或放于墙角(图 9-16)。

图 9-15 门磁开关

图 9-16 红外探测器

③ 微波多普勒探测器

微波多普勒入侵探测器是应用多普勒原理,辐射一定频率的电磁波,覆盖一定范围。能探测到在该范围内移动的物体而产生报警信号的装置。微波多普勒式探测器一般由探头和控制器两部分组成,探头安装在警戒区域,控制器设在值班室。探头发出无线电波,同时接收反射波,当有物体在布防区内移动时,反射波的频率与发射波的频率有差异,两者频率差称多普勒频率,经放大处理后再传输至控制器。此差频信号也称为报警信号,它触发控制电路报警或显示。这种报警器对静止目标不产生反应,没有报警信号输出,一般用于监控室内的运动目标并报警(图 9-17)。

图 9-17 微波多普勒入侵探测器

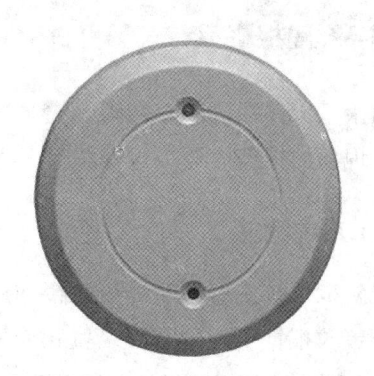

图 9-18 玻璃破碎声控探测器

④声控入侵探测器

在可闻声（20~20000Hz）范围内的撬、砸、拖、锯等可疑声音都会被安在保护现场的拾音器拾取。当达到一定响度（以分贝计）时可触发报警。报警后可对现场进行声音复核（自动或手动转入监听状态）来确定是否有人入侵。另一种是高音频的玻璃破碎声才会引起报警，其他可听声音不报警。声控报警器只适应于较为安静的环境（图9-18）。

（2）入侵报警控制主机

入侵报警控制主机接收入侵探测器发出的报警信号，发出声光报警并能指示入侵报警发生的部位，同时通过通信网将警情发送到报警中心。声光报警信号应能保持到手动复位，如再有入侵报警信号输入时，应能重新发出声光报警信号。入侵报警控制主机有防破坏功能，当连接入侵探测器和控制主机的传输线发生断路、短路或并接其他负载时应能发出声光故障信号。入侵报警控制主机应能将警讯发送到监控中心，传输通道可以通过电话网以及专设的入侵报警通信网络。

（3）其他设备

系统还包括的设备有：紧急报警装置、声光报警器、报警扬声器、控制键盘等，此处不再赘述（图9-19）。

（a）声光报警器　　　　　　　　　　（b）报警扬声器

图9-19　报警器

三、酒店入侵报警系统

广州市某五星级酒店，防盗报警系统主要由前端的双鉴探测器、紧急报警按钮报警探测器、现场的报警信号接入模块、中心的控制主机键盘及多媒体工作站等设备构成。

（一）系统概况

入侵防范系统主要用于酒店大楼内用户的入侵报警，在室内安装各种不同功能的报警探测装置，根据不同的需要设置相应的探测器、报警按钮等，通过防盗报警主机的集中管理和操作控制，如布防、撤防等，构成立体的安全防护体系，由报警主机进行管理。当系统确认报警信号后，自动发出报警信号，提示相关管理人员及时处理报警信息，并通过与电视监控子系统的联动等功能实现。采用报警信号与摄像机进行联动，构成点面结合的立体综合防护；系统能按时间、区域、部位任意设防或撤防，能实时显示报警部位和有关报警资料并记录，同时按约定启动相应的联动控制；系统具有防拆及防破坏功能，能够检测运行状态故障；系统与闭路电视监控系统联动，所有的控制集中在中心控制室管理，同时可以设置分控中心以便于区域管理。

主要布点在地面层的出入口、酒店内重要场所、变配电室、财务室、库区、总台接待处、总出纳办公室、收银处、外币兑换处、财务出纳室、贵重物品、人力资源部经理办公室及远离主休息处、大厅的门房处寄存处、小件行李存放处等位置。根据不同的地点需求配置合理相应的报警设备。报警主机与视频监控系统平台连接实现报警视频联动及电子地图显示。红外双鉴探测器配置11个，报警按钮配置26个，脚踢开关4个。

（二）系统功能

（1）布防与撤防

在正常工作时，工作及各类人员频繁出入探测器区域，整个系统处于撤防状态，报警控制器即使接到探测器发来的报警信号也不会发出报警。下班后，处于布防状态，如果有探测器的报警信号进来，就立即报警。系统可由保安人员手动布撤防，也可以通过定义时间窗，定时对系统进行自动布撤防。同时由于在技术方案中采取了TCP/IP双向数据传输技术，因此，保安人员既可以在现场采用键盘的方式布撤防，也可以在控制中心通过管理软件进行远程的布撤防工作。

（2）布防后的延时

如果布防时，操作人员尚未退出探测区域，报警控制器能够自动延时一段时间，等操作人员离开后布防才生效，这是报警控制器的外出布防延时功能。

（3）防破坏

如果有人对线路和设备进行破坏，线路发生短路或断路、非法撬开情况时，报警控制器会发出报警，并能显示线路故障信息；任何一种情况发生，都会引起控制器报警。

（4）报警联网功能

系统具有通信联网功能，区域的报警信息送到控制中心，由控制中心的计算机来进行资料分析处理，并通过网络实现资源的共享及异地远程控制等多方面的功能，大大提高系统的自动化程度。

（5）系统集成功能

入侵报警系统提供标准以太网连接，管理软件为多用户环境多功能集成软件，支持TCP/IP协议；支持ODBC、OPC技术，备有外部数据交换接口，能方便地与中央信息系统 CDI 接口相连。用于程序二次开发和弱电系统集成。

第五节　停车场管理系统

一、停车场管理系统概述

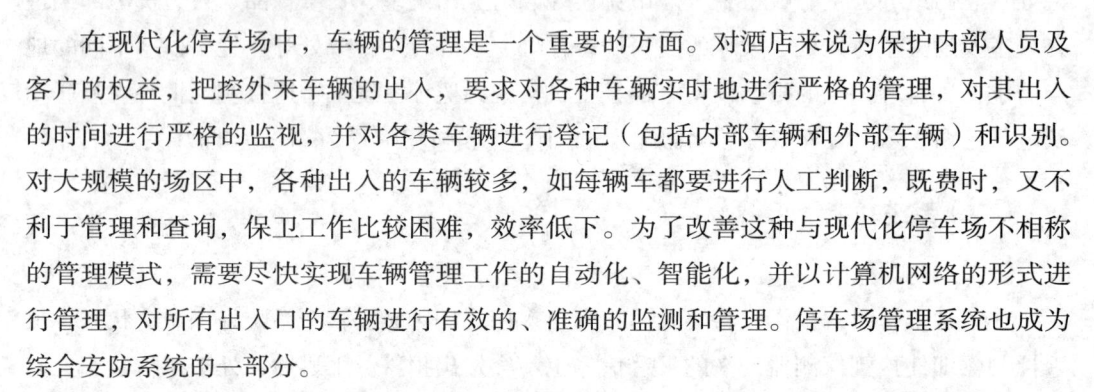

在现代化停车场中，车辆的管理是一个重要的方面。对酒店来说为保护内部人员及客户的权益，把控外来车辆的出入，要求对各种车辆实时地进行严格的管理，对其出入的时间进行严格的监视，并对各类车辆进行登记（包括内部车辆和外部车辆）和识别。对大规模的场区中，各种出入的车辆较多，如每辆车都要进行人工判断，既费时，又不利于管理和查询，保卫工作比较困难，效率低下。为了改善这种与现代化停车场不相称的管理模式，需要尽快实现车辆管理工作的自动化、智能化，并以计算机网络的形式进行管理，对所有出入口的车辆进行有效的、准确的监测和管理。停车场管理系统也成为综合安防系统的一部分。

目前，比较先进的能适应大型停车场管理的为车牌自动识别形式的管理系统，通过车牌识别系统，对出入停车场的车辆号码和车牌特征进行图像识别，验证用户的合法身份，自动比对名单库，自动报警，并可对整个停车场情况进行监控和管理。

二、停车场管理系统的组成

停车场系统一般由管理控制中心、进口设备、出口设备三大部分构成（图 9-20）。

（一）管理控制中心

管理控制中心由高性能工控机、打印机、停车场系统管理软件组成，管理控制中心负责处理进、出口设备采集的信息，并对信息进行加工处理，控制外围设备，并将信息处理成合乎要求的报表，供管理部门使用。

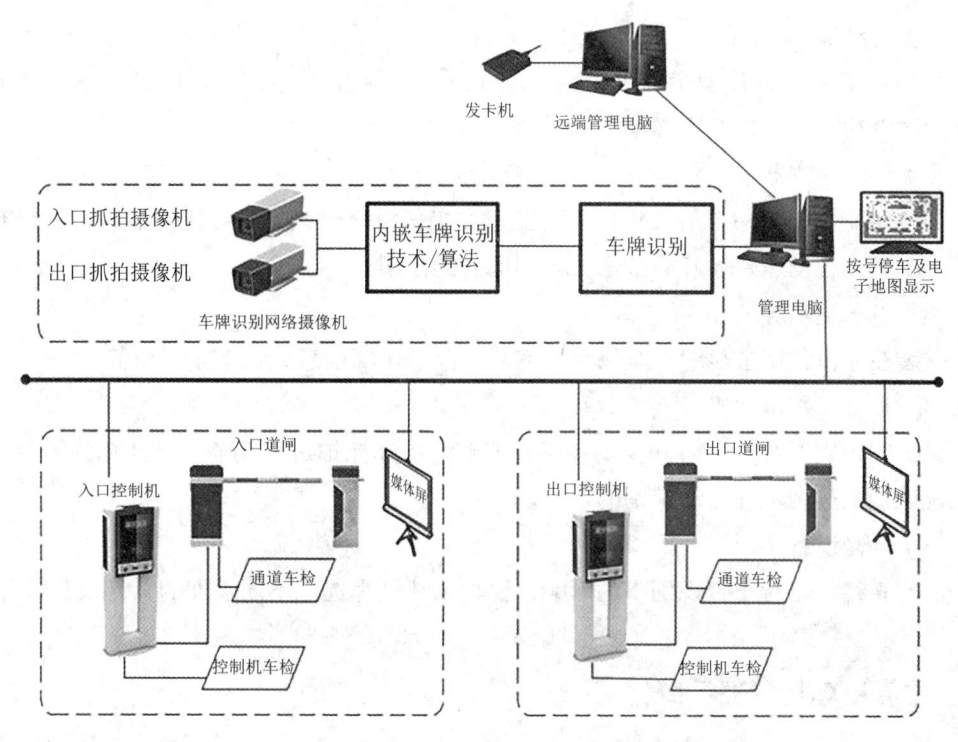

图 9-20　停车场管理系统组成

（二）出、入口设备

出口设备和入口设备主要包括：自动道闸、车辆检测器、电子显示屏、车牌识别摄像机、补光设备。

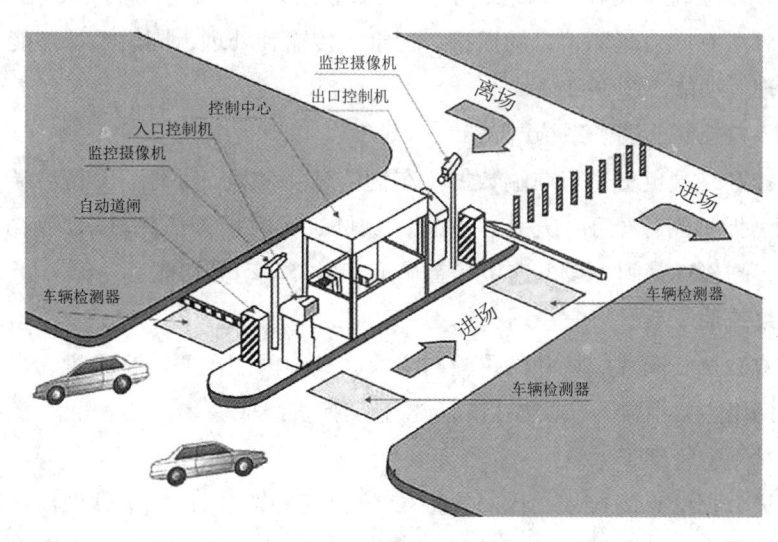

图 9-21　出入口设备构成

245

（1）自动道闸

主要是用来控制管理车辆进出的，除了这个主要功能，自动道闸还配置了其他功能，如防砸功能、自带显示屏等。

（2）车辆检测器

主要功能是起到一个触发作用，避免监控摄像机时时刻刻都处于开启状态，只有车辆进入车道，触发地感才开启摄像，起到保护的作用。

（3）电子显示屏

安装在入口，用来显示停车场车位实时状况和车辆信息，如剩余车位等。

（4）车牌识别摄像机

是车牌识别系统中不可缺少的设备，能够监控和抓拍过往车辆，将抓拍的图像传输给系统识别，达到车牌自动识别的效果。

（5）补光设备

消除光线不足对车牌识别率的影响，要根据环境来选配不同强度的补光设备。

三、酒店停车场管理系统

（一）系统构成

系统采用现代电子与信息技术，为出入口管控和安全服务的信息化管理系统，对通过出入口的车辆、人员两类目标的进出进行放行、拒绝、记录和报警等操作。出入口控制系统由前端子系统、传输子系统、中心子系统组成，实现对车辆的24小时全天候监控覆盖，记录所有通行车辆，自动抓拍、记录、传输和处理，同时系统还能完成车牌与车主信息管理等功能（图9-22）。

（1）出入口控制前端子系统

出入口控制终端负责进行前端数据（车辆信息）采集、处理、上传后端平台，可实现实时视频、抓拍图片显示、进出抓拍图片关联、实时报警信息显示、系统日志显示、软件开关闸、高峰期锁闸、设备连接状态显示、报警联动等功能。

（2）网络传输子系统

负责完成数据、图片、视频的传输与交换。其中前端主要由交换机、光纤收发器等组成；中心网络主要由接入层交换机以及核心交换机组成。

（3）后端平台管理子系统

平台完成数据信息的接入、比对、记录、分析与共享。由以下软件模块组成：数据库服务器、数据处理服务器、Web服务器。其中数据库服务器安装数据库软件保存系统各类数据信息；数据处理服务器安装应用处理模块负责数据的解析、存储、转发以及上下级通信等；Web 服务器负责向 B/S 用户提供访问服务。

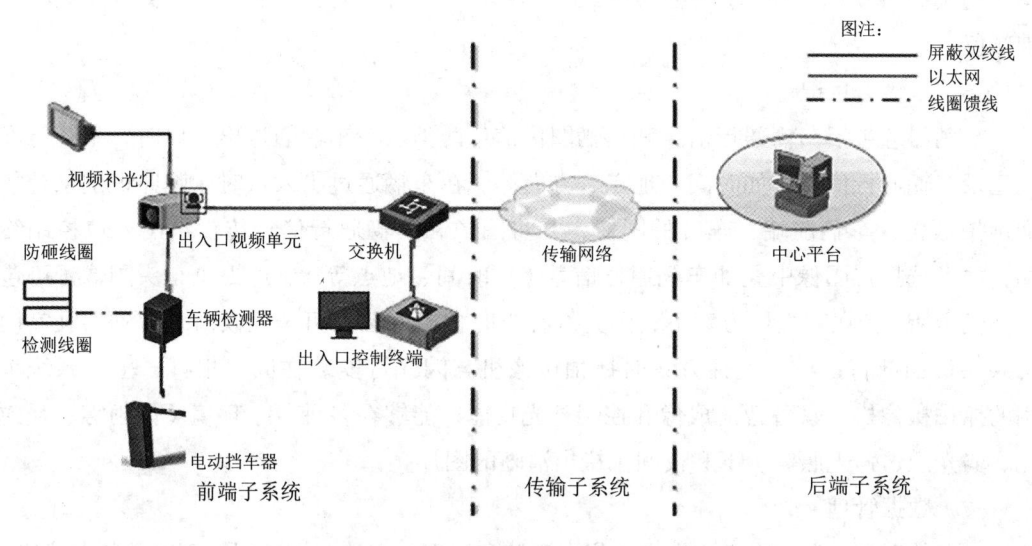

图 9-22 酒店停车管理系统构成

（二）系统功能

（1）车辆管控

固定车辆：车牌识别比对正确，即可进场，无须任何操作。

临时车辆：停车人工确认，抓拍车牌并识别记录、放行。

布控车辆：嫌疑车辆则系统自动在前端和中心产生报警，同时人工参与处理。

（2）电动挡车器软件控制

客户端或中心管理平台能够远程控制电动挡车器启闭，方便操作人员管理和特殊需要。

（3）图片/视频预览

过车图片和信息实时显示，视频实时预览，进出车辆自动匹配，图片预览按车道轮询。

（4）LED 屏显示

控制主机包含语音提示系统、信息显示屏，车辆驶入、驶出可以根据客户需要提示语音，显示欢迎信息等。

（5）号牌自动识别功能

系统可自动对车辆牌照进行识别，包括车牌号码、车牌颜色的识别。在实时记录通行车辆图像的同时,还具备对符合"GA36-92"(92式牌照)、"GA36-2007"(新号牌标准)、"GA36.1-2001"(02式新牌照)标准的民用车牌、警用车牌、军用车牌、武警车牌的车牌自动识别能力,包括2002式号牌。系统能识别黑、白、蓝、黄、绿五种车牌颜色。

(6)车辆信息记录

车辆信息包括车辆通行信息和车辆图像信息两类。在车辆通过出入口时,系统能准确记录车辆通行信息,如时间、地点、方向等。在车辆通过出入口时,牌照识别系统能准确拍摄包含车辆前端、车牌的图像,并将图像和车辆通行信息传输给出入口控制终端,并可选择在图像中叠加车辆通行信息(如时间、地点等)。可提供车头图像(可包含车辆全貌),在双立柱方案下,闪光灯补光时拍摄的图像可全天候清晰辨别驾驶室内司乘人员面部特征。单立柱方案时抓拍摄像机与闪光灯安装在同一根杆子上。系统采用的抓拍摄像机,具备智能成像和控制补光功能,能够在各种复杂环境(如雨雾、强逆光、弱光照、强光照等)下和夜间拍摄出清晰的图片。

(7)数据管理

过车数据自动上传中心,由中心集中存储和管理,支持前端数据缓存以及断点续传。

(8)数据查询

可查询通行信息、报警信息、场内车辆、操作日志、设备状态等信息。

(9)报警功能

当系统识别出来的车辆车牌不符合条件时,或者车牌在黑名单库时,系统自动报警,提示工作人员进行检查,用户可根据实际需求选择不同的报警联动方式,如预览通道切换、报警输出、软件提示、LED显示等。

(10)参数配置功能

设备参数配置可以实现本地配置,也可以进行远程配置。

(11)权限管理

用户可配置不同的角色和权限,管理不同的出入口以及功能模块。

(12)统计分析

支持车位利用率、车流量的统计分析,支持列表和图形显示。

(13)设备运维

支持安装信息、设备维护信息的管理。

(14)状态监测

设备运行状态监测,提示设备运行异常信息,系统自动校时。

第六节 电子巡更系统

一、电子巡更系统概述

电子巡更系统是实现监督管理巡逻人员是否按规定路线，在规定的时间内，巡逻了规定的数量的巡逻地点的最有效的、最科学的、技防与人防相协调一致的系统；可辅助提高巡逻工作人员的责任心、积极性，及时消除隐患，防患于未然。电子巡更系统是安全防范技术体系中的一个重要组成部分，是一种先进的综合性管理体系。它是对酒店治安进行巡逻的一个很重要的预防手段。由此通过对酒店进行定期的巡逻以保证酒店的正常运行显得尤为重要。

电子巡更系统中，巡更人员在规定的巡逻路线上，在指定的时间和地点向中央控制站发回信号以表示正常，如果在指定的时间内，信号没有发到中央控制站，或不按规定的次序出现信号，系统将提示异常。因此如巡逻人员出现问题或危险，会很快被发现。还可帮助管理者分析巡逻人员的表现，而且管理者可通过软件随时更改巡逻路线，以配合不同场合的需要；也可通过打印机打印出各种简单明了的报告。

电子巡更系统的使用可提高巡更的管理效率及有效性，能更加合理充分地分配保安力量。通过转换器，管理人员可将巡更信息输入计算机，在计算机上能快速查阅巡更记录，降低了保安人员的工作量，实现了保安人员的自我约束、自我管理。将巡更系统与楼宇对讲、周边防盗、视频安防监控系统结合使用，可互为补充，全面提高安防系统的综合性能并使整个安防系统更合理、有效、经济。

二、电子巡更系统的分类及组成

（一）系统的分类

（1）在线式巡更

是在一定的范围内进行综合布线，把巡更巡检器设置在一定的巡更巡检点上，巡更巡检人员只需携带信息钮或信息卡，按布线的范围进行巡逻，管理者只需在中央监控室就可以看到巡更巡检人员所在巡逻路线及到达的巡更巡检点的时间。

它的缺点是施工量大，成本高，室外安装传输线路易遭人为破坏，对于装修好的建筑再配置在线式巡更系统更显困难。也容易受温度、湿度布线范围的影响，安装维护也比较麻烦。优点是能实时管理，但又易造成系统故障性死机。

在线巡更系统中，还有巡更点设备通过GPRS直接发射巡更信息的和巡更机直接发送巡更信息的电子巡更系统。这两类巡更系统由于采用了无线电技术与通信技术，因此，不但具有在线式巡更系统实时性强的优点，而且具有离线式巡更系统无须布线的优点。

（2）离线式巡更

顾名思义此系统无须布线，只要将巡更巡检点安装在巡逻位置，巡逻人员手持巡更巡检器到每一个巡更巡检点采集信息后，将信息通过数据线传输给计算机，就可以显示整个巡逻巡检过程（如需要再由打印机打印，就形成一份完整的巡逻巡检考察报告）。

相对于在线式电子巡更巡检系统，离线式电子巡更巡检系统的缺点是不能实时管理，如有对讲机，可避免这一缺点，并可真正实现实时报警。它的优点是无须布线，安装简单，易携带，操作方便，性能可靠。不受温度、湿度、范围的影响，系统扩容、线路变更容易且价格低，又不宜被破坏。系统安装维护方便，适用于任何巡逻或值班巡视领域。

（二）系统的组成

巡更系统包括：巡更棒、通讯座、巡更点、人员点（可选）、事件本（可选）、管理软件（单机版、局域版、网络版）等主要部分（图9-23）。

巡更棒：巡检人员随身携带，用于巡检。

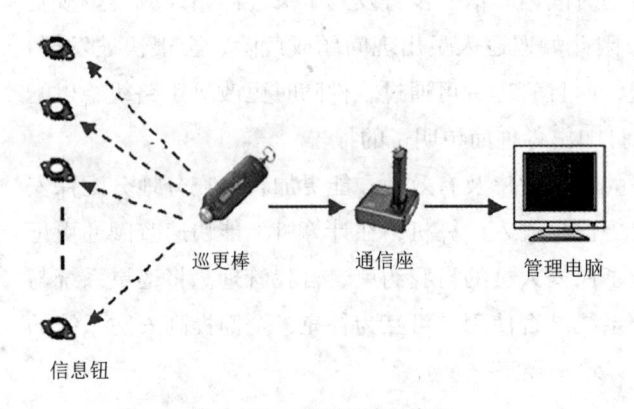

图9-23 巡更系统示意图

通信座：用于连接巡检器和电脑的通信设备。

巡更点：布置于巡检线路中，无须电源、无须布线。

管理软件：用于查询、统计供管理人员使用。

人员卡：用于更换巡更人员。

事件本：可事先输入可能发生的事件，巡更时可读取事件。

充电器：用于给巡更机进行充电。

三、酒店电子巡更系统

传统的酒店巡逻工作普遍采用人员签到或领导抽查等较为传统的记录方式。随着时代的发展，它的弊端也越来越明显地表现出来。这种巡逻方法可靠性差，效率低，真实性不足，容易作弊，管理者不容易准确掌握巡逻人员的工作状况。现在绝大部分的酒店都安装了电视监控系统。大部分人认为有了电视监控，再安装电子巡更属于重复投资。而实际情况不是这样的，电视监控往往和电子巡更是互补的。

目前很多智能酒店采用智慧云巡检系统，主要有 NFC 标签及智能手机 APP 和云平台来实现在线巡检，不但能实现数据实时上传和下载减少中间环节，还降低了客户购买专用巡检设备的成本浪费。并且能够降低巡检人员的劳动强度，在一定程度上减少管理上带来的问题。

（一）云巡更系统组成

智慧云巡检系统由 NFC 标签、巡检 APP 和智慧云平台三部分组成。

（1）NFC 标签

不同的设备和场所采用不同形式的标签，以保证标签的可靠使用。

（2）巡检 APP

采用手机号为账号，登录系统后，才能读取 NFC 标签。登录系统，APP 自动连接云平台更新巡更路线、考勤点等数据，使用者直接读取 NFC 标签，APP 会自动上传记录，并进行语音提醒。

（3）智慧云平台

由阿里云服务、云空间和域名组成，实现数据的接收、存储、分析以及用户管理、报表分析等功能。

（二）云巡更系统主要流程

将具有不同编号 NFC 标签卡安装在需要巡检的作业地点上。巡检人员按照巡检 APP 提示的巡检路线来到巡检现场。巡检人员手持智能手机与作业地点的 NFC 标签卡通信，在手机上立即显示出该巡检点对应的巡检点内容，验证成功后将巡检记录上传至中心服务器。如果网络不通，并不影响巡检，直接进入下一个巡检点。巡检完毕，有网络后会自动上传即可。如果本巡检点 NFC 标签被损坏，巡检人员可对现场拍照，实时反馈信息到后台。如果有临时事务退出巡检 APP，重新登陆后选择上次未巡的点继续巡检即可。

云巡检平台软件可以设置好每班次的巡检流程，在巡检过程中，如果巡检员没能在规定的时间按照规定的路线到规定的地点巡检，后台软件可提示告警服务，方便管理人员能够及时处理警情。

（三）云巡更系统特点

云巡更可以解除数据安全隐患：多副本策略、密钥策略、数据的差异性保存。

查询便捷：随时随地查询（手机、PAD、电脑），还可以多人同时查询。

传输数据：可以多地上传数据，还可以远程通信座上传数据。

报表打印：多人同时查询，无法擅自更改报表。

数据安全：云服务器存储，无法擅自更改数据。

本章小结

本章主要介绍了智慧酒店中综合安防系统的基础知识；并展开介绍综合安防系统的五个子系统，分别为：视频安防监控系统、出入口控制系统、入侵报警系统、停车场管理系统和电子巡更系统；对每个系统的功能与构成进行阐述，并进行了酒店案例说明；本章涉及系统内容较多，特别是系统相关技术与指标众多，限于篇幅无法完全展开，需要同学们课后可查阅资料进行详细了解。

复习与思考

一、名词解释

综合安防系统　视频安防监控系统　出入口控制系统

入侵报警系统　停车场管理系统　电子巡更系统

二、简答题

1. 综合安防系统的组成是什么？
2. 视频安防监控系统中的前端设备主要有什么？
3. 出入口控制系统中识读部分包含哪些内容？
4. 入侵报警系统入侵探测设备有哪些？
5. 停车场管理系统中的出入口部分主要设备有什么？
6. 电子巡更系统的主要功能是什么？

三、运用能力训练

1. 酒店综合安防系统在智慧酒店中的综合运用主要体现在哪些方面？
2. 根据你的认知，智慧酒店综合安防系统与目前的"互联网+"相结合会有哪些特点？

四、案例分析

1. 中国酒店安防背景

中国的酒店行业从 20 世纪 90 年代以来经历了高速发展期，随着社会的进步，旅游业以及商务出行需要，酒店遍布大街小巷，从高端星级酒店到商务连锁酒店，据统计，目前国内各类住宿设施 27 万家，星级酒店不到 2 万家，旅游度假酒店 1000 多家。

为满足各类顾客需求以及酒店经营需要，酒店除星级划分外按功能又分为商业酒店、旅游酒店、度假酒店、住宅式酒店、公路酒店等，其不同酒店满足的顾客类型不同，主营方式也有差异。伴随信息化技术的发展，网络技术的普及，越来越多的酒店管理者提出酒店智能化建设，除了酒店本身的顾客的居住体验以外，如何建设更智能的信息化酒店被提到风口浪尖。

酒店安防系统建设对于安防行业是个混乱交错领域，有些人认为其属于智能建筑范畴，也有认为智能家居是酒店安防最为主流的应用，其实不然，酒店信息化建设包含了酒店安防建设，酒店安防系统是以酒店建筑为载体，为保障酒店人、财、物等方面安全而构建的一套综合性的技术防区系统，其核心价值在于"安全防范"，是属于酒店信息化系统中的一个子系统。

酒店安防发展经历了两个阶段，分别是传统安防阶段和智能化阶段，传统安防指采用 CCTV 视频监控技术，将酒店重点区域进行监控、录像。智能化阶段指将报警、门禁、监控、客控、一卡通、梯控等系统都融入酒店建设中，打造酒店内部智能化安防系统。酒店安防系统是未来智慧酒店里必不可少的部分，目前酒店安防已经步入第二阶段，下文将对这个阶段的酒店安防进行阐述。

2. 酒店安防现状及建设目标

酒店行业的初期涉及的系统比较单一，主要以模拟监控为代表的安防应用，其核心价值在于"眼见为实"，随着科技的进步，特别是网络技术的发展，传统监控的标清画质已经无法满足现在的监控需求，并且现阶段酒店安防除了监控需求，还有报警、门锁、客房智能化等应用需求。我国某一线城市地方酒店安防标准明确规定，要求酒店公共区域达到无死角实时监控，并要求监控系统接入地方公安平台。不论从酒店管理自身利益，还是从国家政策标准来看，传统安防系统亟须更新升级，打造一套酒店安防综合解决方案势在必行。

综合解决方案建设目标如下：

（1）多业务系统

现酒店安防涉及多种子系统，包括视频监控系统、报警系统、智能分析系统、智能停车场系统、一卡通等系统，各个子系统互联互通，又可独立运行，模块化融合，各个子系统均能与视频系统形成有效的联动。

（2）经济性与实用性

充分考虑酒店系统实际需要和信息技术发展趋势，根据现场环境，设计适用功能适合现场情况、符合酒店监控要求的系统配置方案，通过严密、有机的组合，实现最佳的性能价格比，以便节约工程投资，同时保证系统功能实施的需求，经济实用。

（3）统一管理

系统中所涉及的设备，都可通过同一平台进行监控、控制、管理。

（4）操作友好

系统操作者可通过控制键盘（和方向杆或方向球）或多媒体工作站的键盘、鼠标对系统进行操作：选择摄像机、控制摄像机（有云台时，可调节角度和方位；镜头为变焦型时，可调节焦点和焦距等），选择显示器等。

（5）操作记录保障

实时记录主要通道实时图像，在系统启动、运行或任何系统出错、操作错误、警告及硬件故障时，都会在磁盘上进行记录。该记录包括了时间、状态、原因以及相应的硬件编号等。同时也要对操作员的登录、菜单操作以及报警的产生和处理进行记录，以防恶意的伪操作，操作人员必须通过登录时验证身份、密码才能进入本系统，并能对各种操作设置操作人员的控制级别及操作口令，防止非法操作。

（6）信息记录保障

酒店系统的设计具有较高的可靠性，在系统故障或事故造成中断后，能确保数据的准确性、完整性和一致性，并具备迅速恢复的功能，同时系统具有一整套完成的系统管理策略，可以保证系统的运行安全。保持信息原始完整性和实时性，存储时间不少于30天。

（7）公安系统关联

酒店安防系统需要与公安系统对接，公安系统可调用查阅酒店安防系统的视频监控录像及报警等信息。

3. 案例分析

（1）根据上述材料，分析该酒店综合安防系统的设置目的。

（2）根据上述材料，请说明酒店综合安防系统的发展趋势。

（3）说明酒店综合安防系统与其他系统的关联。

第十章 酒店云计算与安全

本章导读

本章介绍云计算在酒店行业中的应用,包括新一代互动服务平台、精确市场定位和收益管理,并介绍了随之而来的安全问题及解决方法。

【学习内容】云计算和大数据;酒店行业中云计算平台的应用;酒店收益管理;酒店云计算安全。

【知识目标】熟知云计算在酒店中的应用;了解酒店云计算安全问题。

【能力目标】了解如何利用云计算进行酒店的收益管理;了解酒店云计算安全需要注意的问题。

案例导入与分析

智慧酒店的本质是拥有一套完善的智能化体系,通过"数字化"与"网络化"实现酒店数字信息化服务的应用。智慧酒店的最终目的就两个:一个是提升用户体验,为酒店增加收益;还有一个是进行能源控制,降低运营成本。

如何有效地提升客户体验,让客户体会到宾至如归的感觉,同时还能兼顾节能,降低运营成本?可以通过云计算对顾客的行为进行大量的数据采集分析,通过研究顾客的行为,从细节提升顾客的用户体验。当一个顾客走进酒店的时候,首先登记入住,然后外出、做互动,晚上回来休息,偶尔到餐厅就餐,然后退房。在这一过程中,酒店通过灯光控制、空调控制、管理软件、订餐系统还有智能开关等,提升服务品质。酒店系统是如何处理这些细节,如何执行,这些都对客户体验有深远的影响,但若不控制任由客户,则又会无意义地增加能耗成本。

相对于为客户提供服务的智能设备,酒店背后软件的技术支持,是支撑智慧酒店的强大后盾。酒店数据经过上传,在云平台上进行监控,包括整个室内和公共区域照明的状态、温度、风速、房间的占用时间、空调的能耗比等。通过云计算控制中心，可以对酒店不同的终端设备进行设置，进行数据的实时传输与控制。可以说，采用云计算，可以提升用户体验，降低酒店能源消耗，提高酒店的综合管理水平。

第一节 云计算在酒店中的应用

随着国民经济的发展和国民消费需求的不断升级和分化，酒店行业正逐步向更加多元的方向迈进。根据国外的酒店业发展历程来看，酒店业正在以单体—单一品牌的酒店集团—多品牌的酒店集团—高度专业化的多品牌或高度专业化的单一品牌的酒店集团演变，而现在国内的酒店集团正在从单一品牌的酒店集团向多品牌的酒店集团转变，单体酒店正在积极转变模式加入到连锁酒店行列。此期间酒店管理系统也以简单实用—智能化—人性化逐步过渡。

传统的酒店管理系统大多注重于单体酒店内部管理的便捷性，传统酒店也强调的是以财务管理为核心的管理模式。随着互联网技术的不断发展，到物联网技术的兴盛，这种模式已然同当下流行的发展模式显得格格不入。连锁酒店的发展，就是要打破传统单体酒店闭门造车式的管理模式，将优秀的管理方式运用到旗下所有的分店，而同一个错误，仅允许发生一次，对于集团来说，会将损失降至最低。这是单体酒店难以与之比肩的优势，也是传统的酒管系统无法达到的境界。

在国家"互联网+"行动计划的不断助推下，一场以云计算、大数据、物联网等为核心的"浪潮"，正激发诸多行业进行变革，其中，面向酒店行业的云计算平台已经出现。云计算技术让我们能够从不同的角度解决许多传统方式下酒店无法完成的事情。例如，运用了云计算技术后，集团管理变成了一件非常容易的事情，数据传输的实时性与共享性让您随时随地了解到当前集团以及各分店最真实的经营数据。又如，随着时代的进步，许多新的酒店管理系统与需求亟须加入到酒店管理系统当中，而传统的酒店管理系统往往是不可升级的，而基于云计算技术的酒店管理系统则可以无限升级，升级过程无须酒店干预，且升级免费，对于酒店而言，永远是最新的系统。再如，普通的经济型酒店、低星级酒店也可以依托云计算技术来共享高端酒店的管理模式，将优秀的管理经验运用到自身的酒店；而更好的管理模式、经营模式又可以通过云计算平台不断完善与扩充。

简单来说，云计算打破酒店相关数据原有"诸侯割据"状态，充分提高行业数据利用率，有助于提高酒店运行效率和用户体验。云计算在酒店中的典型应用如下。

一、新一代互动服务平台

智慧酒店中对云计算的应用主要体现在新一代互动服务平台，依据领先的显示技术、流媒体呈现技术和网络通信技术，实现电视、网络多媒体和交互服务的完美结合。对酒店的资源进行充分利用和共享，实现优化管理，并实现与智慧城市的有效衔接。酒店作为城市不可或缺的服务业态和智慧旅游全过程的核心节点之一，其智慧化的实现，是智慧城市重要的组成部分。酒店数字一体化建设方案可助力实现城市智慧管理、智慧营销、智慧服务，与全面构建智慧旅游城市建设的指导思想、总体目标、整体框架、应用架构和资源体系相吻合。

传统酒店在用户选择和入住酒店的整个过程中，包括住前、住中和住后环节，不同环节均有不同的数据来源。但是这些数据目前多处于分裂状态。而酒店行业的封闭性，愈加使得该行业数据的利用程度低下。而通过大数据、云计算，则有助于提高酒店运行效率和用户体验。比如，可以打破酒店传统 PMS "信息孤岛" 壁垒，完全实现在线分销渠道的无缝对接，取代人工确认环节，提升酒店效率。酒店接触客人的时间和空间得到扩展，酒店可以为客户提供个性化的营销和服务。云计算支持连锁管理尤其有效。由于它是基于云计算的，可以有效地帮助营销管理。客户在网站上的订单会自动写到前台，自动计算什么样的客人应该是什么样的价格，享受什么样的积分，中间不需要传真，预定部的人员再敲入订单，自动写入时前台会弹出一个对话框，显示预订信息。目前，云计算的创新模式，打通酒店业住前、住中、住后全数据链，帮助酒店通过行业级大数据判断市场需求、设计差异化产品及服务、定制收益最大化的销售价格和渠道政策，为提升智慧酒店服务提供全方位的支持。有助于酒店进行智慧管理，推进管理人员与计算机综合系统不断融合，智慧地处理各类管理事务。

二、精确市场定位

酒店行业企业要想在无硝烟的市场中分得一杯羹，需要架构大数据战略，拓宽酒店行业调研数据的广度和深度，从大数据中了解酒店行业市场构成、细分市场特征、消费者需求和竞争者状况等众多因素，在科学系统的信息数据收集、管理、分析的基础上，利用云计算提出更好的解决问题的方案和建议，保证企业品牌市场定位独具个性化，提高企业品牌市场定位的行业接受度。

企业想进入或开拓某一区域酒店行业市场，首先要进行项目评估和可行性分析，只有通过项目评估和可行性分析才能最终决定是否适合进入或者开拓这块市场。如果适合，那么要考虑这个区域人口是多少，消费水平怎么样，客户的消费习惯是什么，市场对产品的认知度怎么样，当前的市场供需情况怎么样，公众的消费喜好是什么；等等。这些问题背后包含的海量信息构成了酒店行业市场调研的大数据，对这些大数据的分析就是进行市场定位的过程。

企业开拓新市场，需要动用巨大的人力、物力和精力，如果市场定位不精准或者出现偏差，其给投资商和企业自身带来的后期损失是巨大甚至有时是毁灭性的，由此看出市场定位对酒店行业市场开拓的重要性。只有定位准确乃至精确，企业才能构建出满足市场需求的产品，使自己在竞争中立于不败之地。但是，要想做到这一点，就必须有足够的信息数据来供酒店行业研究人员分析和判断。在传统情况下，分析数据的收集主要来自于统计年鉴、行业管理部门数据、相关行业报告、行业专家意见及属地市场调查等，这些数据多存在样本量不足，时间滞后和准确度低等缺陷，研究人员能够获得的信息量非常有限，使准确的市场定位存在着数据瓶颈。随着云计算和大数据时代的来临，借助数据挖掘和信息采集技术不仅能给研究人员提供足够的样本量和数据信息，还能够建立基于大数据数学模型对未来市场进行预测。

三、收益管理

云计算的诞生，直接把人类送进了大数据时代。酒店收益，无外乎开源节流。利用云计算和云平台，有助于突破收益瓶颈，扩大酒店收益。

（一）有助于酒店提升营销业绩

今天，从搜索引擎、社交网络的普及、人手一机的智能移动设备，互联网上的信息总量正以极快的速度不断暴涨。每天在Facebook、Twitter、微博、微信、论坛、新闻评论、电商平台上分享各种文本、照片、视频、音频、数据等信息高达几百亿甚至几千亿条，这些信息涵盖着商家信息、个人信息、行业资讯、产品使用体验、商品浏览记录、商品成交记录、产品价格动态等海量信息。这些数据通过聚类可以形成酒店行业大数据，其背后隐藏的是酒店行业的市场需求、竞争情报，闪现着巨大的财富价值。

在酒店行业市场营销工作中，无论是产品、渠道、价格还是顾客，可以说每一项工作都与大数据的采集和分析息息相关，而以下两个方面又是酒店行业市场营销工作中的重中之重。一是通过获取数据并加以统计分析来充分了解市场信息，掌握竞争者的商情和动态，知晓产品在竞争群中所处的市场地位，来达到"知彼知己，百战不殆"的目的；二是企业通过积累和挖掘酒店行业消费者档案数据，有助于分析顾客的消费行为和价值趋向，便于更好地为消费者服务和发展忠诚顾客。

以酒店行业在对顾客的消费行为和趣向分析方面为例，如果企业平时善于积累、收集和整理消费者的消费行为方面的信息数据，如消费者购买产品的花费、选择的产品渠道、偏好产品的类型、产品使用周期、购买产品的目的、消费者家庭背景、工作和生活环境、个人消费观和价值观等。如果企业收集到了这些数据，建立消费者大数据库，便可通过统计和分析来掌握消费者的消费行为、兴趣偏好和产品的市场口碑现状，再根据这些总结出来的行为、兴趣爱好和产品口碑现状制订有针对性的营销方案和营销战略，投消费者所好，那么其带来的营销效应是可想而知的。因此，可以说大数据中蕴含着出奇制胜的力量，如果企业管理者善于在市场营销加以运用，将成为酒店行业市场竞争中立于不败之地的利器。

（二）有助于酒店的收益管理

收益管理作为实现收益最大化的一门理论学科，近年来受到酒店行业人士的普遍关注和推广运用。收益管理意在把合适的产品或服务，在合适的时间，以合适的价格，通过合适的销售渠道，出售给合适的顾客，最终实现企业收益最大化目标。要达到收益管理的目标，需求预测、细分市场和敏感度分析是此项工作的三个重要环节，而这三个环节推进的基础就是大数据。

需求预测是通过对建构的大数据统计与分析，采取科学的预测方法，通过建立数学模型，使企业管理者掌握和了解酒店行业潜在的市场需求，未来一段时间每个细分市场的产品销售量和产品价格走势等，从而使企业能够通过价格的杠杆来调节市场的供需平衡，并针对不同的细分市场来实行动态定价和差别定价。需求预测的好处在于可提高企业管理者对酒店行业市场判断的前瞻性，并在不同的市场波动周期以合适的产品和价格投放市场，获得潜在的收益。细分市场为企业预测销售量和实行差别定价提供了条件，其科学性体现在通过酒店行业市场需求预测来制定和更新价格，最大化各个细分市场的收益。敏感度分析是通过需求价格弹性分析技术，对不同细分市场的价格进行优化，最大限度地挖掘市场潜在的收入。

大数据时代的来临，为企业收益管理工作的开展提供了更加广阔的空间。需求预测、细分市场和敏感度分析对数据需求量很大，而传统的数据分析大多是采集企业自身的历史数据来进行预测和分析，容易忽视整个酒店行业信息数据，因此难免使预测结果存在偏差。如果能利用云计算工具收集更多的酒店行业数据，了解更多的酒店行业市场信息，这将会对制定准确的收益策略，取得更高的收益起到推进作用。

另外，对于酒店内部来说，各项工作的节流管理也尤为重要。比如，布草管理、能耗管理。

（1）目前流行的 RFID 技术可实现对智慧酒店布草从初用至淘汰的全程管理。将 RFID 标签内置于布草中，使用 RFID 扫描仪可以从推车或者篮筐中快速读取、列记、分栋上百件布草,并能自动生成报表来监视库存状况,从而即时掌握布草使用情况。比如,可以知道每件布草的清洗次数、最后一次放置的位置等。这种采用云计算管理的方式可以有效降低人力成本,减少劳力密集型作业的同时,还可有效减少布草的损失。

(2)据有关统计,宾馆行业中空调、照明、电梯等系统的耗能情况大致如下:空调:能耗占总能耗的比例约为44%。照明:能耗占总能耗的比例约为29%。电梯:能耗占总能耗的比例约为10%。

可见,宾馆酒店中,空调和照明系统所耗费的能量大概占到消耗总能量的80%,所以在系统设计规划阶段,必须考虑这一部分能耗,设计一种有效的空调和照明节能系统。现在,越来越多的宾馆酒店意识到了节能降耗的重要性,在国家强制执行节能设计指标的同时,纷纷响应要求,修改各自的设计标准,降低空调、照明等单位耗量。

酒店能耗费用是酒店主要支出费用之一,因此,在不降低用户体验的基础上降低能耗费用是智慧酒店的重要目标。云计算可以将增加用户体验和降低酒店能耗管理完美结合。智慧酒店中,通过云计算对顾客的行为进行大量的数据采集分析,通过研究顾客的行为,为客户提供定制化的服务,从细节提升顾客的用户体验。针对客户产生匹配的智能化能耗降低方案。在客户参与的全过程中,通过灯光控制、空调控制、管理软件、订餐系统还有智能开关等,提升服务品质,同时降低能耗。例如,房间室温,有的客户外出时会把空调一直开着,保证回来后房间温度适宜,这对于酒店来说会增加没有意义的消耗。据美国国家标准局统计资料表明,如果在夏季将设定值温度下调1℃,将增加9%的能耗;而在冬季,如果将设定值温度上调1℃,将增加12%的能耗。这对于酒店整体的能耗成本来说是非常可观的,但这个前提是不影响顾客的舒适度。云计算可以很好地解决这个问题。

比如,云计算运用在客房温度控制中,如果客人在前台登记,酒店就可以远程开启房间空调,当客人进入房间后,灯光慢慢开启,遮阳窗帘打开。客人离开后,能够记忆顾客离房的状态,并且自动进入节能模式,设定温度降低或升高4℃。等客人外出回来的时候,可以自动还原到客人觉得最舒适的状态。客人入睡后启动夜间模式,系统设定温度降低或升高2℃。而对于还没有出售的空房,系统就保证室内温度冬天不低于10℃,夏天不高于30℃,当然具体温度可根据实际情况动态调整。

另外,通过云计算控制中心,可以对酒店不同的终端设备(包括移动终端)进行设置,对数据进行实时传输与控制,通过云平台进行监控。通过数据建立能耗模型,以科学的、数字化的技术手段对能源消耗进行管理,调节室内和公共区域的照明状态、控制室内的温度、风速等,从而达到对能耗的实时监控和管理。

第二节　酒店云计算安全

现如今，云计算在中国进入了发展的黄金期。但是从云计算开始进入人们视线的那一天开始，其安全和稳定的问题就一直备受关注，甚至安全性和稳定性成了用户是否使用云计算服务的重要前提之一。在多个针对 IT 经理的"采用云计算的最高关注度"的调查中，云计算的安全性一直处于最高关注度的位置，Zynga 公司前 CSO Nils Puhlmnn 在 2017 中国互联网安全大会（ISC2017）上说，目前 49% 的企业因网络安全技术缺口而推迟云部署。酒店行业的云计算服务更是如此。由于云服务中断会不可避免地发生，就连云服务领域的第一品牌亚马逊、大名鼎鼎的苹果 iCloud、微软、Google 等也都为此而发愁。而酒店具有不间断服务的特性，同时系统中的财务数据、客户信息等更是酒店经营的命脉。酒店云计算系统的设计要具有较高的可靠性，在系统故障或事故造成中断后，能确保数据的准确性、完整性和一致性，并具备迅速恢复的功能，同时系统具有一整套完整的系统管理策略，可以保证系统的运行安全。所以，对于酒店行业来说，最好的解决方法就是使用支持断网操作的云计算管理系统。

实际上降低断网带来的损失的最佳做法就是：将本地运算资源与云计算服务器资源结合使用，在断网时让这些离散的计算设备也具有云计算的能力，酒店操作的普通 PC 与云端优势互补，从而可以成倍地提升安全稳定系数，在保障了酒店持续运营的情况下确保一切数据的安全和完整。可以说，实现了这种功能的云计算管理系统就是智慧酒店所真正需要的系统。这样一来，酒店的核心业务在云计算服务一旦中断后可以凭借单机继续处理业务；同样，在网络恢复后系统能以较快速度同步全部数据。也只有这样，云计算所具有的低成本和高效性才能更好地在酒店行业里体现。

对于云计算服务商来说，如何将云计算这种弹性、可扩展的资源池型产品与安全相结合，提供更合适的解决方案，成为至关重要的问题。云计算要解决安全性问题，很好地为公众提供服务，就必须解决以下三个层次的安全性问题：

第一，云安全如何服务，在当前的网络环境下，单独依靠一个终端去检查木马病毒，被认为越来越不可行，因此需要安全厂商通过建立云计算平台，承担恶意代码的检测工作。

第二，云自身的安全会不会受到危害，在云中提供服务，就意味着开放，而开放往往就等于不安全。这就好比开放的公共场所不可能安全一样。所以，未来的研究课题是如何保证云不被攻击，而且保证它能够始终提供服务。

第三，云如何保证用户安全，云中的用户程序的安全标准是不被分析、数据不被复制，从而保证商业秘密不被侵害，用户的数据不会被盗窃。用户需要的是一个可信的云，就是说保证云的可信是云得到广泛应用的重要前提。

另外，提供行之有效的维护保障也是必要的措施。从当今国内、国际优秀的酒店管理系统厂商所提供的售后服务的通行方法来看，服务的好坏首先是建立在系统本身质量的好坏这一根本基础之上的，包括完备的售后服务体系：

第一，系统定期维护和应用状况定期评价分析。定期现场维护检查，提供用户使用情况评估意见。进行全面的故障记录和故障分析，彻底查清故障原因。

第二，故障响应及时，远程现场相结合。如果遇到系统的软件故障而本身无法解决，可以通过远程服务与服务中心进行异地远程连接维护，实时解决有关的问题。如果远程维护不能解决，应要求服务商在规定时间内迅速响应，派技术工程师到现场排除故障。

第三，系统调整和参数重新设置。酒店管理体系变动或更新设备、系统不满足新的要求，应要求服务中心即时对系统进行调整或重新设置参数，以适应新的管理模式和新设备要求，适应安全要求。如更换交换机，数据账套增加，消费项目调整，电话计费方式改变等。

拓展知识

云安全（Cloud Security）是一个从"云计算"演变而来的新名词。云安全的策略构想是：使用者越多，每个使用者就越安全，因为如此庞大的用户群，足以覆盖互联网的每个角落，一旦某个新木马病毒出现，就会立刻被截获。

"云安全"通过网状的大量客户端对网络中软件行为的异常监测，获取互联网中木马、恶意程序的最新信息，推送到Server端进行自动分析和处理，再把病毒和木马的解决方案分发到每一个客户端。

十种方法维护云安全：

1. 密码优先

如果我们讨论的是理想的情况的话，那么你的用户名和密码对于每一个服务或网站都应该是唯一的，而且要得到许可。理由很简单：如果用户名和密码都是同一组，那么当其中一个被盗了，其他的账户也同样暴露了。

2. 检查安全问题

在设置访问权限时，尽量避开那些一眼就能看出答案的问题。最好的方法是选择一个问题，而这个问题的答案却是另一个问题的答案。例如，如果你选择的问题是"小时候住在哪里"，答案最好是"黄色"之类的。

3. 试用加密方法

加密软件需要来自用户方面的努力，但它也有可能需要你去抢夺代码凭证，因此没有人能够轻易获得它。

4. 管理密码

一个用户可能有大量的密码和用户名，为了管理这些密码，用户需要有一个应用程序和软件在手边，它们将会帮助用户做这些工作。其中一个不错的选择是 LastPass。

5. 双重认证

在允许用户访问网站之前可以有两种使用模式。因此除了用户名和密码之外，唯一验证码也是必不可少的。这一验证码可能是以短信的形式发送到你的手机上，然后进行登录。通过这种方法，即使其他人得到了你的凭证，但他们得不到唯一验证码，这样他们的登录就会遭到拒绝。

6. 不要犹豫，立刻备份

当涉及云中数据保护时，人们需要在物理硬盘上进行数据备份。

7. 完成即删除

为什么有无限的数据存储选择时，我们还要找麻烦去做删除工作呢？原因在于，你永远不知道有多少数据会变成潜在的危险。如果来自于某家银行账户的邮件或警告信息时间太长，已经失去了价值，那么就删除它。

8. 注意登录的地点

有时我们从别人设备上登录的次数，要比从自己设备上多得多。当然，有时我们也会忘记进入过的他人的设备可能会保存下我们的信息，保存在浏览器中。

9. 使用反病毒、反间谍软件

尽管是云数据，但使用这一方法的原因在于你第一次从系统中访问云。因此，如果你的系统存在风险，那么你的在线数据也将存在风险。一旦你忘记加密，那么键盘监听就会获得你的云厂商密码，最终你将失去所有。

10. 时刻都要管住自己的嘴巴

永远都不要把你的云存储内容与别人共享。保持密码的私密性是必需的。为了附加的保护功能，不要告诉别人你所有使用的厂商或服务是什么。

本章小结

本章主要介绍了云计算和大数据在酒店行业中的应用以及随之带来的安全问题。酒店云计算应用主要包括：新一代互动服务平台、精确市场定位以及收益管理三部分。而酒店云计算安全问题则从云服务提供商和云计算管理系统提供商两个方面进行讲解。

复习与思考

简答题
1. 简述云计算管理与传统酒店管理的不同。
2. 云计算如何提高酒店收益？
3. 酒店从哪些方面提升云计算安全？

参考文献

1. 牛越胜. 现代酒店管理信息系统［M］. 广东旅游出版社，2010.
2. 石应平，冷奇君. 酒店管理信息系统实务［M］. 高等教育出版社，2011.
3. 王兴顺. 酒店管理信息系统与电子商务［M］. 中国轻工业出版社，2015.
4. 陈文力. 酒店管理信息系统［M］. 机械工业出版社，2015.
5. 陆均良，沈华玉，朱照君，杨铭魁. 酒店管理信息系统［M］. 清华大学出版社，2015.
6. 吴联仁. 酒店管理信息系统：理论、实践与前沿［M］. 旅游教育出版社，2015.
7. 田启利，王中锋. 酒店管理信息系统实训教程：CSHIS 系统应用［M］. 中国旅游出版社，2017.
8. 李荆轩，张学典，田媛，伍雷 基于模式识别的餐饮自助结算系统［J］. 上海理工大学，2015.
9. 涂婷婷. 用户使用智能手机预订酒店行为研究［D］. 首都经贸大学，2015.
10. 王玲，陈春生，刘正，邹爱国. 语音通讯、视频会议和视频监控融合系统的设计与实现［J］. 计算机与现代化，2010（11）.

责任编辑：郭海燕
责任印制：冯冬青
封面设计：中文天地

图书在版编目（CIP）数据

酒店信息智能化 / 马卫主编. -- 北京：中国旅游出版社，2018.8（2021.3重印）
全国旅游高等院校精品课程系列教材
ISBN 978-7-5032-6069-8

Ⅰ. ①酒… Ⅱ. ①马… Ⅲ. ①饭店－智能系统－高等学校－教材 Ⅳ. ①F719.3

中国版本图书馆CIP数据核字(2018)第162815号

书　　名	酒店信息智能化
作　　者	马卫主编
出版发行	中国旅游出版社
	（北京静安东里6号　邮编：100028）
	http://www.cttp.net.cn　E-mail:cttp@mct.gov.cn
	营销中心电话：010-57377108，010-57377109
	读者服务部电话：010-57377151
排　　版	北京旅教文化传播有限公司
经　　销	全国各地新华书店
印　　刷	北京明恒达印务有限公司
版　　次	2018年8月第1版　2021年3月第2次印刷
开　　本	720毫米×970毫米　1/16
印　　张	17.25
字　　数	346千字
定　　价	42.00元
ISBN	978-7-5032-6069-8

版权所有　翻印必究
如发现质量问题，请直接与营销中心联系调换